RODERICH C. THÜMMEL

Das internationale Privatrecht der nichtehelichen Kindschaft

Schriften zum Internationalen Recht

Band 27

Das internationale Privatrecht der nichtehelichen Kindschaft

Eine rechtsvergleichende Untersuchung

Von

Dr. Roderich C. Thümmel

DUNCKER & HUMBLOT / BERLIN

D 21

Gedruckt 1983 bei Buchdruckerei A. Sayffaerth - E. L. Krohn, Berlin 61
Printed in Germany

ISBN 3 428 05278 1

Meinen Eltern

Vorwort

Nachfolgende Untersuchung stellt meine Dissertation dar, die der Juristischen Fakultät der Universität Tübingen im Wintersemester 1981/82 zur Begutachtung vorlag. Sie versucht, Einblicke in Problemlagen und Strukturen des Nichtehelichenkollisionsrechts einiger ausgewählter Rechtsordnungen zu vermitteln und einen Vergleich zwischen den verschiedenen Regelungsmustern anzustellen. Methodisch steht sie dabei auf dem Boden der *„funktionalen Rechtsvergleichung"*, für deren Anwendung sie ein Beispiel liefern möchte. Den Hintergrund für die Untersuchung bildet die Reformdiskussion, der derzeit das internationale Privatrecht der Bundesrepublik Deutschland insgesamt ausgesetzt ist.

Literatur und Rechtsprechung sind grundsätzlich bis Juli 1981 berücksichtigt. Einige später erschienene Schriften konnten aber noch in die Fußnoten eingearbeitet werden.

Besonders danken möchte ich Herrn Prof. Dr. *Dietrich Rothoeft*, der die Arbeit anregte und mir jederzeit mit Rat und Tat zur Seite stand, ebenso Herrn Prof. Dr. *Wernhard Möschel*, bei dem ich während der Anfertigung der Arbeit als wissenschaftlicher Mitarbeiter beschäftigt war und der stets in großzügiger Weise auf meine Belange Rücksicht nahm. Herrn Prof. Dr. *J. Broermann* danke ich für die bereitwillige Aufnahme der Arbeit in die ‚Schriften zum Internationalen Recht'.

Karlsruhe, im September 1982

Roderich C. Thümmel

Inhalt

VORÜBERLEGUNGEN

1. Kapitel

Einführung in Gegenstand und Methode der Untersuchung 17

I. Ausgangspunkt ... 17

II. Methodische Grundlagen ... 21

1. Die funktionale Rechtsvergleichung ... 21
2. Die Ordnungsaufgabe des Nichtehelichenkollisionsrechts ... 22

III. Die untersuchten Rechtsordnungen ... 24

2. Kapitel

Die beteiligten Interessen 25

I. Begriff des Interesses ... 25

1. Staatsinteressen oder Privatinteressen ... 25
2. Konkrete oder abstrakte Interessen ... 27
3. Schutzwürdige Interessen ... 28
4. Beteiligte Interessen ... 28
5. Kollisionsrechtliche oder materiellrechtliche Interessen ... 29
   a) Fragestellung ... 29
   b) Strukturierung des Problems ... 31
   c) Auswirkungen ... 32

II. Interessenanalyse ... 35

1. Die Interessen der Rechtsgemeinschaft ... 35
   a) Rechtssicherheitsinteressen ... 35
      aa) Internationaler Entscheidungseinklang ... 35
      bb) Innerer Entscheidungseinklang ... 38
      cc) Allgemeine Rechtssicherheit ... 39
   b) Materielle Interessen ... 41
2. Die Interessen der Beteiligten ... 41

a) Kollisionsrechtliche Interessen ... 42
aa) Vermutung ... 42
bb) Verifikation der Vermutung im Nichtehelichenkollisionsrecht ... 43
cc) Konkretisierung: Heimatrecht oder Wohnsitzrecht — Differenzierung nach Fallgruppen ... 45
b) Materiellrechtliche Interessen ... 48
aa) Differenzierung nach Fallgruppen ... 48
bb) Allgemeines Gleichbehandlungsinteresse? ... 50

VERGLEICHENDE UNTERSUCHUNG

3. Kapitel

Die Zuordnung des Kindes 52

I. Das französische Recht ... 52
1. Inhalt ... 52
a) Gerichtliche Feststellung der Elternschaft — Art. 311-14 C.c. ... 53
aa) Anwendungsbereich des Art. 311-14 C.c. ... 53
bb) Inhalt und Auslegung des Art. 311-14 C.c. ... 54
b) Freiwillige Anerkennung der Elternschaft — Art. 311-17 C.c. ... 59
2. Diskussion anhand der beteiligten Interessen ... 60

II. Das belgische Recht ... 64
1. Inhalt ... 64
a) Gerichtliche Feststellung der Elternschaft ... 64
b) Freiwillige Anerkennung der Elternschaft ... 65
2. Diskussion anhand der beteiligten Interessen ... 66

III. Das schweizerische Recht ... 68
1. Inhalt ... 68
a) Art. 8 e NAG — Anwendungsbereich ... 68
b) Art. 8 e NAG — Inhalt und Auslegung ... 69
2. Diskussion anhand der beteiligten Interessen ... 71

IV. Das englische Recht ... 72
1. Inhalt ... 72
a) Schwierigkeiten der Dokumentation — Besonderheiten von materiellem Recht und IPR ... 72
b) Die Jurisdiktionsregeln in „affiliation proceedings" und ihre Auslegung ... 75
2. Diskussion anhand der beteiligten Interessen ... 79

V. Das deutsche Recht ... 81

1. Inhalt 81
a) Verhältnis zur Mutter — Art. 20 EGBGB 81
b) Verhältnis zum Vater — BGH-Rechtsprechung 81
2. Diskussion anhand der beteiligten Interessen 83

4. Kapitel

Der Name des Kindes 86

I. Das französische Recht 86
1. Inhalt — Heimatrecht des Kindes 86
2. Diskussion anhand der beteiligten Interessen 88

II. Das schweizerische Recht 90
1. Inhalt — Wohnsitzrecht des Kindes 90
2. Diskussion anhand der beteiligten Interessen 92

III. Das englische Recht 93
1. Inhalt 93
a) Namensführung im internen englischen Recht 93
b) Konsequenzen für das IPR 94
2. Diskussion anhand der beteiligten Interessen 94

IV. Das deutsche Recht 95
1. Inhalt — Heimatrecht des Kindes 95
2. Diskussion anhand der beteiligten Interessen 97

5. Kapitel

Die finanzielle Versorgung des Kindes 99

I. Das französische Recht 99
1. Inhalt 99
a) Materiellrechtliche Grundlagen 100
b) Konsequenzen im Kollisionsrecht 100
aa) Statusunabhängiger Unterhalt — Art. 311-18 C.c. 101
bb) Statusabhängiger Unterhalt — Trennungslinie zu Art. 311-18 C.c. 102
2. Diskussion anhand der beteiligten Interessen 104

II. Das belgische Recht 106
1. Inhalt 106
a) Statusunabhängiger Unterhalt 106
b) Statusabhängiger Unterhalt 107
2. Diskussion anhand der beteiligten Interessen 107

III. Das schweizerische Recht 109

IV. Das englische Recht ... 109
1. Inhalt ... 109
a) Materielles Unterhaltsrecht ... 109
b) Konsequenzen für das IPR — jurisdiction in „affiliation proceedings“ ... 110
2. Diskussion anhand der beteiligten Interessen ... 111
V. Das deutsche Recht ... 114
1. Inhalt — Artt. 20 und 21 EGBGB ... 114
2. Diskussion anhand der beteiligten Interessen ... 115
VI. Die Haager Unterhaltsabkommen ... 117
1. HUA 1956 und HUA 1973 ... 117
2. Die Kollisionsregeln des HUA 1956 ... 117
3. Diskussion anhand der beteiligten Interessen ... 119

6. Kapitel

Die elterliche Sorge 121

I. Das französische Recht ... 122
1. Inhalt — Heimatrecht des Kindes ... 122
2. Diskussion anhand der beteiligten Interessen ... 123
II. Das schweizerische Recht ... 125
1. Inhalt — Art. 9 NAG ... 125
2. Diskussion anhand der beteiligten Interessen ... 126
III. Das englische Recht ... 127
1. Inhalt ... 127
a) Originäres Sorgerecht — Kollisionsnormen ... 127
aa) Personensorge ... 127
bb) Vermögenssorge ... 128
b) Gerichtliche Sorgerechtsverteilung — Jurisdiktionsregeln ... 129
2. Diskussion anhand der beteiligten Interessen ... 131
IV. Das deutsche Recht ... 132
1. Inhalt — Art. 20 EGBGB und das Heimatrecht des Vaters ... 132
2. Diskussion anhand der beteiligten Interessen ... 133
V. Das Haager Minderjährigenschutzabkommen ... 134
1. Anwendungsbereich ... 134

2. Kollisionsregeln 134
a) Schutzmaßnahmen — Art. 1 MSA 135
b) Schutzverhältnisse ex lege — Art. 3 MSA 135
3. Diskussion anhand der beteiligten Interessen 136

7. Kapitel

Die finanzielle Absicherung der Mutter 139

I. Bedeutung der Frage 139
II. Die einzelnen Rechtsordnungen 139
1. Das französische Recht 139
2. Das belgische Recht 141
3. Das englische Recht 141
4. Das schweizerische Recht 142
5. Das deutsche Recht 142
III. Diskussion anhand der beteiligten Interessen 143
1. Rechtsanwendungsinteressen 143
2. Materielle Interessen 144
3. Rechtssicherheitsinteressen 144

SCHLUSSBETRACHTUNG

8. Kapitel

Analyse der Ergebnisse und Vorschlag für die Reform des deutschen Nichtehelichenkollisionsrechts 146

I. Die Hypothese von der funktionalen Äquivalenz 147
II. Die maßgeblichen Wertentscheidungen 148
1. „Schaltstellen“ für Wertentscheidungen 148
2. Wertungen 149
III. Der Reformvorschlag 149
1. Darstellung des Vorschlags 149
2. Überprüfung des Vorschlags 151
a) Beteiligteninteressen in den einzelnen Problembereichen 151
b) Allgemeininteressen in sämtlichen Problembereichen 152

Anhang: Gesetzestexte 154

Literaturverzeichnis 164

Abkürzungsverzeichnis

a.	= auch
a. A.	= anderer Ansicht
Abs.	= Absatz
AcP	= Archiv für die civilistische Praxis
a. F., n. F.	= alte Fassung, neue Fassung
AG	= Amtsgericht
All E.R.	= The All England Law Reports (GB)
Anm.	= Anmerkung
Ann.not.enr.	= Annales du notariat et de l'enregistrement (B)
AnwBl	= Anwaltsblatt
App.Cas.	= Law Reports, Appeal Cases (GB)
Art(t).	= Artikel (pl.)
BayObLG(Z)	= Bayerisches Oberstes Landesgericht (Entscheidungssammlung in Zivilsachen)
BBl.	= Bundesblatt der Schweizerischen Eidgenossenschaft
Bespr.	= Besprechung
BGB	= Bürgerliches Gesetzbuch
BGH(Z)	= Bundesgerichtshof (Entscheidungssammlung in Zivilsachen)
BSHG	= Bundessozialhilfegesetz
B.Y.I.L.	= British Yearbook of International Law (GB)
BVerfG(E)	= Bundesverfassungsgericht (Entscheidungssammlung)
Cass. civ.	= Cour de Cassation, chambre civile (F)
C.c. (belge)	= Code civil français (belge)
Ch. (D.)	= Law Reports, Chancery Division (GB)
Clunet	= Journal du Droit International (F)
C.nat.	= Code de la nationalité (F)
DAVorm	= Der Amtsvormund
De G.M. & G.	= De Gex, Macnaghten & Gordon Law Reports (GB)
DIP	= Droit International Privé
D.L.R.	= Dominion Law Reports (CDN)
Doc.parlem.	= Documents parlementaires (B)
Doc.prot.jeunesse	= Documents de la protection de la jeunesse (B)
EGBGB	= Einführungsgesetz zum Bürgerlichen Gesetzbuche
Eq.	= Equity Cases (GB)
E.R.	= The English Reports (Reprint) (GB)
Fam.	= Law Reports, Family Division (GB)
FamRZ	= Zeitschrift für das gesamte Familienrecht
fasc.	= fascicule
GG	= Grundgesetz
H.L.C.	= House of Lords Cases (Clark's) (GB)
h. M.	= herrschende Meinung
HUA	= Haager Unterhaltsabkommen

i. a.	= im allgemeinen
I.C.L.Q.	= International and Comparative Law Quarterly (GB)
I.L.Q.	= International Law Quarterly (später I.C.L.Q.) (GB)
IPG	= Gutachten zum internationalen und ausländischen Privatrecht
IPR	= Internationales Privatrecht
IPRax	= Praxis des internationalen Privat- und Verfahrensrechtes
IPRspr.	= Die deutsche Rechtsprechung auf dem Gebiet des IPR
i. V. m.	= in Verbindung mit
J.Cl.dr.int.	= Juris Classeur — droit international (F)
J.C.P.	= Juris Classeur Périodique (F)
J.O.	= Journal Officiel (F)
JR	= Juristische Rundschau
J.T.	= Journal des Tribunaux (B)
Jur. Liège	= Jurisprudence de Liège (B)
JZ	= Juristenzeitung
KG	= Kammergericht
LG	= Landgericht
L.R.	= Law Reports (GB)
L.T.	= Law Times Reports (GB)
m. E.	= meines Erachtens
M.L.R.	= The Modern Law Review (GB)
MüKo	= Münchener Kommentar zum Bürgerlichen Gesetzbuch
M.R.	= Master of the Rolls
MSA	= Minderjährigenschutzabkommen
mwN.	= mit weiteren Nachweisen
NAG	= Bundesgesetz betreffend die zivilrechtlichen Verhältnisse der Niedergelassenen und Aufenthalter (CH)
NedTIR	= Nederlands Tijdschrift voor Internationaal Recht (NL)
NEG	= Nichtehelichengesetz
NJW	= Neue Juristische Wochenschrift
no.	= numéro
ÖJZ	= Österreichische Juristenzeitung
OGH	= Oberster Gerichtshof (A)
OLG(Z)	= Oberlandesgericht (Entscheidungssammlung in Zivilsachen)
Pas.	= Pasicrisie Belge (B)
P.C.	= Privy Council (GB)
PStG	= Personenstandsgesetz
Q.B.	= Law Reports, Queen's Bench Division (GB)
RabelsZ	= Rabels Zeitschrift für ausländisches und internationales Privatrecht
Rdnr.	= Randnummer
RegE	= Regierungsentwurf
Rev.crit.	= Revue critique de droit international privé (F)
Rev.int.dr.comp.	= Revue internationale de droit comparé (F)
RG(Z)	= Reichsgericht (Entscheidungssammlung in Zivilsachen)
RuStAG	= Reichs- und Staatsangehörigkeitsgesetz
rvglHdWöB	= rechtsvergleichendes Handwörterbuch
R.W.	= Rechtskundig Weekblad (B)

S., s.	= Seite, section, siehe
SchwJbIntR	= Schweizerisches Jahrbuch für internationales Recht
SJZ	= Schweizerische Juristen-Zeitung
StAZ	= Das Standesamt, Zeitschrift für Standesamtswesen
Trib.civ.	= Tribunal civil
Trib.gr.inst.	= Tribunal de grande instance
Trib.pr.inst.	= Tribunal de première instance
Tz.	= Teilziffer
u. a.	= unter anderem, und andere
u. U.	= unter Umständen
W.L.R.	= Weekly Law Reports (GB)
ZAIP	= Zeitschrift für ausländisches und internationales Privatrecht (ab 1963 RabelsZ)
ZBlJugR	= Zentralblatt für Jugendrecht
ZfRV	= Zeitschrift für Rechtsvergleichung (A)
ZGB	= Zivilgesetzbuch (CH)
ZHR	= Zeitschrift für das gesamte Handelsrecht
ZöffR	= Zeitschrift für öffentliches Recht
ZRP	= Zeitschrift für Rechtspolitik
z. T.	= zum Teil
ZZiv.	= Zeitschrift für Zivilstandswesen (CH)
z. Z.	= zur Zeit

Vorüberlegungen

Erstes Kapitel

Einführung in Gegenstand und Methode der Untersuchung

I. Ausgangspunkt

Den Ausgangspunkt vorliegender Untersuchung bilden die Artt. 20 und 21 des Einführungsgesetzes zum Bürgerlichen Gesetzbuch. Die darin enthaltenen Vorschriften beschäftigen sich mit *nichtehelicher* Kindschaft, d. h. mit der Rechtsstellung von Kindern, die der Einordnung in eine eheliche Familie entbehren, bei *internationalem* Bezugsrahmen. Sie führen allerdings keine unmittelbare Lösung von Rechtsfragen herbei, sondern entscheiden lediglich, welche Rechtsordnung — die deutsche oder eine ausländische — überhaupt berufen sein soll, sich dieser Fragen, z. B. der, ob und in welcher Höhe das Kind Unterhalt vom Vater verlangen kann, anzunehmen. Man nennt sie daher Kollisionsnormen[1].

Im einzelnen treffen die Vorschriften folgende Regelungen: Gemäß Art. 20 Satz 1 beurteilt sich das Verhältnis zwischen Mutter und nichtehelichem Kind nach deutschem Recht, wenn die Mutter die deutsche Staatsangehörigkeit besitzt; mit der gebotenen allseitigen Auslegung führt dies dazu, daß das jeweilige Heimatrecht der Mutter zur Anwendung kommt[2]. Durch Art. 20 Satz 2 wird ausnahmsweise das (deutsche) Heimatrecht des Kindes berufen, wenn Kind und Mutter einstmals deutsch waren, die Mutter aber ihre Staatsangehörigkeit verloren hat, während das Kind sie behielt. Aus dem Verhältnis zwischen Vater und nichtehelichem Kind ist nur ein Teilaspekt, nämlich die Unterhaltspflicht, geregelt: Nach Art. 21 1. Halbsatz unterliegt diese ebenfalls dem Heimatrecht der Mutter, allerdings nicht dem jeweiligen, sondern unwandelbar dem, das sie zur Zeit der Kindesgeburt besaß. Im 2. Halbsatz findet zugunsten deutscher[3] Väter eine Einschränkung der Anwen-

---

[1] Zur Erläuterung dieses Begriffs vgl. statt aller *Kegel*, IPR, S. 25 ff.

[2] Vgl. z. B. RGZ 76, 283, 284 und *Kegel*, IPR, S. 417.

[3] So die einengende Auslegung der h. M., vgl. statt aller *Palandt / Heldrich*, Art. 21 Anm. 5.

dung ausländischen Rechts, das weitergehende Ansprüche als das deutsche gewährt, statt. Das Verhältnis zwischen Vater und Mutter, also insbesondere eventuelle Ersatzansprüche letzterer, unterliegen schließlich mit Art. 21 1. Halbsatz ebenfalls dem Heimatrecht der Mutter zur Zeit der Geburt des Kindes; auch hier greift die Einschränkung des 2. Halbsatzes ein.

Die in diesen Vorschriften enthaltenen Lösungen sind wenig überzeugend. Die Gründe hierfür sollen an dieser Stelle nur im Überblick angedeutet werden. Abgesehen von Schwierigkeiten und Unzulänglichkeiten im Detail ergibt sich die Problematik vor allem aus folgendem:

1. Die Auswahl der Anknüpfungspunkte beruht weniger auf Interessen der Beteiligten und deren Bewertung als vielmehr auf Erwägungen der Zweckmäßigkeit und der Staatsräson. Für Art. 20 läßt sich dies an der einseitigen Formulierung der Vorschrift zeigen, die ursprünglich nur für deutsche Mütter und Kinder eine Regel bereithielt. Ein Vorteil für die Beteiligten ist darin nicht erkennbar; es sollten auf diese Weise lediglich außenpolitische Verwicklungen vermieden werden[4]. Für die Lösung des Art. 21 liefern die Gesetzesmotive den Beleg. Sie geben Aufschluß darüber[5], daß der Zweck der Anknüpfung an die Staatsangehörigkeit der Mutter allein darin lag, möglichst einen Gleichlauf zwischen Unterhaltsstatut und Fürsorgestatut zu erreichen[6]. Die Unwandelbarkeit der Anknüpfung sollte ferner einen fraudulösen Statutenwechsel seitens der Mutter vermeiden helfen. Dies sind durchaus legitime Erwägungen. An ihnen wird aber deutlich, daß der Gesetzgeber seinerzeit bei der Aufstellung der Regel Zweckmäßigkeitsgesichtspunkte in den Mittelpunkt seiner Überlegungen gerückt hatte[7].

2. In den knapp einhundert Jahren des Bestehens dieser Vorschriften haben sich im materiellen deutschen Nichtehelichenrecht tiefgreifende Umwälzungen vollzogen. Zu erwähnen ist in diesem Zusammenhang insbesondere das am 1. 7. 1970 in Kraft getretene Nichtehelichengesetz. Die Veränderungen blieben jedoch im Kollisionsrecht ohne Entsprechung. Dies stellte die Rechtsanwender vor erhebliche Schwierigkeiten.

So wurden die Fiktion der nicht bestehenden Verwandtschaft zwischen Vater und Kind (§ 1589 Abs. 2 BGB a. F.) beseitigt und über die Unterhaltsverpflichtung hinausgehende Beziehungen zwischen beiden (persönlicher Verkehr, Erbberechtigung) anerkannt. Trotzdem fehlt bis

---

[4] Vgl. *Wilde* S. 3.

[5] *Niemeyer* S. 219; *Hartwieg / Korkisch* S. 122; *Wilde* S. 1.

[6] Ob ein solcher Gleichlauf auf diese Weise damals tatsächlich erreicht werden konnte, ist sehr zweifelhaft; heute jedenfalls ist der Anspruch auf Fürsorge nicht von der Staatsangehörigkeit der Mutter (oder des Kindes), sondern vom Aufenthalt des Kindes abhängig.

[7] So deutlich bei *Hartwieg / Korkisch* S. 122.

heute eine gesetzlich niedergelegte Norm, die das Recht bestimmt, das über die Herstellung der Vater-Kind-Beziehung sowie deren Inhalt herrschen soll; es blieb bei Art. 21, der lediglich die Unterhaltsfrage erfaßt[8]. Die Rechtsprechung mußte helfend eingreifen, und sie tat dies, indem sie das jeweilige Heimatrecht des Vaters zur Anwendung berief[9].

Daraus und aus der Existenz des durch das Nichtehelichengesetz geschaffenen § 1600 a Satz 2 BGB ergab sich aber ein weiteres Problem. Unterhaltsansprüche setzen nach dieser Vorschrift die formelle Feststellung der Vaterschaft des Inanspruchgenommenen, sei es durch freiwilliges Anerkenntnis, sei es durch gerichtliche Entscheidung, voraus. Immer, wenn mit Art. 21 1. Halbsatz[10] deutsches Recht auf eine Unterhaltsforderung zur Anwendung kommt, ist also zunächst die Vaterschaft des Beklagten festzustellen. Welche Rechtsordnung aber entscheidet darüber, ob der in Anspruch genommene Mann als Vater zu gelten hat? Mit der von der Rechtsprechung entwickelten Kollisionsnorm müßte an sich das Heimatrecht des Mannes anwendbar sein. Dies jedoch könnte eine Vaterschaftsfeststellung verbieten[11], so daß das Kind, wenn es nicht freiwillig anerkannt würde, schließlich ohne Unterhalt bliebe. Dieses unerfreuliche Ergebnis veranlaßte die Rechtsprechung zu neuerlicher Rechtsschöpfung: Der BGH[12] entschied, daß sich die Vaterschaftsfrage nach dem Unterhaltsstatut richtet, wenn letzteres deutsches Recht ist. Diese Lösung blieb allerdings bis heute stark umstritten[13], was schon als Hinweis auf ihre Anfechtbarkeit aufgefaßt werden mag. In jedem Falle hat die Rechtslage nicht an Klarheit und Übersichtlichkeit gewonnen[14].

3. Zur Zeit der Entstehung des EGBGB galt als unzweifelhaft, daß der Mensch die engsten und stabilsten Bindungen zur Kultur und damit auch zur Rechtsordnung des Staates entwickelt, dem er angehört. Aus diesem Grunde sah man in der Staatsangehörigkeit wie selbstverständlich den angemessensten Anknüpfungspunkt. Die Richtigkeit der

---

8 Was selbst aus der Sicht des Gesetzgebers zu Ende des letzten Jahrhunderts schwerlich konsequent war, da nicht alle Länder dem deutschen Modell der Zahlvaterschaft folgten, vgl. *Wilde* S. 2.

9 z. B. OLG Stuttgart FamRZ 1965, 522, 523; OLG Düsseldorf NJW 1972, 396; OLG Celle NJW 1972, 397; BayObLGZ 1972, 55, 59.

10 Oder mit Art. 1 des Haager Unterhaltsabkommens vom 24. 10. 1956.

11 So das französische Recht in gewissen Fällen, Art. 340-1 C.c.

12 Für die gerichtliche Feststellung BGHZ 60, 247, 252; für das freiwillige Anerkenntnis BGHZ 64, 129, 132.

13 Vgl. z. B. die Kritik bei *Sonnenberger*, FamRZ 1973, 553 ff.; *Beitzke*, ZBlJugR 1973, 369 ff.; *Henrich*, StAZ 1979, 282, 284; auch *Kegel*, IPR, S. 420 und *Gernhuber*, Familienrecht, S. 874 Fn. 2.

14 Vgl. a. *Sonnenberger*, StAZ 1976, 261, 262 mit Hinweis auf die unterschiedliche Rechtsprechung der Instanzgerichte.

zugrunde liegenden Prämisse scheint aber heute fraglicher denn je[15]. Heimat und Aufenthalt stimmen infolge des hohen Mobilitätsgrades der Menschen und relativ offener Grenzen häufig nicht mehr überein, und zur Kultur des Aufenthaltslandes bestehen nicht selten ähnlich starke oder sogar stärkere Beziehungen als zum Heimatland. Die undifferenzierte Staatsangehörigkeitsanknüpfung der Artt. 20 und 21 trägt diesen veränderten Umständen keine Rechnung und wird damit in der Praxis vielen Fällen kaum gerecht[16].

Die infolge der angedeuteten Probleme mit Artt. 20 und 21 eher unbefriedigende Rechtslage erhält ihr besonderes Gewicht durch die stetig steigende Bedeutung dieses Rechtsgebietes[17]. Der Gedanke an eine Reform des gesamten Komplexes, die die Regelung heutigen Anforderungen anpaßt und Ungereimtheiten beseitigt, liegt daher nahe. Über die Notwendigkeit eines gesetzgeberischen Einschreitens bestehen wohl heute auch kaum noch Zweifel[18]. Die Literatur hat sich in letzter Zeit — allerdings überwiegend mit Blick auf das gesamte internationale Privatrecht der Bundesrepublik — verstärkt bemüht, entsprechende Vorschläge zu liefern[19]. Nach langem Zögern will nun auch der Gesetzgeber in nicht allzu ferner Zukunft tätig werden[20].

An dieser Stelle setzt vorliegende Untersuchung ein. Sie will die Reformbemühungen unterstützen, indem sie einen „Blick über den Zaun" wirft, d. h. dem deutschen Nichtehelichenkollisionsrecht entsprechende Lösungen des Auslands vergleichend gegenüberstellt. Durch den kritischen Vergleich sollen einerseits die Unzulänglichkeiten, aber auch die positiven Aspekte der deutschen Regelung schärfer hervortreten, so daß die Ansatzpunkte für eine Reform deutlich werden. Andererseits soll aber auch die Diskussion hinsichtlich der anstehenden Neukodifikation mit weiterem Material versorgt und der „Vorrat möglicher Lösungen" *(Zitelmann)* vergrößert werden.

---

15 s. a. *Sonnenberger*, StAZ 1976, 261.

16 Für eine gewisse Korrektur sorgt der in der Praxis häufig anwendbare Art. 1 des Haager Unterhaltsabkommens von 1956 mit seiner Aufenthaltsanknüpfung.

17 Vgl. die Zahlen bei *Kühne*, Gutachten, C 32 ff.; *Henrich*, IPRax 1981, 2.

18 So auch *Sonnenberger*, StAZ 1976, 261; s. a. *Dopffel / Drobnig / Siehr* S. 20.

19 Vgl. die Vorschläge zu einer Neukodifikation von *Müller-Freienfels*, in: Vorschläge und Gutachten zum internationalen Kindschaftsrecht, S. 92 ff.; *Kühne*, IPR-Gesetz-Entwurf, S. 127 ff.; *ders.*, Gutachten, C 79, 84 ff.; *Neuhaus / Kropholler*, RabelsZ 44 (1980) 326, 331 ff.; *Dopffel / Siehr u. a.*, RabelsZ 44 (1980) 344, 351 ff.; aufschlußreiche Übersicht bei *Dopffel / Drobnig / Siehr* S. 173 ff.

20 Vgl. *Neuhaus / Kropholler*, JZ 1981, 58, 59; *Henrich*, IPRax 1981, 2; vgl. a. eine entsprechende Äußerung von Bundesjustizminister Dr. *Schmude*, mitgeteilt in IPRax 1982, 123.

II. Methodische Grundlagen

Rechtsvergleichende Arbeit folgt eigenen Methoden. Die ins Auge gefaßte Untersuchung bedarf daher zunächst methodischer Erläuterung und Präzisierung.

1. Die funktionale Rechtsvergleichung

Jeder Vergleich enthält typischerweise eine wertende Aussage über die zu vergleichenden Objekte: A ist größer oder kleiner, schwerer oder leichter als B. Voraussetzung dafür ist das Vorhandensein eines Bezugspunktes (z. B. Größe, Gewicht), d. h. eines tauglichen Maßstabes, anhand dessen die Wertung vorgenommen werden kann. Auch die Rechtsvergleichung benötigt ein solches *tertium comparationis*[21], mit dessen Hilfe die Regelungen der einzelnen Staaten in eine wertende Beziehung zueinander gesetzt werden können. Anderenfalls nämlich bliebe es bei einer wertfreien Gegenüberstellung der verschiedenen Rechtsordnungen, die zwar keineswegs sinnlos[22], aber im Ergebnis wenig aussagekräftig wäre. Denn man käme auf diese Weise wohl zu neuen Erkenntnissen über ausländisches Recht, auf Aussagen über die Qualitäten der verschiedenen Regeln müßte aber verzichtet werden.

An die Tauglichkeit des Maßstabes in der Rechtsvergleichung sind besondere Anforderungen zu stellen. Dort nämlich besteht häufig die Schwierigkeit, daß eine Beziehung zwischen Rechtsordnungen der unterschiedlichsten Systematik hergestellt werden muß. In diesen Fällen bliebe ein Verharren in der inneren Ordnung des eigenen Rechts unergiebig, weil die darauf beruhenden Fragen an die anderen Rechtsordnungen oftmals keine Antwort fänden. Ein vernünftiger Vergleichsmaßstab muß daher frei sein von den gewohnten Systembegriffen[23]. Bei der Suche nach ihm hilft die Erkenntnis, daß jeder Rechtssatz unabhängig von seiner systematischen Herkunft die Lösung eines ganz bestimmten Sozialproblemes im Auge hat[24]. Damit bietet sich als übergreifender Bezugspunkt für einen Vergleich die Funktion, die die untersuchten Normen zu erfüllen haben[25], oder das Rechtsbedürfnis, das ihre Grundlage bildet[26], an. Denn man kann davon ausgehen, daß die-

---

21 *Zweigert / Kötz*, Rechtsvergleichung Bd. 1, S. 43.

22 Zu dieser „Auslandsrechtskunde" vgl. *Rheinstein* S. 22.

23 *Kropholler*, Festschrift Bosch, S. 525.

24 *Zweigert*, RabelsZ 38 (1974) 299, 301; *Zweigert / Kötz*, Rechtsvergleichung Bd. 1, S. 46: Recht als „social engineering"; *Rheinstein* S. 25/26.

25 Vgl. *Zweigert / Kötz*, Rechtsvergleichung Bd. 1, S. 43; *Rheinstein* S. 25/26; *Kropholler*, Festschrift Bosch, S. 525; *Neumayer*, RabelsZ 34 (1970) 411, 412.

26 *Zweigert*, Studium Generale 13 (1960) 193, 197; *ders.*, Festschrift Schmitthoff, S. 403, 406; *Zweigert / Kötz*, Rechtsvergleichung Bd. 1, S. 436; vgl. a.

ses Rechtsbedürfnis in annähernd allen Gesellschaften, die sich in ihrer soziologischen Struktur ungefähr entsprechen, in gleicher Weise auftritt[27] und daher unabhängig von der Systematik einer einzelnen Rechtsordnung ist. Der so gefundene Maßstab erlaubt dann auch eine wertende Aussage über die Regelungen in den verschiedenen Rechtsordnungen: Sie gründet sich auf die mehr oder weniger adäquate Befriedigung des den Normen zugrunde liegenden Bedürfnisses. Es ist dies der Ausgangspunkt der *funktionalen Rechtsvergleichung*[28].

2. Die Ordnungsaufgabe des Nichtehelichenkollisionsrechts

Wendet man sich nun konkret der Thematik vorliegender Untersuchung zu, so stellt sich die Frage, welches das Rechtsbedürfnis oder Sozialphänomen ist, das gerade den Artt. 20 und 21 EGBGB einschließlich ihrer richterlichen Fortbildungen zugrunde liegt, welche *„Ordnungsaufgabe" (Heck)* diese Vorschriften zu erfüllen haben. Zwei Komponenten scheinen eine Rolle zu spielen. Zunächst betreffen die angesprochenen Regeln Fälle nichtehelicher Kindschaft, genauer: die Rechtsbeziehungen zwischen Vater, Mutter und Kind bei fehlender Ehe der Eltern[29]. Sie greifen allerdings nur in solchen Fällen ein, die einen bestimmten Bezug zum Ausland — wie er z. B. in der ausländischen Staatsangehörigkeit der Beteiligten zum Ausdruck kommen kann — aufweisen. Denn zur Bewältigung rein inländischer Rechtsfragen bedarf es keiner Kollisionsvorschriften; hierzu genügen schon die materiellen Regeln des internen Bürgerlichen Rechts[30]. Das regelungsbedürftige Phänomen liegt also gerade in der Verbindung der Fallkonstellation zum Ausland, im Hinzutreten ausländischer Elemente[31]. Allgemeiner kann man sagen, daß die *Internationalität* eines Sachverhaltes aus dem Bereich nichtehelicher Kindschaft im Sinne eines Zusammentreffens von

Esser, Grundsatz und Norm, S. 359: „Es ist die Einheit des Problems, nicht der Begriffskategorien, die den Vergleichswinkel schafft ...".

[27] Vgl. *Rothoeft* S. 3.

[28] Vgl. dazu eingehend *Zweigert / Kötz*, Rechtsvergleichung Bd. 1, S. 27 ff.; *Rheinstein* S. 25 ff.; *Zweigert*, Festschrift Schmitthoff, S. 403 ff.

[29] *Müller-Freienfels*, in: Vorschläge und Gutachten zum internationalen Kindschaftsrecht, S. 92, 95 weist zu Recht darauf hin, daß es sich hierbei um eine Dreierbeziehung ohne festgefügte Gruppe handelt; vgl. a. *Deters* S. 14: Mutter und Kind bilden außereheliche Teilfamilie.

[30] Die dann nicht erst durch Kollisionsrecht berufen werden müssen, vgl. *Ago*, in: Picone / Wengler, S. 35, 46/47; *Braga*, Festschrift Schnorr von Carolsfeld, S. 89, 93.

[31] Vgl. *Schnitzer*, RabelsZ 38 (1974) 317, 320 f.; *ders.*, Handbuch, S. 35; *Braga*, Festschrift Schnorr von Carolsfeld, S. 89, 94; *ders.*, ZAIP 18 (1953) 227, 234; *Bucher*, Liber amicorum Schnitzer, S. 37, 42/43; *Goldschmidt*, Festschrift Wolff, S. 203, 205; *Neuhaus*, RabelsZ 35 (1971) 401, 415; *Ago*, in: Picone / Wengler, S. 35, 41 ff.

Elementen, die verschiedenen Rechtsordnungen zuzuordnen sind, für die Ordnungsaufgabe jeden Nichtehelichenkollisionsrechts kennzeichnend ist.

Diese Formulierung ist jedoch noch zu unpräzise, als daß mit ihrer Hilfe die Adäquanz der Problemlösungen, die von den verschiedenen Rechtsordnungen angeboten werden, zuverlässig beurteilt werden könnte. Denn, ob eine Kollisionsnorm die Internationalität eines Falles angemessen berücksichtigt, läßt sich ohne weitere Indikatoren kaum entscheiden. Auch die seit *Savigny*[32] für das internationale Privatrecht so bedeutsame *Sitzregel*, nach der die Internationalität immer dann in ausreichendem Maße berücksichtigt ist, wenn die Rechtsordnung zur Anwendung kommt, innerhalb derer das in Rede stehende Rechtsverhältnis seinen *Sitz* hat, führt hier nicht weiter. Das Problem wird so lediglich auf die Frage nach der angemessenen Lokalisierung des Rechtsverhältnisses verschoben. Notwendig ist daher eine Auffächerung der Ordnungsaufgabe in typische Konfliktlagen und die als schutzwürdig beteiligten Interessen[33]. Dadurch erhält man die Möglichkeit, festzustellen, welche Interessen die einzelnen Rechtsordnungen berücksichtigen und wie sie diese gewichten. Erst auf solcher Grundlage läßt sich sinnvoll vergleichen und zuverlässig urteilen.

Hinsichtlich der typischen Problemkreise bietet sich für das internationale Nichtehelichenrecht in Anlehnung an den Anwendungsbereich der Artt. 20 und 21 EGBGB eine Fünfteilung an: Regelungsbedürftig ist zunächst der Status des Kindes, d. h. die Frage der rechtlichen *Zuordnung* zu bestimmten Personen als Eltern; von den Wirkungen solcher Zuordnung sind zu erörtern der *Name* des Kindes, seine Ansprüche auf *Unterhalt* sowie die Frage der *elterlichen Sorge;* schließlich ist auch noch das Rechtsverhältnis zwischen *Vater und Mutter* bedeutsam[34]. Ausgespart bleiben Fragen des Erbrechts, der Form und der Geschäftsfähigkeit, weil diese im Bereich der nichtehelichen Kindschaft keine Besonderheiten aufweisen und daher ihre Heraustrennung aus dem größeren Rahmen, in dem sie stehen, nicht sinnvoll erscheint. Auch die Legitimation wird nicht behandelt, denn sie ist nicht mehr dem Kernbereich des Nichtehelichenrechts zuzurechnen.

Die Analyse der in den genannten Problembereichen als schutzwürdig beteiligten Interessen würde den Rahmen einer Einführung sprengen. Ihr bleibt daher das nächste Kapitel vorbehalten. Dort wird versucht, ein Interessensystem zu entwerfen, an dem sich die unterschied-

---

[32] System Bd. VIII, S. 28, 108.

[33] *Rothoeft* S. 2/3; vgl. zur Wiederbelebung des interessentheoretischen Ansatzes im IPR vor allem *Kegel*, Festschrift Lewald, S. 259, 274 ff.

[34] Vgl. die ähnliche Aufteilung bei *Vischer / Volken*, Begleitbericht, S. 107 ff., Schlußbericht, S. 142 ff.

lichen Regeln der betrachteten Rechtsordnungen messen lassen und das der weiteren Untersuchung somit als Vergleichsmaßstab dienen kann.

III. Die untersuchten Rechtsordnungen

Im Mittelpunkt der vergleichenden Untersuchung stehen das englische, das französische, das belgische sowie das schweizerische Recht, deren Regelungen den jeweiligen deutschen gegenübergestellt werden. Daneben wird am Rande auch auf weitere Rechtsordnungen hingewiesen, wenn dies in dem jeweiligen Zusammenhang geboten erscheint. Das besondere Interesse am internationalen Nichtehelichenrecht der genannten Rechtsordnungen ergibt sich aus der Charakteristik der bereitgestellten Regelungen: Das englische Recht enthält, insbesondere aus dem Blickwinkel des kontinentaleuropäischen Juristen, sehr ausgefallene und wenig zugängliche Lösungen. Das französische Recht hat erst vor kurzem gerade im Bereich des internationalen Kindschaftsrechts eine bedeutsame Reform durchgemacht. Das schweizerische internationale Privatrecht befindet sich — ähnlich wie das deutsche — im Umbruch; interessante und sehr weitreichende Reformvorschläge sind dort aber z. T. schon geltendes Recht geworden. Das belgische Recht schließlich bietet ein Beispiel für die Behandlung der Thematik in relativ unberührter romanischer Tradition.

Zweites Kapitel

Die beteiligten Interessen

I. Begriff des Interesses

Eine sinnvolle Interessenanalyse setzt ein einheitliches Verständnis vom Begriff des „Interesses" voraus. Diesen zu klären und aufzuzeigen, in welchem Sinne er hier verstanden wird, ist Aufgabe folgenden Abschnitts.

1. Staatsinteressen oder Privatinteressen

In diesem Zusammenhang gewinnt zunächst das Gegensatzpaar Privatinteressen—Staatsinteressen Bedeutung. Welchen von beiden hat internationales Privatrecht — und hier insbesondere das Nichtehelichenkollisionsrecht — zu dienen, welche also müssen in die Untersuchung Eingang finden? Schon *Heck*[1], der Vater der Interessenjurisprudenz, war der Ansicht, daß auch dem IPR vornehmlich die Interessen Privater, „die miteinander ringenden Lebensinteressen"[2] zugrunde lägen, und die herrschende Meinung[3] folgt ihm darin bis heute.

Diese Auffassung ist jedoch nicht ohne Anfechtung geblieben[4]. Im Mittelpunkt der Kritik, die dem herkömmlichen Kollisionsrechtssystem den Boden entziehen will, steht die Vorstellung, daß das Ziel internationalen Privatrechts vorrangig darin liege, staatliche Rechtsanwen-

---

1 Bespr. von L. v. Bar, Theorie und Praxis des internationalen Privatrechts, 2. Aufl. Hannover 1889, ZHR 38 (1891) 305, 306; Begriffsbildung, S. 33.

2 *Heck*, AcP 112 (1914) 1, 41.

3 Vor allem *Kegel*, Festschrift Lewald, S. 259, 274 ff.; *ders.*, IPR, S. 53 ff.; weiterhin *Braga*, ZAIP 18 (1953) 227, 234; *Lüderitz*, Festschrift Kegel, S. 31, 34 f. und 53 f.; *Kühne*, RabelsZ 43 (1979) 290, 310; *ders.*, Gutachten, C 43; *Rabel*, Conflict I, S. 97; *Sonnenberger*, FamRZ 1973, 553, 555; *Jayme*, Familie im Recht der unerlaubten Handlungen, S. 277 Fn. 43; *Suhr* S. 60; auch *Beitzke*, Festschrift Smend, S. 1, 16.

4 Vgl. für den europäischen Bereich u. a. *Joerges*, Funktionswandel des Kollisionsrechts; *ders.*, Bespr. von Lorenz, Zur Struktur des internationalen Privatrechts, Berlin 1977, AcP 178 (1978) 572 ff.; *Bucher*, Grundfragen der Anknüpfungsgerechtigkeit; *Wiethölter*, in: Vorschläge und Gutachten zum internationalen Erbrecht, S. 141, 142 ff.; *Gutzwiller*, SchwJbIntR XXV (1968) 161 ff.; *Juenger*, NJW 1973, 1521 ff.; wohl auch *Zweigert*, RabelsZ 37 (1973) 435 ff.; vgl. a. die Darstellung der Vorwürfe bei *Schurig* S. 21, 22.

dungsinteressen zum Ausgleich zu bringen[5]. Die Privatinteressen der Beteiligten hätten demgegenüber zurückzutreten. Grundlage dieser Ansicht bildet der Gedanke, daß jeder Staat, der für seinen territorialen Bereich Rechtsnormen schafft, auch ein legitimes Interesse daran hat, diesen Normen und den darin enthaltenen sozialen Zielen dann zur Durchsetzung zu verhelfen, wenn er in irgendeiner Weise tangiert ist. Im einzelnen läge die Aufgabe des Kollisionsrechts innerhalb eines solchen Systems[6] darin, herauszufinden, welchen Staates Rechtsnormen in einem konkreten Falle *angewandt sein wollen* und bei kollidierenden Anwendungsinteressen eine Entscheidung zu treffen. Den Hintergrund für dieses System liefern die neueren amerikanischen Kollisionsrechtstheorien[7] und unter ihnen vor allem die Lehre von *Currie*[8] mit seinem „governmental-interest-approach".

Trotz dieser Kritik erscheint aber die Rückführung des internationalen Privatrechts auf einen Konflikt zwischen den Interessen einzelner Individuen als die — jedenfalls für die Zwecke vorliegender Arbeit — richtige Konzeption. Zunächst ist — ohne Einzelheiten erörtern zu wollen — festzustellen, daß die amerikanisch beeinflußten Ansätze im europäischen Schrifttum wegen theoretischer und praktischer Unzulänglichkeiten eine weithin verbreitete Ablehnung erfahren haben[9]; zumindest wird ihre Anwendbarkeit auf das internationale Familienrecht bezweifelt[10]. Darüber hinaus aber ist die dargestellte Gegenposition im Ergebnis nur eine scheinbare: Die neuen Lehren sind mit dem Vorwurf angetreten, das herkömmliche Kollisionsrechtssystem sei blind gegenüber der sozialen Bedeutung von Rechtsnormen, es biete lediglich einen sinnentleerten Mechanismus zur Bestimmung des anwendbaren Rechts an und „entpolitisiere" auf diese Weise das Recht[11]. Aber auch eine Rechtswahl, die mit Rücksicht auf staatliche Rechtsanwendungsinteressen vorgenommen wird, hat nicht mehr soziale Substanz

5 Insb. *Bucher*, Grundfragen, S. 204 ff.; *Joerges*, Funktionswandel, S. 111, 154 f.; auch *Juenger*, NJW 1973, 1521, 1524/25 scheint einem solchen System gegenüber nicht abgeneigt zu sein.

6 Von *Neuhaus*, RabelsZ 35 (1971) 401, 403 und *Rehbinder*, JZ 1973, 151 als „politisiertes" IPR bezeichnet.

7 Die sich mit den Namen *Currie, Cavers, Leflar, v. Mehren / Trautmann* verbinden, vgl. Nachweise bei *Rehbinder*, JZ 1973, 151, 152.

8 z. B. in: Picone / Wengler, S. 309 ff.

9 Vgl. neben den in Fn. 3 bereits Genannten: *Kegel*, Recueil de cours 112 (1964) II, S. 90 ff.; *ders.*, in: Juenger, S. 35, 39 ff., 44; *ders.*, Festschrift Beitzke, S. 551 ff.; *Neuhaus*, Grundbegriffe, S. 39; *ders.*, Akrothinia P. G. Vallindas, S. 547, 552, 553; *ders.*, RabelsZ 35 (1971) 401 ff., 417; *Lorenz*, Struktur des IPR, S. 107, 108; *ders.*, ZRP 1982, 148, 150; *Jayme*, Festschrift Kegel, S. 359, 366; *Keller / Siehr* S. 48, 50; *Kühne*, IPR-Gesetz-Entwurf, S. 28, 29.

10 *Neuhaus*, Akrothinia P. G. Vallindas, S. 547, 553; *Rehbinder*, JZ 1973, 151, 154; *Kegel*, Festschrift Beitzke, S. 551, 552.

11 *Joerges*, Funktionswandel, S. 9 f.

als die herkömmliche, solange nicht der Begriff „Staatsinteresse" mit einem entsprechenden Sinngehalt versehen wird. *Joerges*[12], der selbst zu den Neuerern zählt, hat zu Recht darauf hingewiesen, daß es zu einer erneuten Entpolitisierung käme, wenn der Endzweck der Durchsetzung jener Rechtsanwendungsinteressen allein darin gesehen werde, soziale Systeme um ihrer selbst willen zu schützen. Die neuen Lehren kommen daher nicht umhin, nach einem weiterführenden Sinn zu suchen. Ein solcher kann aber im Grunde nur darin liegen, das Wohl der Rechtsunterworfenen optimal zu fördern[13] und Gerechtigkeit unter ihnen herzustellen[14]. Hier zeichnet sich eine Brücke zu den beteiligten Privatinteressen ab: Staatliche Rechtsanwendungsinteressen stellen — so gesehen — lediglich einen anderen Begriff dar für die Bewertung von Privatinteressen aus der Sicht der Gemeinschaft[15]. Diese Schlußfolgerung erhält dadurch eine Stütze, daß in der amerikanischen Rechtsprechung, die im wesentlichen dem „governmental-interest-approach" folgt, mittlerweile die Rechtssicherheit im Kollisionsrecht — ein im Grunde privates Interesse, nämlich ein solches des Rechtsverkehrs — als staatliches Rechtsanwendungsinteresse erscheint[16].

2. Konkrete oder abstrakte Interessen

Der Begriff „Interesse" bleibt auch nach dieser Überlegung noch mehrdeutig. Insbesondere steht nicht fest, ob die tatsächlich im Einzelfall auftretenden Interessen[17] oder solche höheren Abstraktionsgrades betrachtet werden sollen. Ein Beispiel mag das Problem verdeutlichen: Ein deutscher Vater habe aus irgendwelchen Gründen Interesse an der Anwendung chinesischen Rechtes. Soll dieses konkrete Interesse Beachtung finden, oder ist die allgemeine Erwägung, daß Deutsche üblicherweise an der Anwendung deutschen Rechts interessiert sind, durchschlagskräftiger?

Der Versuch, die Interessen des einzelnen Falles aufzuspüren, scheint von vornherein zum Scheitern verurteilt: Sie sind a priori nicht zu übersehen und daher auch keiner vernünftigen Katalogisierung zugänglich. Darüber hinaus stehen im Mittelpunkt der Untersuchung Rechts*regeln*, die als solche auch nur auf den *Regel*fall zugeschnitten

---

12 Funktionswandel, S. 166; vgl. a. *Rehbinder*, JZ 1973, 151, 153.

13 Vgl. *Kegel*, Festschrift Beitzke, S. 551, 570: Staat handelt wie ein „Mäzen".

14 So offensichtlich auch *Juenger*, Wandel des IPR, S. 14, der davor warnt, zu Lasten der Parteien Rechtssysteme gegeneinander ausspielen zu wollen.

15 In diesem Sinne wohl auch *Lüderitz*, Festschrift Kegel, S. 31, 35; *Wilde* S. 47.

16 s. bei *Jayme*, Festschrift Kegel, S. 359, 366.

17 So wohl *Juenger*, Wandel des IPR, S. 29 ff. mit better-law-approach.

sein können, so daß man mit Einzelfallinteressen notwendig den falschen Maßstab anlegte. Vernünftigerweise können daher in die Betrachtung nur die Interessen einbezogen werden, die bei durchschnittlicher Fallkonstellation erfahrungsgemäß auftauchen; es sind dies die *typischen* Interessen des Falles[18].

3. Schutzwürdige Interessen

Es erscheint sinnvoll, nur solche Interessen zum Vergleichsmaßstab zu erheben, denen auch eine gewisse Schutzwürdigkeit zukommt[19]. Die Einführung dieses Gedankens läßt allerdings die Frage aufkommen, ob nicht dadurch regelwidrig die Interessenbewertung vorweggenommen wird, die sich eigentlich erst an eine entsprechende Analyse anschließen dürfte. Das ist jedoch zu verneinen. Zwar enthält die Schutzwürdigkeit ein Bewertungselement, doch wirkt dieses nur als grober Filter. Es sollen dadurch lediglich solche Interessen der Betrachtung entzogen werden, denen offensichtlich und unter keinem Gesichtspunkt Schutz gebührt. Als Beispiel mag das Interesse des Vaters gelten, sich jeglicher Unterhaltsverpflichtung für seine Kinder zu entziehen. Den Maßstab für die Schutzwürdigkeit bilden die gemeinsamen negativen Standards der in den Vergleich einbezogenen Rechtsordnungen.

4. Beteiligte Interessen

Die Abgrenzung des Interessenbegriffs erfordert schließlich noch, daß Klarheit darüber geschaffen wird, wessen Interessen eine Rolle spielen sollen.

Das sind zunächst diejenigen der direkt betroffenen Personen, bei dem in Rede stehenden Rechtsverhältnis der nichtehelichen Kindschaft also die des Vaters, der Mutter und des Kindes.

Darüber hinaus sind aber noch andere Personen vorstellbar, für die das nichteheliche Kind im positiven oder negativen Sinne eine Bedeutung hat. Zu denken wäre etwa an die jeweilige legitime Familie der Eltern[20] (in der Praxis vor allem des Vaters), an Geschwister des Kin-

---

[18] Vgl. *Ansay / Martiny* S. 202: „Das IPR ist regelmäßig nur in der Lage, die typischen Interessen zu erfassen"; *Neuhaus*, Grundbegriffe, S. 167; *ders.*, Akrothinia P.G. Vallindas, S. 547, 556; *ders.*, RabelsZ 35 (1971) 401, 406; *Schnitzer*, Handbuch, S. 52; *Kegel*, Festschrift Lewald, S. 259, 274; *ders.*, IPR, S. 56; *ders.*, Festschrift Beitzke, S. 551, 559; *Rothoeft* S. 3; *Lüderitz*, Festschrift Kegel, S. 31, 40 ff.; *Sonnenberger*, FamRZ 1973, 553, 555; *Schurig* S. 96/97, 184/85.

[19] Vgl. *Rothoeft* S. 2.

[20] Vgl. *Scheuring* S. 1, der den Interessenwiderstreit zwischen Kind und legitimer Familie des Vaters für den Hauptgegensatz im Nichtehelichenrecht

des, Großeltern etc. Deren Interessen müssen jedoch außer Betracht bleiben. Denn einerseits wird sich häufig ein Gleichlauf mit den Interessen eines der Kernbeteiligten ergeben[21]. Soweit dies nicht der Fall ist, erscheint andererseits sehr zweifelhaft, ob die Interessen solcher nur mittelbar Betroffener als schutzwürdig zu bezeichnen sind.

Eine Erweiterung ist jedoch notwendig: An jeder Rechtsbeziehung hat in irgendeiner Weise die Rechtsgemeinschaft Anteil[22], sei es dadurch, daß sie als Solidargemeinschaft für den einzelnen — etwa für das Kind — verantwortlich ist, oder dadurch, daß sie um der allen zugute kommenden Ordnung willen Klarheit in den Rechtsbeziehungen verlangt. Der Begriff „Rechtsgemeinschaft" will in diesem Zusammenhang allerdings nicht abstrakt — etwa im Sinne von „Staat" — verstanden werden; gemeint ist vielmehr die Summe der Individuen, die mit dem Rechtsverhältnis, um das es geht, aktuell oder potentiell in Berührung kommen, einschließlich der direkt Betroffenen. Denn jeder von diesen hat ein Interesse an Klarheit der Rechtsbeziehungen, weil auch er in der Gefahr einer Täuschung steht, und ein Interesse an möglichst geringer Belastung der öffentlichen Hand, weil auch er Steuerzahler ist. Neben den Interessen von Vater, Mutter und Kind sind daher diejenigen der Rechtsgemeinschaft in die Untersuchung mit einzubeziehen[23].

5. Kollisionsrechtliche oder materiellrechtliche Interessen

a) Fragestellung

Der Begriff des Interesses wirft letztlich speziell im Bereich des internationalen Privatrechts noch ein besonderes Problem auf:

Herkömmlich unterscheidet man zwischen kollisionsrechtlichen und materiellrechtlichen Interessen[24]. Kollisionsrechtlich wird dabei das Interesse genannt, das allein auf die Anwendung einer bestimmten Rechtsordnung abzielt, materiellrechtlich hingegen dasjenige, das ein ganz bestimmtes inhaltliches Ergebnis des Falles anpeilt. Die Unterscheidung ist zwar terminologisch nicht ganz korrekt, da auch das Interesse an der Anwendung eines bestimmten Rechts, etwa des Heimat-

---

hält; dies ist jedenfalls nach heutiger Anschauung kaum als zutreffend zu bezeichnen, vgl. *Gernhuber*, Familienrecht, S. 49; *Jansen / Knöpfel* S. 79.

21 Etwa: Gleichlauf zwischen den Interessen des Vaters und denen seiner legitimen Familie.

22 Vgl. *Braga*, ZAIP 18 (1953) 227, 234/35.

23 Vgl. a. *Müller-Freienfels*, Festschrift Pound, S. 595, 608: „... the status of the illegitimate child will turn out as a compromise between his interests and those of the other parties involved and also those of the public".

24 Vgl. statt aller *Kegel*, IPR, S. 56 ff., 63 ff.

rechts, in der Hinsicht „materiell“ ist, als es auf ein inhaltliches Ergebnis abzielt, das den Wertungen des Heimatrechts entspricht. Trotzdem sollte man sie beibehalten, da so ein wichtiger Punkt akzentuiert wird: Für das kollisionsrechtliche Interesse steht abstrakt eine bestimmte *Rechtsordnung* im Vordergrund, für das materiellrechtliche dagegen konkret eine bestimmte *Rechtsnorm.*

Dies führt zu der Frage, ob das internationale Privatrecht legitimerweise nur kollisionsrechtliche oder auch materiellrechtliche Interessen berücksichtigen darf. Konkret bedeutet das: Soll eine Kollisionsvorschrift, wenn es um die Unterhaltsverpflichtung des Vaters gegenüber seinem nichtehelichen Kinde geht, lediglich das Interesse des Kindes an der Anwendung einer ihm „gemäßen“ Rechtsordnung, etwa seines Heimatrechtes, beachten? Oder soll sie darüber hinaus auch seinem Interesse an einer möglichst günstigen finanziellen Versorgung Rechnung tragen? Die Beantwortung dieser Frage ist abhängig davon, wie man das Verhältnis von Kollisionsrecht und materiellem Recht zueinander sieht. Die Ansichten hierzu differieren stark. Auf der einen Seite stehen die Verfechter einer möglichst großen Unabhängigkeit beider voneinander[25], gipfelnd in der Forderung einer eigenständigen „internationalprivatrechtlichen Gerechtigkeit“[26] mit der Konsequenz, daß materielle Interessen für das Kollisionsrecht grundsätzlich ohne Belang sind. Das andere Extrem bilden die Vertreter des sog. „better-law-approach“, ein Kind jener neueren amerikanischen Strömungen[27], von denen in anderem Zusammenhang[28] schon die Rede war. Hier richtet sich die kollisionsrechtliche Entscheidung im wesentlichen nach materiellrechtlichen Kriterien[29], so daß von eigenständigen Wertungen im IPR eigentlich nicht mehr gesprochen werden kann. Zwischen beiden Extremen stehen die Anschauungen, die zwar am Grundsatz eines selbständigen Kollisionsrechts festhalten wollen, den materiellrechtlichen Wertungen aber einen mehr oder minder großen Einfluß auf die kollisionsrechtliche Entscheidung zubilligen[30]. Die Struktur dieses Einflusses tritt aller-

---

25 *Kegel,* Festschrift Lewald, S. 259, 270 ff., 278; *ders.,* IPR, S. 55; *Rabel,* Conflict I, S. 96/97; *ders.,* ZAIP 5 (1931) 241, 286, 287; *Firsching,* Einführung, S. 5; *Dölle,* Festschrift Kaufmann, S. 19, 39 f.; *Sonnenberger,* FamRZ 1973, 553, 555.

26 *Kegel,* IPR, S. 55: „Die internationalprivatrechtliche Gerechtigkeit geht vor der materiellprivatrechtlichen“.

27 Vertreten insb. von *Leflar,* vgl. Nachweise bei *Juenger,* NJW 1973, 1521, 1525.

28 Vgl. in diesem Abschnitt oben 1.

29 Vgl. *Juenger,* Wandel, S. 21 ff.

30 Vgl. z. B. *Neuhaus,* Grundbegriffe, S. 169; *Beitzke,* Festschrift Smend, S. 1, 16, 19, 20; *Makarov,* ZAIP 17 (1952) 382, 383; *Niederer* S. 105; *Siehr,* RabelsZ 37 (1973) 466 ff.; *Müller-Freienfels,* Festschrift Pound, S. 595, 598, 601 ff., 608 ff.; *Schurig,* etwa S. 60, 100, 102.

dings teilweise nur undeutlich hervor und wird im übrigen auch unterschiedlich beurteilt.

b) Strukturierung des Problems

Ausgangspunkt einer Strukturierung des Problems muß die Frage bilden, was die Normen des internationalen Privatrechts ihrer Anlage nach zu leisten vermögen. Damit geraten die Überlegungen noch einmal ins Blickfeld, die anfangs zur Ordnungsaufgabe angestellt wurden[31]: Das Kollisionsrecht verdankt seine Existenz der Tatsache, daß es Sachverhalte gibt, die ausländische Elemente enthalten. Die angemessene Behandlung solcher Sachverhalte soll es garantieren, exakter noch: die angemessene Berücksichtigung der ausländischen Elemente. Gerade die sich aus dem Bezug des Sachverhalts zum Ausland ergebenden besonderen Bedürfnisse soll es optimal befriedigen[32]. Die Verarbeitung der übrigen entscheidungserheblichen Sachverhaltselemente obliegt dagegen dem berufenen materiellen Recht; sie fällt dem Kollisionsrecht prima facie nicht „zur Last“[33]. Beide Rechtsbereiche haben so im Ursprung verschiedene Funktionen[34].

Die Beurteilung eines Falles mit Auslandsberührung vollzieht sich folglich in zwei Stufen; zunächst wird die kollisionsrechtliche Entscheidung gefällt, sodann folgt die materiellrechtliche. Die beiden Teilentscheidungen sind aber nicht selbständig und voneinander getrennt zu sehen. Sie greifen vielmehr ineinander und führen erst im *Zusammenwirken* die „gerechte“ Lösung herbei. *Lorenz*[35] hat daher zu Recht darauf aufmerksam gemacht, daß nur die „richtige“ Anknüpfung zu einer letztendlich auch materiell gerechten Entscheidung führen kann. Die fehlende Berücksichtigung ausländischer Sachverhaltselemente, die unterschiedslose Unterwerfung von rein inländischen Fällen und solchen mit Auslandsbezug unter ein und denselben einzelstaatlichen Gerechtigkeitsmaßstab ist dagegen — auch bei noch so vorbildlichen materiellen Normen — immer ungerecht[36]. Denn es existiert — wie *Schnitzer*[37] betont — keine allgemeinverbindliche Gerechtigkeit, die etwa durch

---

[31] Vgl. 1. Kap. II. 2.

[32] Vgl. *Braga*, Festschrift Schnorr von Carolsfeld, S. 89, 94; *Goldschmidt*, Festschrift Wolff, S. 203, 205; *Lüderitz*, Festschrift Kegel, S. 31, 53; vgl. auch den interessanten Gedanken von *Wengler*, Eranion Maridakis III, S. 323, 331: fehlende Berücksichtigung des ausländischen Elements = Verstoß gegen Gleichheitssatz, Auslandsfälle erfordern eine andere Behandlung als reine Inlandsfälle; s. a. *Lorenz*, Struktur, S. 62 und *ders.*, ZRP 1982, 148, 149/50.

[33] *Zweigert*, Festschrift Raape, S. 35, 51.

[34] *Vischer*, SchwJbIntR XII (1955) 75, 85; a. *Schurig* S. 58, 64.

[35] Struktur, S. 62; zustimmend *Lüderitz*, Festschrift Kegel, S. 31, 32.

[36] So wohl auch *Bucher*, Grundfragen, S. 28.

[37] Festschrift Mann, S. 289, 293, 294; Handbuch, S. 325, 339.

eine einzige nationale Rechtsordnung repräsentiert sein könnte; Gerechtigkeitsvorstellungen sind von den unterschiedlichen Ansichten der einzelnen Kulturen geprägt[38].

c) *Auswirkungen*

Diese Ausgangsposition hat nun hinsichtlich der Abhängigkeiten zwischen Kollisionsrecht und Sachrecht und damit für die eingangs gestellte Frage nach der Berücksichtigung materiellrechtlicher Interessen im IPR folgende Auswirkungen:

Das eben beschriebene Zusammenwirken erfordert, daß auch die kollisionsrechtliche Entscheidung das materielle Endergebnis nicht aus dem Blick verliert. Die Normen des IPR sind denselben Gerechtigkeitszielen verpflichtet, wie die des entsprechenden materiellen Rechts[39], und sie haben daher — soweit möglich — auch die *Förderung* schützenswerter materieller Interessen zu unternehmen[40]. Es ist hier bewußt nur von Förderung die Rede, denn die letztendliche Durchsetzung materieller Interessen ist mit der speziellen Zielsetzung des Kollisionsrechts[41] nicht vereinbar; sie bleibt die alleinige Domäne des berufenen materiellen Rechts. Förderung bedeutet demnach die Berücksichtigung im Vorfeld der Entscheidung, d. h. die Realisierung der Interessen auf mittelbarem Wege[42]. Möglich ist dies durch die Wahl eines entsprechenden Anknüpfungspunktes[43]. Hierfür Voraussetzung ist allerdings, daß die betreffenden materiellen Interessen ihrem Wesen nach überhaupt geeignet sind, für die Bestimmung des Anknüpfungspunktes eine Rolle zu spielen[44].

[38] Die von *Kegel*, Festschrift Lewald, S. 259, 270 ff. entwickelte Kategorie der „internationalprivatrechtlichen Gerechtigkeit" erweist sich so zumindest als mißverständlich; eine von der materiellrechtlichen abgelöste IPR-Gerechtigkeit kann es nach diesem Verständnis nicht geben, denn die einzige (materiellrechtliche) Gerechtigkeit wird hergestellt durch ein Zusammenwirken von Kollisions- und berufenem Sachrecht. Auch *Kegel* selbst scheint ein gewisses Unbehagen gefühlt zu haben, denn er weist im weiteren Verlauf seiner Darstellung, S. 270, auf die Unteilbarkeit der Gerechtigkeit hin. Vgl. a. *Bucher*, Grundfragen, S. 27, 29 f.; *Lorenz*, ZRP 1982, 148, 152.

[39] Vgl. *Keller / Siehr* S. 4; *Keller*, SJZ 1972, 65; *Schurig* S. 106: Kollisionsnormen sind „Bestandteil des autonomen Bemühens um eine gerechte Ordnung".

[40] Vgl. hierzu auch *Neuhaus*, Grundbegriffe, S. 168.

[41] Vgl. oben a).

[42] *Beitzke*, Festschrift Smend, S. 1, 16; *Keller*, SJZ 1972, 65; *Keller / Siehr* S. 4.

[43] *Siegrist*, ZAIP 24 (1959) 54, 70 f.; s. a. *Bucher*, Liber amicorum Schnitzer, S. 37 ff., der in einem mit materiellen Grundsätzen angereicherten Kollisionsrecht „règles de rattachement à caractère substantiel" sieht, Bspl.: alternative Anknüpfung; *Jayme*, Festschrift Schwind, S. 103, 114, der Zukunft des IPR in der Ergänzung des traditionellen Systems durch Gesichtspunkte, die sich aus den Sachnormen ergeben, erblickt.

[44] *Vischer*, SchwJbIntR XII (1955) 75, 86.

Ein Beispiel mag das Gesagte verdeutlichen: Nichteheliche Kinder sind sicherlich interessiert daran, die gleichen Unterhaltsrechte zu haben wie ihre ehelichen Kameraden, mit denen sie täglich zusammen sind[45]. Dies ist im Ursprung ein materielles Interesse, das jedoch kollisionsrechtliche Bedeutung erlangen kann. Eine Förderung mit internationalprivatrechtlichen Mitteln wäre etwa möglich durch Wahl des gewöhnlichen Kindesaufenthaltes als Anknüpfungspunkt, der sowohl für die Wirkungen der ehelichen als auch für die der nichtehelichen Kindschaft Geltung hätte; denn durch die Anwendung ein und derselben Rechtsordnung auf alle Kinder wird die Chance einer Gleichbehandlung erhöht[46]. Sehr deutlich handelt es sich hierbei aber nur um eine Berücksichtigung im Vorfeld: Die endgültige Bewertung des Gleichberechtigungsinteresses wird erst durch das berufene materielle Recht vorgenommen, das zwischen ehelichen und nichtehelichen Kindern immer noch differenzieren kann[47].

Eine darüber hinausgehende Berücksichtigung materieller Interessen kann dagegen nach dem oben beschriebenen Selbstverständnis des Kollisionsrechts nicht stattfinden.

Diese Feststellung könnte allerdings dadurch eine Erschütterung erfahren, daß jedes IPR herkömmlicher Prägung eine allgemeine Vorbehaltsklausel kennt, mit Hilfe derer an sich — nach den allgemeinen Grundsätzen — berufenes ausländisches Recht verdrängt wird, wenn dessen Anwendung vom inländischen Standpunkt aus gesehen zu untragbaren Ergebnissen führen würde[48]. Da die Ausschließung des ausländischen Rechts anhand materieller Kriterien erfolgt („untragbares Ergebnis"), liegt die Überlegung nahe, daß hier ein Einfallstor für materielle Interessen gegeben ist. Verstärkt wird dieser Gedanke durch eine Entscheidung des Bundesverfassungsgerichts[49], deren eine wesentliche Bedeutung in der Forderung liegt, das berufene ausländische Recht sei an den Grundrechten zu messen[50].

Doch wird der hier vertretene Ausgangspunkt, daß Kollisionsrecht grundsätzlich nur die mit der Auslandsberührung in Zusammenhang

45 s. im einzelnen zu diesem Interesse unten II. 2. b).

46 Insofern kann man mit *Keller*, SJZ 1972, 65, 66 in der Tat von gemeinsamen Prinzipien des Kollisions- und Sachrechts sprechen, die eben lediglich verschiedene Ausprägungen aufweisen; vgl. a. *Schurig* S. 207.

47 Dies ist das Hauptargument der Gegner einer Berücksichtigung materieller Interessen im Kollisionsrecht: etwa *Dölle*, Festschrift Kaufmann, S. 19, 40; *Lüderitz*, Festschrift Kegel, S. 31, 42.

48 Vgl. für das deutsche Recht Art. 30 EGBGB und BGHZ 50, 370, 375; 54, 123, 130 und 132, 140.

49 BVerfGE 31, 58 „Spanierentscheid".

50 Ebd., S. 72 ff.; die zweite wichtige — aber hier unbedeutende — Aussage liegt darin, daß die IPR-Normen selbst an der Verfassung, insb. an Art. 3 GG, zu messen sind.

stehenden Interessen zu betrachten habe, dadurch im Ergebnis nicht berührt. Denn sowohl für die Anwendung der Vorbehaltsklausel wie für die der Grundrechte[51] ist Voraussetzung eine Inlandsbeziehung des Falles[52]. Ein Ausschluß ausländischen Rechtes kommt demnach nur dann in Betracht, wenn der betroffene Fall solche Berührungspunkte mit dem Forumstaat aufweist, die auch als Anknüpfungsmomente dienen könnten[53]. Die Anwendung der Vorbehaltsklausel führt damit zu einem besonderen Schutz der Beteiligten, die diese Anknüpfungspunkte in ihrer Person verwirklichen, die dem Forum also nahestehen[54]; denn deren Interesse an der Anwendung eines ihnen „gemäßen" Rechtes setzt sich durch. Daraus wird deutlich, daß mit Hilfe von Vorbehaltsklausel und Grundrechten im Grundsatz nicht über materielle Interessen der Beteiligten (z. B. an möglichst hohem Unterhalt), sondern über deren kollisionsrechtliche Interessen (an der Anwendung „ihrer" Rechtsordnung) entschieden wird, und zwar abweichend von den allgemeinen Anknüpfungsregeln[55]. Materielle Gesichtspunkte fließen dabei lediglich in den Bewertungsvorgang ein[56]: Ob sich das Interesse von forumsnahen Beteiligten an der Anwendung „ihres" Rechts durchsetzt, entscheidet sich nach der Zumutbarkeit der Anwendung ausländischen Rechts oder nach der Schutzwürdigkeit dieser Beteiligten aus der Sicht des Forums[57].

Als Ergebnis bleibt festzuhalten, daß eine Interessenanalyse im internationalen Privatrecht in erster Linie kollisionsrechtliche Interessen zu erarbeiten hat. Daneben sind solche materiellrechtlichen Interessen mit einzubeziehen, deren Förderung mit kollisionsrechtlichen Mitteln denkbar erscheint. Eine weitergehende Berücksichtigung materieller Interessen scheidet dagegen aus.

---

[51] Sofern man sie nicht ohnehin im Rahmen der Vorbehaltsklausel prüfen will, vgl. BVerfGE 31, 58, 86.

[52] Vgl. z. B. *Neuhaus*, Grundbegriffe, S. 366, 367; *Kegel*, IPR, S. 239; *Firsching*, Einführung, S. 59; *Keller / Siehr* S. 13; *Raape*, IPR, S. 93; *Siehr*, RabelsZ 37 (1973) 466, 474; *Kühne*, Gutachten, C 27; BVerfGE 31, 58, 75, 77, 87; *Schurig* S. 250.

[53] *Neuhaus*, Grundbegriffe, S. 367; vgl. a. *Jayme*, StAZ 1980, 301, 306.

[54] Vgl. *Braga*, ZAIP 23 (1958) 421, 447: Schutz der Inländer.

[55] Vgl. zur Auslegung des ordre-public-Vorbehalts als Summe ungeschriebener, „besonderer" Anknüpfungsregeln: *Kahn*, Abhandlungen I, S. 163, 251 ff.

[56] Vgl. *Beitzke*, Festschrift Smend, S. 1, 19, 20; *Müller-Freienfels*, Festschrift Pound, S. 595, 598; *Schnitzer*, Handbuch, S. 50; *Siegrist*, ZAIP 24 (1959) 54, 67; *Lüderitz*, Festschrift Kegel, S. 31, 35: materiellrechtliche Bewertung von Interessen schlägt international durch (zum Spanierentscheid).

[57] *Wilde* S. 40, 41, dessen Ansatz von der hier dargelegten Auffassung lediglich terminologisch abweicht: Er spricht von materiellrechtlichen Interessen an der Anwendung deutschen Sachrechts, S. 54, die hier als kollisionsrechtliche verstanden werden; näher schon wieder S. 57: materiellrechtlich *bestimmte* Interessen an der Anwendung des Forumrechts; vgl. a. *Heini*, SJZ 1978, 249, 257.

II. Interessenanalyse

Aufgabe folgenden Abschnitts wird es sein, die Interessen, die von dem eben herausgearbeiteten Begriff gedeckt sind, genauer zu untersuchen. Vorausgeschickt sei, daß sämtliche Interessen, die im vorgegebenen Bereich eine Rolle spielen können, katalogisiert werden, auch wenn ihre gleichzeitige Befriedigung nicht denkbar ist; denn nur so läßt sich den leitenden Ordnungsgesichtspunkten der unterschiedlichen Rechtsordnungen auf die Spur kommen. Auf Wertungen wird in diesem Rahmen, abgesehen von der Frage der Schutzwürdigkeit, verzichtet.

Im Wege einer ersten Grobeinteilung werden die Interessen der Rechtsgemeinschaft, zu der auch die Beteiligten selbst zählen, von denen geschieden, die ausschließlich bei den Beteiligten vorliegen.

1. Die Interessen der Rechtsgemeinschaft

a) Rechtssicherheitsinteressen

Das wichtigste Interesse der Allgemeinheit ist das an größtmöglicher Rechtssicherheit. Ohne diese wird der Rechtsverkehr zur Gefahr für jeden, der daran teilnimmt. Dies gilt in besonderem Maße wegen der Internationalität der zugrunde liegenden Sachverhalte und der sich daraus ergebenden zusätzlichen Gefahren für das Gebiet des internationalen Privatrechts[58]. Auch das Nichtehelichenkollisionsrecht ist davon betroffen[59]. Unklarheiten im Hinblick auf die Zuordnung des nichtehelichen Kindes, auf seinen Namen, auf die elterlichen Befugnisse — etwa Vertretungsrechte — und auf die Unterhaltspflichten beeinträchtigen nicht nur die unmittelbar Beteiligten, sondern auch Dritte, die mit ihnen in Beziehung treten[60], sowie potentiell Beteiligte, die ihr Verhalten auf die eventuellen Rechtsfolgen einrichten wollen. Im einzelnen ergibt sich folgendes Bild:

aa) Internationaler Entscheidungseinklang

Im internationalen Bezugsrahmen fällt als Mißlichkeit sogleich ins Auge, daß die Beurteilung einer Rechtsfrage durch die inländischen Gerichte keineswegs derjenigen durch ausländische entsprechen muß.

---

[58] Vgl. zur Rechtssicherheit im IPR auch *Zweigert*, RabelsZ 37 (1973) 435, 442; *Kahn*, Abhandlungen I, S. 309.

[59] Vgl. für die Bedeutung einer „internationalen" Sicherheit im Kindschafts-IPR: *Jayme*, Festschrift Bosch, S. 459, 460.

[60] Vgl. zu diesen Verkehrsschutzinteressen insb. *Bänziger*, Der Schutz des Dritten im internationalen Personen-, Familien- und Erbrecht der Schweiz, S. 1 ff.

Dies kann dazu führen, daß die Parteien bei gleichartigen Rechtsstreitigkeiten in jenem Lande eine andere Behandlung erfahren als in diesem, sich der Kläger also — soweit dies im Rahmen der internationalen Zuständigkeit möglich ist — nur das Forum auszusuchen braucht, das ihm die günstigste Rechtsposition einräumt, um den Beklagten zu benachteiligen („*forum shopping*"). Darüber hinaus ist es sogar möglich, daß derselbe Sachverhalt von Land zu Land verschieden behandelt wird. Denkbar wäre also, daß innerhalb einer Vaterschaftsklage die Vaterschaft eines Mannes im Inland festgestellt wird, während ein ausländisches Gericht im Rahmen des Unterhaltsprozesses die Vaterschaft verneint („*hinkendes Rechtsverhältnis*"). Hier mangelt es an Kontinuität der Rechtsbeziehung über die Grenze hinweg[61].

Beide Konsequenzen sind vom Standpunkt des Rechtsverkehrs wie von dem der Beteiligten aus unerträglich[62]. Es ist daher ein Interesse an einheitlichen Entscheidungen, an *internationalem Entscheidungseinklang* anzuerkennen; das Ergebnis eines Rechtsstreites soll nicht vom Ort des Verfahrens abhängen[63]. Schon *Savigny* maß dem internationalen Entscheidungseinklang überragende Bedeutung bei[64], und bis heute hält ihn die herrschende Meinung[65] für ein wesentliches Ziel, wenn nicht sogar das Ideal des internationalen Privatrechts.

Es handelt sich aber, wie das Bundesverfassungsgericht zu Recht festgestellt hat[66], um ein weithin unerfülltes Ideal. Herstellbar wäre es nur durch ein vereinheitlichtes Kollisionsrecht[67], denn dadurch käme unab-

---

61 *Jayme*, Festschrift Bosch, S. 459, 460 mit Beispielen; zu dieser Gefahr allgemein im Zusammenhang mit internationalem Kindschaftsrecht *ders.*, StAZ 1971, 65, 71; vgl. auch *Lüderitz*, Festschrift Kegel, S. 31, 39, der „Kontinuitätsinteressen" allerdings ausschließlich den Beteiligten zuordnet („Parteiinteressen").

62 Vgl. a. *Suhr* S. 63.

63 Vgl. statt aller *Neuhaus*, Grundbegriffe, S. 50. Internationaler Entscheidungseinklang kommt im übrigen auch der Durchsetzbarkeit (Anerkennungsfähigkeit) inländischer Entscheidungen im Ausland zugute.

64 System Bd. VIII, S. 27: „... daß auch die Rechtsverhältnisse, in Fällen einer *Collision der Gesetze*, dieselbe Beurtheilung zu erwarten haben, ohne Unterschied, ob in diesem oder jenem Staate das Urtheil gesprochen werde."; vgl. a. S. 129.

65 Vgl. aus der unübersehbaren Literatur *Kegel*, Festschrift Lewald, S. 259, 277 und *ders.*, IPR, S. 59 ff., der ihn unter „Ordnungsinteressen" faßt; *Neuhaus*, Grundbegriffe, S. 49 ff.; *Kahn*, Abhandlungen I, S. 310; *Rabel*, Conflict I, S. 94; *Keller / Siehr* S. 45 f.; *Batiffol*, aspects philosophiques, S. 212 ff.; *Braga*, ZAIP 23 (1958) 421, 438/39; *Dölle*, Festschrift Kaufmann, S. 19, 39/40; *Vischer*, SchwJbIntR XII (1955) 75, 89, 91; *Wengler*, ZöffR 23 (1944) 473, 483 - 85; *ders.*, ZAIP 8 (1934) 148, 198; *Zweigert*, Festschrift Raape, S. 35, 50; *Suhr* S. 61 ff.; speziell für das internationale Kindschaftsrecht: *Jayme*, Festschrift Bosch, S. 459; *Neumayer*, AcP 152 (1952/53) 335, 339, 340; eher ablehnend *Beitzke*, Festschrift Smend, S. 1, 18: „Hilfsprinzip".

66 BVerfGE 31, 58, 83.

hängig vom Gerichtsort bei gleicher Fallkonstellation immer dieselbe Rechtsordnung zur Anwendung. Hiervon ist man jedoch — insbesondere im internationalen Nichtehelichenrecht[68] — weit entfernt, so weit, daß an der Realisierbarkeit überhaupt gezweifelt wird[69]. Der Gedanke des internationalen Entscheidungseinklangs als Maßstab zur Prüfung der Angemessenheit einer Kollisionsnorm erscheint demnach unergiebig[70], denn keine denkbare Anknüpfung vermag angesichts der Unterschiedlichkeit der Regelungen in den einzelnen Ländern das Interesse vollständig zu befriedigen.

Ein besseres Ergebnis läßt sich mit Hilfe einer Modifikation erreichen. Den Weg dazu hat schon *Wengler*[71] gewiesen, indem er auf den Begriff des „Konfliktminimums" rekurrierte. Damit nämlich ist angedeutet, daß das Interesse am internationalen Entscheidungseinklang sinnvollerweise nicht die völlige Vereinheitlichung der in- und ausländischen Kollisionsvorschriften verlangen kann, sondern sich mit einer Minimierung von „Entscheidungsmißklängen" begnügen muß. Eine Befriedigung des Interesses tritt demnach schon ein, wenn die Entscheidungsharmonie statt hergestellt lediglich gefördert wird. Eine Förderung ist dann anzunehmen, wenn die Kollisionsnorm Anknüpfungspunkte verwendet, die kraft ihrer Überlegenheit die größte Aussicht haben, von anderen Kollisionsrechten anerkannt und übernommen zu werden[72], wenn sie also *internationalisierungsfähig* ist[73]. Mit diesem Ansatz kann die Angemessenheit von Kollisionsnormen besser beurteilt werden. Denn es sind zumindest Aussagen darüber möglich, wann Regelungen den Anforderungen nicht entsprechen, das Interesse also nicht befriedigen[74]. Die grundsätzliche Anwendung der lex fori etwa stellte sicherlich keine internationalisierungsfähige Lösung dar, da der Entscheidungsharmonie auf diese Weise kein Schritt näher zu kommen wäre; gleiches gilt für nationale Vorbehalte jeder Art[75].

---

67 *Neuhaus*, Grundbegriffe, S. 57; oder durch ein vereinheitlichtes Sachrecht, was aber angesichts der historischen und kulturellen Unterschiede in den einzelnen Ländern weder erreichbar noch wünschbar erscheint.

68 Vgl. die kurze Übersicht bei *Wilde* S. 67 ff.

69 *Neumayer*, AcP 152 (1952/53) 335, 349/50: zu großer Ideenreichtum in den verschiedenen Rechtsordnungen.

70 So auch *Wilde* S. 71.

71 ZöffR 23 (1944) 473, 483 - 85.

72 *Keller*, SJZ 1972, 65, 88; *Keller / Siehr* S. 45/46; *Suhr* S. 102.

73 *Neuhaus*, Grundbegriffe, S. 54, 55; *ders.*, RabelsZ 43 (1979) 277, 279; *ders.*, FamRZ 1967, 22, 25; *Neuhaus / Kropholler*, RabelsZ 44 (1980) 326; *Kropholler*, FamRZ 1971, 403; Institut für internationales Recht, Resolution zum IPR, ZAIP 17 (1952) 519.

74 Umgekehrt läßt sich aber nicht positiv bestimmen, wie eine Kollisionsnorm aussehen muß, um internationalisierungsfähig zu sein, vgl. a. *Batiffol*, aspects philosophiques, S. 214.

75 Vgl. a. *Henrich*, StAZ 1979, 282, 288.

In den einzelnen Problembereichen des Nichtehelichenkollisionsrechts ist die internationale Entscheidungsharmonie von unterschiedlicher Relevanz. *Jayme*[76] hat anschaulich darauf hingewiesen, daß sie bei der Frage der rechtlichen Zuordnung des nichtehelichen Kindes zu seinen Eltern ihre größte Wichtigkeit entfaltet; denn hier belasten Disharmonien den Rechtsverkehr und die Beteiligten wegen der Wirkung des Status gegenüber Dritten sowie wegen der daran geknüpften, vielfältigen Rechtsfolgen sehr stark. Auch für den Kindesnamen als „Aushängeschild“ der Zuordnung ist der Entscheidungseinklang kein unwesentliches Kriterium[77]. Dagegen wird ihm bei den übrigen Wirkungen des Kindschaftsverhältnisses wie der elterlichen Sorge und der Unterhaltsverpflichtung geringere Bedeutung einzuräumen sein, da diese Fragen kaum Drittbezug aufweisen.

bb) Innerer Entscheidungseinklang

Die Internationalität der zugrunde liegenden Sachverhalte und die Technik des Kollisionsrechts implizieren eine weitere Gefahr für die Rechtssicherheit. Es ist nämlich denkbar, daß die Kollisionsnormen für ein und dasselbe Rechtsverhältnis mehrere Rechtsordnungen zur Anwendung berufen, deren Regeln — anders als im innerstaatlichen Recht — nicht aufeinander abgestimmt sind. Dadurch kann es zu Lükken, Widersprüchen oder sogar unsinnigen Ergebnissen kommen. Ein Beispiel mag dies verdeutlichen: Auf die Rechtsbeziehungen des nichtehelichen Kindes zu seinen Eltern können nach deutschem Kollisionsrecht u. U. drei verschiedene Rechtsordnungen zur Anwendung gelangen. Art. 20 Satz 1 EGBGB unterwirft die Rechtsbeziehungen zur Mutter deren jeweiligen Heimatrecht; die Rechtsbeziehungen zum Vater richten sich, soweit es um Unterhalt geht, gemäß Art. 21 1. Halbsatz nach dem Heimatrecht der Mutter zur Zeit der Kindesgeburt, soweit andere Fragen angesprochen sind, nach dem jeweiligen Heimatrecht des Vaters[78]. Ein Widerspruch entsteht, wenn das Kind nach Vaterrecht zwar der alleinigen elterlichen Gewalt des Vaters unterliegt, dieser aber nach (altem) Mutterrecht keinen Unterhalt schuldet; unsinnig wird es, wenn das (neue) Mutterrecht schließlich der Mutter die volle elterliche Gewalt zubilligt und den Vater davon ausschließt.

Anzuerkennen ist daher ein Interesse des Rechtsverkehrs und der Beteiligten an der Vermeidung solcher Ergebnisse, an — wie man sagt — *innerem Entscheidungseinklang*[79]. *Wengler*[80] spricht in diesem

[76] Festschrift Bosch, S. 459 ff.; allgemeiner *ders.*, StAZ 1971, 65, 71; vgl. a. *Ansay / Martiny* S. 203.

[77] Vgl. dazu im einzelnen *Böhmer*, Festschrift Ferid, S. 103, 115; *Wengler*, StAZ 1973, 205, 206.

[78] Vgl. statt aller *Kegel*, IPR, S. 420.

Zusammenhang noch anschaulicher von „materieller Harmonie", welche dann erreicht wird, wenn sich die verschiedenen Privatrechtsnormen harmonisch auswirken. Das Interesse ist befriedigt, wenn ein Rechtsverhältnis in seiner Gesamtheit von möglichst wenigen Rechtsordnungen beherrscht wird, was der Fall ist, wenn Kollisionsnormen weit gefaßt werden[81].

Auf die überragende Bedeutung des inneren Entscheidungseinklangs im Bereiche des internationalen Nichtehelichenrechts wurde in der Literatur[82] verschiedentlich hingewiesen. Auch das eben angeführte Beispiel zum deutschen Recht mag dafür ein Indiz sein. Aufeinander abgestimmte Regeln sind wichtig für das Verhältnis zwischen Zuordnung einerseits und Wirkungen der nichtehelichen Kindschaft andererseits, aber auch für das Verhältnis zwischen den einzelnen Wirkungen, etwa den Rechten der Mutter einerseits und denen des Vaters andererseits.

cc) Allgemeine Rechtssicherheit

Nach diesen speziell internationalprivatrechtlichen bleiben schließlich noch solche Rechtssicherheitsinteressen zu betrachten, die bei jeder Art von Recht eine Rolle spielen.

α) Diese kann man zum einen mit den Begriffen „*Voraussehbarkeit und Berechenbarkeit von Entscheidungen*" sowie ganz allgemein „*Vertrauensschutz*" oder „*Stabilität*" umschreiben[83]. Es ergeben sich allerdings gewisse Überschneidungen mit dem internationalen und inneren Entscheidungseinklang, denn auch durch deren Förderung verbessert man die Voraussehbarkeit und Berechenbarkeit. Sieht man jedoch hiervon ab, so bleibt dem Interesse an Vertrauensschutz dennoch ein eigener

79 *Kegel*, IPR, S. 60 „Ordnungsinteresse"; *ders.*, Festschrift Lewald, S. 259, 276 f.; *Neuhaus*, Grundbegriffe, S. 164; *Suhr* S. 89; *Müller-Freienfels*, Festschrift Pound, S. 595, 606; eher ablehnend *Beitzke*, Festschrift Smend, S. 1, 18; *Zweigert*, Festschrift Raape, S. 35, 50.

80 ZöffR 23 (1944) 473, 477 - 80; *ders.*, in: Das internationale Familienrecht Deutschlands und Frankreichs, S. 335.

81 *Kegel*, IPR, S. 61; *Wengler*, ZöffR 23 (1944) 473, 477 - 480.

82 *Wengler*, in: Das internationale Familienrecht Deutschlands und Frankreichs, S. 335; *Suhr* S. 90 ff.; *Neuhaus*, Grundbegriffe, S. 169; *ders.*, Verpflichtungen, S. 12 f.; *ders.*, FamRZ 1967, 22, 25; *Siegrist*, ZAIP 24 (1959) 54, 96; vgl. a. *Sturm*, Anm. zu BGHZ 63, 219, NJW 1975, 493, 494.

83 Zur Bedeutung dieser Begriffe im IPR vgl. *Neuhaus*, Grundbegriffe, S. 162; *Braga*, ZAIP 23 (1958) 421, 440/41; *Keller*, SJZ 1972, 65, 89; *Wengler*, Eranion Maridakis III, S. 323, 358 ff.; *Vischer*, SchwJbIntR XII (1955) 75, 90; *Makarov*, auf der Arbeitssitzung des Deutschen Rates für IPR am 27. 7. 54 in München, ZAIP 19 (1954) 597, 598; *Rabel*, Conflict I, S. 94: Schutz der berechtigten Erwartungen; umfassend *Bänziger*, Der Schutz des Dritten im internationalen Personen-, Familien- und Erbrecht der Schweiz, insb. S. 4 ff.; s. zur Frage der „Kontinuität" auch *v. Steiger*, in: Probleme und Ziele der vormundschaftlichen Fürsorge, S. 121, 132.

Anwendungsbereich. Denn sowohl die konkret Beteiligten als auch der Rechtsverkehr in Gestalt von potentiell Beteiligten sind interessiert daran, auf lange Sicht disponieren und sich auf eine bestimmte Rechtslage einstellen zu können. Im internationalen Privatrecht geht es damit, wie *Bänziger*[84] richtig formuliert hat, um den „Schutz vor der Überraschung fremder Rechtsanwendung". Zu solcher Überraschung kann es insbesondere durch dem Prinzip des better-law entspringende ad-hoc-Entscheidungen US-amerikanischer Prägung[85] oder durch ungewisse Generalklauseln[86] kommen. Schutz hiervor ist nur zu gewährleisten durch genügend eindeutige und stabile Anknüpfungsbegriffe[87].

β) Auf der anderen Seite ist damit die *Leichtigkeit und Sicherheit des Rechtsverkehrs* angesprochen[88], ohne daß mit dieser Abgrenzung Verbindungslinien zum Vertrauensschutzgesichtspunkt geleugnet werden. Leichtigkeit und Sicherheit werden behindert durch die Anwendung einer Vielzahl von Rechten sowie überhaupt durch eine Rechtsanwendung, die von der des Verkehrsortes abweicht. Denn dadurch kommen materielle Regelungen zum Zuge, die für die meisten Verkehrsteilnehmer ungewohnt sind und auf die sie sich in ihrer Handlungsweise nur schwer einstellen können[89]. Es ist daher ein schutzwürdiges Verkehrsinteresse an der Anwendung des Rechtes anzuerkennen, das am Ort des betroffenen Verkehrskreises gilt[90], denn mit dessen Inhalt ist die Mehrheit der Teilnehmer vertraut.

Dieses Interesse ist im internationalen Nichtehelichenrecht sicherlich von geringerer Bedeutung als beispielsweise im internationalen Schuldrecht. Trotzdem sollte es auch hier nicht vernachlässigt werden: Im Bereich der Statusfragen, der gesetzlichen Vertretung sowie der Vermögenssorge ist der Rechtsverkehr erheblich tangiert, so daß Leichtigkeit und Sicherheit durchaus eine Rolle spielen können.

---

[84] S. 4.

[85] *Keller / Siehr* S. 48; *Kühne*, IPR-Gesetz-Entwurf, S. 29; *Neuhaus*, Akrothinia P.G. Vallindas, S. 547, 556; *Makarov*, ZAIP 19 (1954) 597, 598.

[86] *Müller-Freienfels*, in: Vorschläge und Gutachten zum internationalen Kindschaftsrecht, S. 92, 105.

[87] *Braga*, ZAIP 18 (1953) 227, 235; *Suhr* S. 67 ff.; auch *Bänziger* S. 5.

[88] *Kegel*, IPR, S. 58 spricht in diesem Zusammenhang von „Verkehrserleichterungsinteressen"; *ders.*, Festschrift Lewald, S. 259, 274.

[89] Dieser Gesichtspunkt unterscheidet sich von der oben angesprochenen „Überraschung fremder Rechtsanwendung": Dort ging es abstrakt um den Schutz vor der unvorhergesehenen Anwendung einer bestimmten Rechtsordnung, hier dagegen konkret um den Schutz vor der Anwendung ungewohnter Normen.

[90] *Bänziger* S. 5 spricht in diesem Zusammenhang vom Interesse an der Anwendung des „Umweltrechts"; vgl. auch *Kegel*, IPR, S. 58, der dieses Interesse sehr schön anhand von Art. 11 EGBGB verifiziert.

b) Materielle Interessen

Oben[91] wurde festgestellt, daß unter gewissen Voraussetzungen auch materielle Interessen in vorliegende Untersuchung Eingang finden. Zu prüfen ist daher, ob auf seiten der Rechtsgemeinschaft entsprechende Interessen bestehen.

Gerade im Bereich der nichtehelichen Kindschaft ist die Rechtsgemeinschaft in Gestalt der öffentlichen Fürsorge naturgemäß daran interessiert, die Fürsorgelasten für die Kinder so gering wie möglich zu halten[92]. Jene sind um so geringer, je besser Inhalt und Durchsetzung des Unterhaltsanspruchs gegen die Eltern ausgestaltet sind. So gesehen teilt die öffentliche Fürsorge das Interesse des Kindes an optimaler Alimentation. Dieses materielle Interesse ist geeignet, kollisionsrechtliche Förderung zu erfahren: Fürsorgeanspruch und Unterhaltsanspruch sind innerhalb einer Rechtsordnung immer in der Weise aufeinander abgestimmt, daß ersterer nicht weiter geht als letzterer, d. h., daß bei realisierbarem Anspruch gegen die Eltern ein Anspruch auf staatliche Unterstützung nicht besteht[93]. Diese Abstimmung, die zu einer weitestgehenden Entlastung der öffentlichen Fürsorge führt, geht aber verloren, sobald sich Fürsorge- und Unterhaltsanspruch nach verschiedenen Rechtsordnungen richten. Da der Fürsorgeanspruch regelmäßig dem Aufenthaltsrecht des Kindes unterfällt, ist der öffentlichen Fürsorge daher schon gedient, wenn auch auf den Unterhaltsanspruch dieses Recht zur Anwendung kommt[94]. Das Interesse der Rechtsgemeinschaft zielt demnach auf die Anwendung des Rechts am gewöhnlichen Kindesaufenthalt.

2. Die Interessen der Beteiligten

Im folgenden sollen zunächst die typisch kollisionsrechtlichen, d. h. die sich gerade aus der Auslandsberührung des Falles ergebenden, und sodann eventuell für die Untersuchung relevante materiellrechtliche Interessen von Vater, Mutter und Kind erarbeitet werden.

---

[91] s. in diesem Kap. I. 5. b).

[92] *Müller-Freienfels*, Festschrift Pound, S. 595, 608.

[93] Vgl. für das deutsche Recht z. B. § 90 BSHG; s. a. *Lüderitz*, Festschrift Kegel, S. 31, 43.

[94] *Staudinger / Kropholler*, Vorbem. zu Art. 18 EGBGB, Rdnr. 35; *de Winter*, NedTIR 4 (1957) 133, 147; *Müller-Freienfels*, in: Vorschläge und Gutachten zum internationalen Kindschaftsrecht, S. 92, 99, 106; *ders.*, Festschrift Ficker, S. 289, 323; *Neuhaus*, FamRZ 1967, 22, 25; *Sonnenberger*, FamRZ 1973, 553; *Bogdanowsky de Maekelt*, RabelsZ 28 (1964) 401, 417; Denkschrift der Bundesregierung zum Gesetzesentwurf bezüglich des Haager Unterhaltsabkommens 1956, BT-Drucksache III 2585, S. 8.

a) Kollisionsrechtliche Interessen

aa) Vermutung

Bei Rechtsstreitigkeiten mit Auslandsberührung besteht eine Vermutung dafür, daß jeder daran Beteiligte, jedenfalls sofern persönliche Belange betroffen sind, ein Interesse daran hat, nach einer Rechtsordnung beurteilt zu werden, die ihm „gemäß" ist, d. h., zu der er eine *Verbindung* hat[95].

Dies findet seinen Grund zunächst in der Überlegung, daß im allgemeinen jeder mit dem Inhalt eines ihm nahestehenden Rechtes am besten vertraut ist[96] oder sich zumindest vertraut machen kann[97]. Er wird sein Verhalten mehr oder weniger nach dieser Rechtsordnung einrichten[98], wird von ihr mit der Zeit gewissermaßen geprägt sein. Von einer exakten Kenntnis einzelner Rechtsnormen ist dabei natürlich nicht auszugehen[99]; zugrunde gelegt wird vielmehr die Annahme, daß jeder eine grobe Vorstellung von den wesentlichen Gerechtigkeitsinhalten „seiner" Rechtsordnung besitzt. Dies erscheint insbesondere im Familienrecht legitim, da sich dessen wesentliche Wertentscheidungen — wie etwa die Scheidbarkeit der Ehe — fast ausnahmslos auch dem juristischen Laien mitteilen[100].

Ferner ist davon auszugehen, daß der einzelne die Gerechtigkeitsvorstellungen einer Rechtsordnung, von der er maßgeblich beeinflußt ist, teilt oder sich zumindest mit deren Entscheidungen leichter abfindet als mit denen eines ihm fremden Rechts[101].

Schließlich ist noch der Gesichtspunkt zu erwähnen, daß der einzelne bei Anwendung des ihm „gemäßen" Rechtes in gewissem Rahmen die Möglichkeit erhält, das anwendbare Recht frei zu wählen: Wenn er weiß, daß ein Recht zur Anwendung kommt, das ihm besonders verbunden ist, muß er nur entsprechenden Einfluß auf den Anknüpfungspunkt

---

95 Von *Kegel*, Festschrift Lewald, S. 259, 274 „Parteiinteresse" genannt; vgl. ferner *ders.*, IPR, S. 56 ff.; *Lüderitz*, Festschrift Kegel, S. 31 ff.; *Müller-Freienfels*, Festschrift Pound, S. 595, 605: „Fundamentally, everyone has an interest in the application of his law"; *Vischer*, SchwJbIntR XII (1955) 75, 90.

96 Vgl. *Müller-Freienfels*, JZ 1957, 141, 144; *ders.*, Festschrift Pound, S. 595, 605; ablehnend *Raape*, IPR, S. 44.

97 *Lüderitz*, Festschrift Kegel, S. 31, 36.

98 *Makarov*, ZAIP 17 (1952) 382, 385; zustimmend *Henrich*, Festschrift Bosch, S. 411, 412; vgl. den damit zusammenhängenden Vertrauensschutzgesichtspunkt schon bei *Savigny*, System Bd. VIII, S. 203/204; auch *Vischer*, SchwJbIntR XII (1955) 75, 90.

99 Vgl. *Wilde* S. 38.

100 Vgl. *Müller-Freienfels*, Festschrift Pound, S. 595, 605.

101 *Makarov*, ZAIP 17 (1952) 382, 385; zustimmend *Henrich*, Festschrift Bosch, S. 411, 412; *Wilde* S. 39.

— sei dieser Staatsangehörigkeit oder Wohnsitz — nehmen, um eine ihm angenehme Rechtsordnung zur Anwendung zu bringen[102].

Aus der eingangs erwähnten Vermutung ergeben sich für den Bereich des internationalen Nichtehelichenrechts zwei Überlegungen: Zunächst ist zu klären, in welchen Fällen und für welche Personen die eben angeführten Gesichtspunkte zutreffend sind, wann also Vater, Mutter und Kind typischerweise ein Interesse an der Anwendung „ihres" Rechtes haben. Sodann bleibt darüber nachzudenken, welches Recht man dem einzelnen als das ihm „gemäße" zuordnet.

bb) Verifikation der Vermutung im Nichtehelichenkollisionsrecht

Die Beantwortung der ersten Frage hängt zunächst davon ab, in welchem Ausmaß die Beteiligten in den einzelnen Problembereichen persönlich betroffen sind. Denn die Vermutung für das Rechtsanwendungsinteresse kann sinnvollerweise nur zugunsten derjenigen eingreifen, deren persönliche Belange bei dem in Rede stehenden Rechtsverhältnis tangiert sind[103]. Desweiteren ist dann der Frage nachzugehen, inwieweit bei den betroffenen Personen von einer „Prägung" durch eine bestimmte Rechtsordnung gesprochen werden kann.

α) Betrachten wir zunächst die *Eltern*. Bei der Frage der Zuordnung scheint auf den ersten Blick nur der Teil, dessen Elternschaft gerade in Frage steht, betroffen zu sein. Jedoch ist darauf zu achten, daß sich aus der Elternschaft eines Teiles oftmals weitreichende Folgen ergeben, die auch auf die Rechtsstellung des anderen Teiles Auswirkungen haben. Daher erscheint es vernünftig, zusätzlich den jeweils anderen Teil — wenn auch in schwächerem Maße — als beteiligt anzusehen. Ebenso sind beim Problemkreis „Kindesname" beide Elternteile betroffen, denn der Name ist das äußere Kennzeichen der Zuordnung zu bestimmten Personen als Eltern[104]. Die Frage der elterlichen Sorge geht ebenfalls beide Eltern an, denn deren Zusprechung (bzw. Verstärkung) auf der einen Seite zieht immer eine Aberkennung (bzw. Verminderung) auf der anderen nach sich. Lediglich im Bereich der finanziellen Versorgung des Kindes vermag man eine Beteiligung des Elternteils, gegen den keine Unterhaltsforderungen geltend gemacht werden, auszuschließen. Dagegen ist im Hinblick auf das zwischen Vater und Mutter bestehende Rechtsverhältnis wiederum klar, daß beide betroffen sind.

---

[102] *Makarov*, ZAIP 17 (1952) 382, 385; *Henrich*, Festschrift Bosch, S. 411, 412; *Müller-Freienfels*, JZ 1957, 141, 144; dieser Gesichtspunkt ist allerdings eher theoretischer Natur.

[103] Vgl. schon oben unter aa) und *Kegel*, Festschrift Lewald, S. 259, 274; *ders.*, IPR, S. 57.

[104] *Bucher*, ZZiv. 46 (1978), Grüne Beilage, S. 12.

Für beide Elternteile sind auch die Gesichtspunkte, die die Annahme eines Interesses an der Anwendung des „eigenen" Rechtes nahegelegt haben — nämlich Vertrautsein mit dieser Rechtsordnung, Akzeptabilität ihrer Entscheidungen und Wahlmöglichkeit[105] — von Relevanz. Daraus ergibt sich, daß Vater wie Mutter jeweils ein Interesse an der Anwendung „ihrer" Rechtsordnung in allen Konfliktlagen des Nichtehelichenrechtes mit Ausnahme der Unterhaltsverpflichtung des jeweils anderen Teiles gegenüber dem Kinde haben.

β) Das *Kind* selbst ist naturgemäß ausnahmslos persönlich betroffen. Dies gilt auch für das Rechtsverhältnis zwischen Vater und Mutter, denn die Ansprüche letzterer sind ihr zumindest teilweise im Interesse des Kindes gewährt[106].

Beim Kind stellt sich jedoch die Frage, ob die Gesichtspunkte, die sein Rechtsanwendungsinteresse begründen sollen, zutreffen, sehr viel schärfer als bei den Eltern. Denn von „Vertrautsein" mit einer bestimmten Rechtsordnung, von „Prägung" durch diese Rechtsordnung, von „Akzeptabilität" einer Entscheidung und schließlich von „freier Wahl" kann nur bei einem Kind die Rede sein, das schon ein gewisses Alter erreicht hat[107].

Daher mag man zwar generalisierend zugestehen, daß im Bereich der Kindschaftswirkungen — wie: Name, Versorgungsansprüche und elterliche Sorge — ein Interesse des Kindes an der Anwendung „seines" Rechtes besteht, denn diese Fragen sind durch ihre dauernde Präsenz und ihre Abhängigkeit von den jeweiligen Verhältnissen[108] auch noch für das ältere Kind von Bedeutung. Über die Zuordnung jedoch und über die Ansprüche zwischen den Eltern wird im typischen Falle bereits zu einem Zeitpunkt endgültig entschieden, zu dem das Kind noch keine rechtlichen Wertungen verinnerlicht haben kann. Die genannten Gründe für das Rechtsanwendungsinteresse können daher in diesen Bereichen nicht greifen. Das Interesse des Kindes zielt hier folglich nicht auf die Anwendung eines bestimmten Rechtes, sondern schlicht auf die Herstellung eines bestimmten Erfolges (z. B. dem der Zuordnung), gleichgültig nach welcher Rechtsordnung dieser herbeigeführt wird. Die häufig zu findende Forderung, im internationalen Kindschaftsrecht sei das Recht

---

[105] Vgl. dazu oben unter aa).

[106] Vgl. die amtliche Begründung des RegE zum Nichtehelichengesetz, abgedruckt bei *Jansen / Knöpfel*, § 1615 k Anm. 4; *Dölle*, Familienrecht II, S. 437; *Müller-Freienfels*, in: Vorschläge und Gutachten zum internationalen Kindschaftsrecht, S. 92, 108; auch *Niemeyer* S. 221; *Hartwieg / Korkisch* S. 122.

[107] Vgl. dazu auch *Lüderitz*, Festschrift Kegel, S. 31, 43; *Kühne*, Gutachten, C 62.

[108] Abgeschwächt beim Namen, vgl. aber für die Umweltabhängigkeit BGHZ 56, 193, 201/02; 63, 107, 113; 72, 163, 168; 73, 370, 376.

des Kindes zur Anwendung zu bringen, weil das Kind hier generell der Hauptinteressierte sei[109], ist daher wenig differenziert und mit dieser Begründung kaum haltbar[110].

cc) Konkretisierung: Heimatrecht oder Wohnsitzrecht — Differenzierung nach Fallgruppen

Wendet man sich nun der Aufgabe einer Konkretisierung dessen, was bisher etwas undeutlich als das den Beteiligten „gemäße" oder „verbundene" Recht bezeichnet wurde, zu, so stößt man auf zwei prinzipiell unterschiedliche Lösungsmöglichkeiten mit ihren jeweiligen Schattierungen. Gemeint sein könnte auf der einen Seite das *Heimatrecht,* d. h. das Recht, das sich von der Staatsangehörigkeit der betreffenden Person ableitet, auf der anderen Seite das *Wohnsitzrecht,* d. h. dasjenige, welchem diese Person durch gewöhnlichen Aufenthalt verbunden ist[111].

Verschiedentlich wurde vorgeschlagen, nach der Aufenthaltsdauer und/oder nach dem Rückwanderungswillen der Betroffenen[112] zu entscheiden: Relativ kurze Aufenthaltsdauer im Forumstaat und vermutete Rückkehr in das jeweilige Heimatland sollten danach für die Anwendung des Heimatrechts sprechen. Dies führt jedoch nicht wirklich weiter[113]. Abgesehen von der Schwierigkeit einer Grenzziehung erscheint der generalisierende Schluß von Aufenthaltsdauer auf besondere Verbundenheit mit einer bestimmten Rechtsordnung nicht für sämtliche Fallkonstellationen als wirklich stringent. Es ist daher eine nach Fallgruppen differenzierende Betrachtungsweise angezeigt.

α) Hinsichtlich der *rechtlichen Zuordnung* des Kindes hatten wir festgestellt, daß nur die Eltern Interesse an der Anwendung „ihres" Rechtes haben. Tendenziell handelt es sich dabei um ihr jeweiliges Heimat-

---

109 So etwa RegE zur Gleichberechtigung von Mann und Frau, BT-Drucksache I 3802, S. 85; *Bogdanowsky de Maekelt,* RabelsZ 28 (1964) 401, 413, 420/21; *Müller-Freienfels,* FamRZ 1957, 147, 150; *ders.*, in: Vorschläge und Gutachten zum internationalen Kindschaftsrecht, S. 92, 96, 102; *Siehr,* SchwJbIntR XXIX (1973) 171, 280; *Dölle,* Festschrift Kaufmann, S. 19, 44; *Loussouarn / Bourel,* J.Cl.dr.int., no. 37.

110 So auch *Beitzke,* StAZ 1976, 321, 322: ideologischer Hintergrund; die von *Scheuring* S. 41 vertretene Auffassung, daß sich auf eine Förderung von Kindesinteressen im IPR überhaupt verzichten lasse, ist aber ebenfalls unrichtig: so z. B. bei den Wirkungen des Kindschaftsverhältnisses, s. o., oder bei Fragen der Rechtssicherheit, s. o. 1. a); vgl. auch zu den materiellen Interessen des Kindes unten 2.

111 Wenn im folgenden von *Wohnsitzrecht* die Rede ist, so ist damit immer die Anknüpfung an den gewöhnlichen Aufenthalt (résidence habituelle), nie eine solche an den rechtlichen Wohnsitz (etwa i. S. von §§ 7 ff. BGB) gemeint.

112 Vgl. *Kühne,* Gutachten, C 56.

113 Vgl. *Ansay / Martiny* S. 201 ff.

recht. Denn einerseits kann beim Erwachsenen im allgemeinen von einer recht starken Verwurzelung in dem Recht, unter dem er aufgewachsen ist, ausgegangen werden; diese Rechtsordnung aber deckt sich im Normalfall[114] mit derjenigen, die ihm durch seine Staatsangehörigkeit vermittelt wird, also mit seinem Heimatrecht[115]. Andererseits kommt hinzu, daß es sich bei der Zuordnung um eine Statusfrage von großer ideeller und wirtschaftlicher Reichweite handelt; auch Emotionen spielen eine starke Rolle. Ein Abweichen von einmal verinnerlichten Wertvorstellungen und eine Anpassung an die Anschauungen der Umwelt wird man daher hier in noch geringerem Maße anzunehmen haben als bei weniger bedeutsamen Fragen[116].

β) Eine andere Auslegung hingegen ist bei den Rechtsanwendungsinteressen bezüglich des *Kindesnamens* anzunehmen. Die wesentliche Bedeutung des Namens liegt darin, seinen Träger zu kennzeichnen und zu individualisieren; darüber hinaus gibt er Auskunft über die familienrechtlichen Verhältnisse, in denen der Namensträger lebt. Dies gilt auch für das nichteheliche Kind, denn dessen Name macht deutlich, welcher Person es zugeordnet ist[117]. Insgesamt zeichnet sich der Name somit durch eine starke Umweltbezogenheit aus[118].

Die Umwelt wird die vom Namen ausgehenden „Signale" aber nur dann richtig verstehen, wenn sie der Rechtsordnung entsprechen, die für die Umwelt gilt. Aus diesem Grunde hat jedenfalls das Kind bei der Namensfrage ein Interesse an der Anwendung des Umweltrechts, d. h. seines Wohnsitzrechts. Gleiches wird man für die Person, bei der das Kind lebt, sagen können; im typischen Fall ist dies die Mutter. Lediglich beim Vater sind Zweifel daran angebracht, insbesondere wenn er sich nicht im gleichen Lande wie Mutter und Kind aufhält; an „Signalen", die seinem Umweltrecht entsprechen, ist er dann kaum interessiert. Bei ihm wird man daher tendenziell eher ein Interesse an der Anwendung seines Heimatrechts, in dem er verwurzelt ist, anzunehmen haben.

---

114 Auch bei Divergenzen zwischen Heimat und Staatsangehörigkeit ist keine andere Beurteilung angezeigt, denn diese werden mit der Zeit höchstwahrscheinlich durch Staatsangehörigkeitswechsel zum Ausgleich gebracht.

115 *Kegel*, IPR, S. 57; vgl. a. *Wilde* S. 37/38; *Ansay / Martiny* S. 176 ff., 185: Wandel der Familienanschauungen findet nur langsam statt; vgl. aber auch *Braga*, ZAIP 18 (1953) 227, 230: Staatsangehörigkeit und Heimat sind unabhängig voneinander; zweifelnd auch *Batiffol*, aspects philosophiques, S. 199.

116 So auch *Wilde* S. 38, der das Heimatrecht allerdings grundsätzlich — also nicht nur im Hinblick auf die Zuordnung — für vorzugswürdig hält.

117 s. dazu *Bucher*, ZZiv. 46 (1978), Grüne Beilage, S. 12.

118 Vgl. für den Ehenamen grundsätzlich BGHZ 56, 193, 201/02; zustimmend BGHZ 63, 107, 113 und 72, 163, 168; für den Namen des ehelichen Kindes BGHZ 73, 370, 376; gegen Berücksichtigung des Gedankens der Umweltbezogenheit anscheinend *Staudinger / Henrich*, Art. 19 EGBGB Rdnr. 113.

γ) Was die *finanzielle Versorgung* des Kindes anlangt, so besteht — wie wir festgestellt hatten — bei dem jeweils in Anspruch genommenen Elternteil und beim Kind ein Interesse an der Anwendung „ihres" Rechtes. Welches dies ist, mag folgender Gedanke erhellen: Unterhaltsbedarf und die Fähigkeit, Unterhalt zu leisten, sind in hohem Maße von den örtlichen Verhältnissen abhängig, innerhalb derer der Unterhaltsschuldner und das Kind als Gläubiger leben. Diese Verhältnisse nämlich diktieren einerseits die Verdienstmöglichkeiten des Verpflichteten, andererseits aber auch das Konsumverhalten des Kindes. Der von *Braga*[119] geprägte Satz von der „unwillkürlichen, aber zwangsläufigen Anpassung" an die Wertungen der Umwelt ist hier im Rahmen der Unterhaltsfrage voll zutreffend; eine Verwurzelung im Heimatrecht — beim Kind ohnedies zweifelhaft — tritt dahinter zurück. Da das Recht des Aufenthaltsortes der Parteien am besten geeignet scheint, den Verhältnissen der Umwelt Rechnung zu tragen, zielt das Interesse von Kind und Unterhaltsschuldner somit auf die Anwendung ihres jeweiligen Wohnsitzrechtes[120].

δ) Bei der *elterlichen Sorge* liegen die Dinge etwas komplizierter. Eine Unterscheidung zwischen den Rechtsanwendungsinteressen von Vater und Mutter einerseits und denen des Kindes andererseits bietet sich an:

Für die *Eltern* ist die Kindeserziehung ein Bereich, der stark von Emotionen geprägt ist. Es handelt sich dabei um eine Grundfrage der Familienordnung: Konservative Anschauungen, die das Recht der Eltern betonen, stehen liberaleren, die deren Pflichtenbindung in den Mittelpunkt rücken, gegenüber. Ähnlich wie bei der Zuordnung ist daher auch hier von einer engen Bindung der Eltern an die Wertungen ihres Heimatstaates, mit dem sie im Normalfall durch Staatsangehörigkeit verbunden sind, auszugehen. Das Interesse von Vater und Mutter ist mithin auf die Anwendung ihres jeweiligen Heimatrechtes gerichtet.

Anders beim *Kind:* Zwar soll eine gewisse Beeinflussung durch die (Heimat-)anschauungen des Elternteiles, bei dem es lebt, nicht geleugnet werden. Viel stärker[121] aber ist die Prägung durch die Umwelt, die das Kind täglich erlebt[122]; von dort werden die entscheidenden Wert-

---

[119] ZAIP 18 (1953) 227, 235; vgl. a. *v. Steiger,* in: Probleme und Ziele der vormundschaftlichen Fürsorge, S. 121, 130.

[120] Vgl. zum ganzen *Staudinger / Kropholler,* Vorbem. zu Art. 18 EGBGB Rdnr. 33; *de Winter,* NedTIR 4 (1957) 133, 146; *Müller-Freienfels,* in: Vorschläge und Gutachten zum internationalen Kindschaftsrecht, S. 92, 95; *ders.,* Festschrift Ficker, S. 289, 323; *Kühne,* Gutachten, C 53; *Klinkhardt* S. 137; AG Hamburg, IPRspr. 1972 Nr. 104, S. 273.

[121] Beim ehelichen Kind mag es anders sein; dort wird von einer entscheidenden Prägung durch das Elternhaus auszugehen sein.

vorstellungen aufgenommen. Das Kind ist daher an der Anwendung seines Umweltrechtes, d. h. des Wohnsitzrechtes interessiert.

ε) Bleibt schließlich noch das *Verhältnis zwischen Vater und Mutter* zu betrachten. Im wesentlichen kann hier auf die Erwägungen verwiesen werden, die schon im Rahmen des Kindesunterhaltes angestellt wurden[123]. Denn der Bedarf der Mutter und die Leistungsfähigkeit des Vaters sind abhängig von den jeweiligen Umweltbedingungen, unter denen beide leben. Vater und Mutter haben daher ein Interesse an der Anwendung ihres jeweiligen Wohnsitzrechtes.

b) Materiellrechtliche Interessen

aa) Differenzierung nach Fallgruppen

Die systematische Erfassung von eventuell eine Rolle spielenden materiellrechtlichen Interessen von Vater, Mutter und Kind erfordert wiederum eine Differenzierung nach Fallgruppen.

α) Betrachten wir zunächst die Problemlage *„Zuordnung"*. Hier läßt sich feststellen, daß das Kind grundsätzlich ein Interesse daran hat, seinen biologischen Eltern oder solchen Personen, die deren Rolle übernehmen wollen [124], auf Dauer, d. h. ohne Rücksicht auf einen Statutenwechsel[125] auch *rechtlich zugeordnet* zu werden[126]. Umgekehrt geht auch das Interesse der Eltern oftmals dahin, mit ihrem Kind rechtlich verbunden zu sein[127]. Gerade im Nichtehelichenrecht ist allerdings ebenso

---

[122] Vgl. *Braga*, ZAIP 18 (1953) 227, 235: „zwangsläufige Anpassung"; *Kühne*, Gutachten, C 62; für diesen Bereich auch richtig: *v. Steiger*, in: Probleme und Ziele der vormundschaftlichen Fürsorge, S. 121, 130, der Umweltprägung aber generell für durchschlagend hält; *Klinkhardt* S. 138; s. im Zusammenhang mit der elterlichen Gewalt auch *Landfermann*, Bespr. von L. Topor, Les conflits de lois en matière de puissance parentale, Paris 1971, FamRZ 1973, 111: zum Wohnsitzrecht hat Kind die „engsten sozialen Bindungen".

[123] Oben γ).

[124] Vgl. zu dieser Unterscheidung *Wilde* S. 107 ff.; *Massip*, StAZ 1973, 105, 106, 110.

[125] Hierzu insb. *Sonnenberger*, FamRZ 1973, 553, 556; *Lüderitz*, Festschrift Kegel, S. 31, 42; auch *v. Steiger*, in: Probleme und Ziele der vormundschaftlichen Fürsorge, S. 121, 132: „Kontinuität".

[126] *Lasok*, I.C.L.Q. 17 (1968) 634, 636, der betont, daß jeder ein Recht darauf habe, „to know his parents"; *Henrich*, StAZ 1979, 282, 287; amtliche Begründung des RegE zum NEG, abgedruckt bei *Jansen / Knöpfel* S. 109; *Wilde* S. 62; *Knoepfler*, in: Festgabe der schweizerischen Rechtsfakultäten zur Hundertjahrfeier des Bundesgerichts, S. 467, 476; *Eekelaar*, Family Law, S. 210; s. a. die Entscheidung des Reichsgerichtes vom 15. 6. 1939 — RGZ 160, 293 ff. — zur Zulassung einer Klage auf Feststellung der blutsmäßigen Abstammung, die in ihrer Begründung allerdings ideologisch gefärbt ist; trotzdem Aufnahme dieser Rechtsprechung durch den BGH am 28. 4. 1952: JZ 1952, 477, 478.

[127] Vgl. hierzu die Entscheidung des BVerfG, NJW 1981, 1201 ff. zum Sorgerecht des nichtehelichen Vaters.

denkbar, daß die Eltern — insbesondere der Vater — zu dem Kind keine Verbindung schaffen wollen; in eben diese Richtung geht im allgemeinen auch das Interesse der legitimen Familie von Vater oder Mutter. Allerdings bestehen an der Schutzwürdigkeit dieses Interesses gewisse Zweifel.

Das Interesse an Herstellung der Zuordnung ist geeignet, eine Förderung durch Kollisionsvorschriften zu erfahren, etwa indem mehrere Rechtsordnungen alternativ für anwendbar erklärt werden[128]. Aber auch dem Interesse an Vermeidung einer Zuordnung kann kollisionsrechtlich Rechnung getragen werden; denkbar ist z. B. eine Erweiterung der Zuordnungsvoraussetzungen durch die kumulative Anwendung mehrerer Rechtsordnungen.

β) Auch im *Unterhaltsrecht* sind derartige materielle Interessen vorhanden.

Das Kind ist zunächst an einer *optimalen finanziellen Versorgung* interessiert. Gleiches gilt für die Mutter, soweit es um ihre Ansprüche gegen den Vater geht. Eine kollisionsrechtliche Förderung könnte man sich auch hier durch alternative Anknüpfung vorstellen.

Ein weiteres Interesse des Kindes könnte auf *Gleichbehandlung* mit ehelichen Kindern bezüglich der finanziellen Versorgung zielen. Fraglich ist, ob das in dieser Allgemeinheit zutrifft: Besteht tatsächlich ein Gleichberechtigungsinteresse gegenüber sämtlichen ehelichen Kindern auf der Welt oder lediglich gegenüber solchen gleicher Staatsangehörigkeit oder gleichen Aufenthaltes? Es geht hier um das Problem, den richtigen Bezugspunkt der Gleichberechtigung herauszufinden, denn nur im Hinblick auf diesen „Gleiches" hat ein schützenswertes Interesse daran, auch gleich behandelt zu werden. Da das Unterhaltsbedürfnis in erster Linie vom Milieu abhängig ist, in dem das Kind lebt, weil dieses ihm den entsprechenden Maßstab liefert, scheint der entscheidende Punkt für die Frage der finanziellen Gleichberechtigung in der räumlichen Umgebung zu liegen. Denn das Kind will sich insbesondere gegenüber den Kameraden, mit denen es täglich zusammenkommt, nicht zurückgesetzt sehen, und zwar *unabhängig* davon, ob diese *ehelich* oder *nichtehelich* sind; die Unterhaltssituation eines ehelichen oder nichtehelichen Kindes gleicher Staatsangehörigkeit in einem fernen Land ist dagegen von sehr viel geringerer Relevanz. Der Ausgangssatz erfährt damit eine Einschränkung und eine Erweiterung zugleich: Das Kind hat ein Interesse an finanzieller Gleichbehandlung mit Kameraden *gleichen Aufenthalts*, seien diese ehelicher *oder* nichtehelicher Abstammung.

[128] Vgl. schon *Wengler*, in: Das internationale Familienrecht Deutschlands und Frankreichs, S. 338.

Kollisionsrechtlich könnte dem durch Anknüpfung an den gewöhnlichen Kindesaufenthalt für alle Arten der Kindschaft Rechnung getragen werden. Denn auf diese Weise käme nur eine Rechtsordnung zur Anwendung, wodurch die Wahrscheinlichkeit einer Unterscheidung zwischen ehelichen und nichtehelichen Kindern immerhin verringert würde und die Gleichbehandlung mehrerer nichtehelicher — auch solcher unterschiedlicher Staatsangehörigkeit — sichergestellt wäre[129].

γ) Im Regelungsbereich der *elterlichen Sorge* ist auf seiten des Kindes ebenfalls ein *Gleichbehandlungsinteresse* zu verzeichnen, wenn es mit (Halb-)Geschwistern in einem Haushalt zusammenlebt. Denn unterschiedliche Rechte und Pflichten, bedingt durch die Anwendung verschiedener Rechtsordnungen, wären in solchem Falle unerträglich. Eine kollisionsrechtliche Förderung wäre hier wiederum durch Aufenthaltsanknüpfung denkbar. Da aber im Bereich nichtehelicher Kindschaft Geschwister im gleichen Haushalt eher die Ausnahme sind, ist diesem Interesse in der rechtsvergleichenden Untersuchung keine allzu große Bedeutung beizumessen.

bb) Allgemeines Gleichbehandlungsinteresse?

Zum Teil findet sich in der Literatur[130] die Ansicht, das nichteheliche Kind habe ein Interesse daran, daß sein Kindschaftsverhältnis ganz allgemein, d. h. ohne Rücksicht auf den zugrunde liegenden Problembereich, der gleichen kollisionsrechtlichen Regelung unterfalle wie das eheliche Kindschaftsverhältnis. Diese Annahme vermag jedoch nicht zu überzeugen. Eine übereinstimmende Anknüpfung hat nur dann Sinn, wenn auf diese Weise einer materiellen Gleichbehandlung tatsächlich näherzukommen ist. Das kann aber nur dort der Fall sein, wo überhaupt Raum für eine solche Gleichbehandlung ist, wie etwa im Unterhaltsrecht. In anderen Bereichen dagegen, wie z. B. in dem der Zuordnung, wo eine vollständige materielle Gleichbehandlung zwischen nichtehelichen und ehelichen Kindern gar nicht möglich ist, weil die soziologischen Voraussetzungen typischerweise nicht vergleichbar sind[131], er-

---

[129] Vgl. *Staudinger / Kropholler,* Vorbem. zu Art. 18 EGBGB Rdnr. 34; *Müller-Freienfels,* Festschrift Ficker, S. 289, 324; *de Winter,* NedTIR 4 (1957) 133, 146/47; Denkschrift der Bundesregierung zum Entwurf eines Gesetzes zum Haager Unterhaltsabkommen 1956, BT-Drucksache III 2585, S. 8.

[130] Etwa *Müller-Gindullis,* Bespr. von Lauterbach, Vorschläge und Gutachten zur Reform des deutschen internationalen Kindschafts-, Vormundschafts- und Pflegschaftsrechts, Tübingen 1966, RabelsZ 33 (1969) 784, 786; *Neuhaus,* FamRZ 1967, 22, 23; *Siehr,* SchwJbIntR XXIX (1973) 171, 243/244; wohl auch *Beitzke,* RabelsZ 43 (1979) 245; *Rigaux,* DIP II, no. 980; vgl. a. die Diskussion im Hamburger Max-Planck-Institut, berichtet bei *Dopffel / Drobnig / Siehr* S. 55.

[131] Vgl. zur Grenze der Gleichbehandlung im Nichtehelichenrecht auch *Gernhuber,* Familienrecht, S. 42.

scheint eine übereinstimmende Anknüpfung als inhaltlich verfehlt. Die Annahme eines entsprechenden Interesses wäre rein formalistisch und muß daher abgelehnt werden[132].

[132] So auch *Müller-Freienfels*, in: Vorschläge und Gutachten zum internationalen Kindschaftsrecht, S. 92, 93/94; *Wilde* S. 143.

Vergleichende Untersuchung

In den folgenden Kapiteln werden nun die in den verschiedenen Staaten herrschenden Regelungen im einzelnen betrachtet und an dem erarbeiteten Interessenkatalog gemessen. Die eingangs getroffene Unterteilung der Materie in fünf Problemlagen bildet dabei das Gerüst.

Drittes Kapitel

Die Zuordnung des Kindes

Zuordnung meint im vorliegenden Zusammenhang die Herstellung eines rechtlichen Bandes zwischen dem nichtehelichen Kind und gewissen Personen als Eltern[1] in der Weise, daß diese Personen für jede auftretende Frage und jedermann gegenüber von Rechts wegen als Mutter oder Vater zu gelten haben.

I. Das französische Recht

1. Inhalt

Die Kollisionsvorschriften des französischen Rechtes, die sich auf die Herstellung des Kindschaftsverhältnisses beziehen, haben seit dem Inkrafttreten des Gesetzes vom 3. 1. 1972[2] ein gänzlich neues Gesicht erhalten. Formal zeigt sich dies schon daran, daß die heute gültigen Normen im Gegensatz zu den früheren nicht auf richterlicher Rechtsschöpfung, sondern auf dem ausdrücklichen Willen des Gesetzgebers beruhen, d. h. kodifiziert sind. Aber auch inhaltlich darf die Änderung des Rechtszustandes als annähernd revolutionär bezeichnet werden; auf die Unterschiede im einzelnen wird unten noch einzugehen sein. Die radikale

---

[1] Es muß sich dabei nicht unbedingt um die leiblichen Eltern handeln; auch den Personen, die die Elternrolle übernehmen wollen, kann mit voller Wirkung zugeordnet werden: z. B. Adoption, Anerkenntnis des „soziologischen“ Vaters; vgl. hierzu auch *Gernhuber*, Familienrecht, S. 874 ff.; *Mutschler*, in: MüKo Vor § 1600 a BGB Rdnr. 1 ff.

[2] J.O., 5 janv. 1972, 145.

Kehrtwendung des Jahres 1972 hat neben Zustimmung[3] naturgemäß erhebliche Kritik bis hin zur völligen Ablehnung[4] erfahren, was in folgender Darstellung nicht unberücksichtigt bleiben wird.

Das interne französische Recht kennt im Bereich nichtehelicher Kindschaft zwei Wege der Herstellung einer rechtlich anerkannten Eltern-Kind-Beziehung: einerseits die Anerkennung („*reconnaissance volontaire*") seitens des Vaters und der Mutter, andererseits die gerichtliche Feststellung („*déclaration judiciaire*") infolge eines Vaterschafts- oder Mutterschaftsprozesses[5]. Beide finden ihre Entsprechung auf kollisionsrechtlicher Ebene. Hinsichtlich der freiwilligen Anerkennung wird die Rechtswahl durch Art. 311-17 des französischen Code civil getroffen, hinsichtlich der gerichtlichen Feststellung durch die Auffangnorm des Art. 311-14. Im einzelnen gilt folgendes:

a) Gerichtliche Feststellung der Elternschaft — Art. 311-14 C.c.

aa) Anwendungsbereich des Art. 311-14 C.c.

Art. 311-14 C.c. beruft für die Frage der Abstammung das Personalstatut der Mutter zur Zeit der Geburt des Kindes zur Anwendung; ist die Mutter unbekannt, so soll das Personalstatut des Kindes entscheiden[6]. Die weite Fassung der Vorschrift läßt sie als Generalklausel erscheinen, die die Entstehung jedes Kindschaftsverhältnisses, sei es ehelicher oder nichtehelicher Natur, erfaßt, sofern keine Spezialnormen eingreifen[7]. Die Reduktion ihres Anwendungsbereichs innerhalb der nichtehelichen Kindschaft auf die Vaterschafts- bzw. Mutterschaftsklage ergibt sich bei dieser Sicht zwanglos aus dem Vorhandensein des speziell der Anerkennung gewidmeten Art. 311-17 C.c. und der Tatsache, daß im internen französischen Recht eine weitere Möglichkeit der Herstellung des Familienbandes nicht existiert.

Trotz der Klarheit der groben Linien ist die Abgrenzung im Detail nicht unstreitig. Dies gilt zunächst für die Frage der Anfechtung einer freiwilligen Anerkennung, die die Cour d'appel de Paris[8] entgegen überwiegender Literaturmeinung[9] nicht Art. 311-17, sondern Art. 311-14

---

[3] z. B. *Massip*, StAZ 1973, 105 ff.; vgl. a. die Ansicht von *Bredin*, mitgeteilt in: J.C.P. 1972, IV, 100; *Massip / Morin / Aubert* S. 212 ff.

[4] s. insb. *Batiffol / Lagarde*, Rev.crit. 1972, 1 ff.; *Ponsard*, Clunet 1972, 765 ff.; aber auch *Loussouarn / Bourel*, J.Cl.dr.int.; *dies.*, DIP, S. 441 ff.; *Huet* S. 19 ff.; *Fadlallah* S. 270 ff. u. a.; vgl. zum Streitstand *Huet* S. 24 ff.

[5] s. Art. 334-8 C.c.

[6] Der Text der Vorschrift ist im Anhang abgedruckt.

[7] *Simon-Depitre / Foyer* S. 20; *Loussouarn / Bourel*, DIP, S. 443; Cour d'appel Paris, 11 mai 1976, Rev.crit. 1977, 109, 111.

[8] Urteil vom 11. 5. 76, Rev.crit. 1977, 109.

C.c. zuwies. Da in der Folgezeit mehrere untere Gerichte dieser Rechtsprechung nicht Folge leisteten[10], kann jedoch für den gegenwärtigen Rechtszustand davon ausgegangen werden, daß Art. 311-17 C.c. für die freiwillige Anerkennung insgesamt, d. h. auch für etwaige Unwirksamkeitsgründe einschließlich der Anfechtung die einschlägige Norm ist.

Für den Fragenkreis „Abstammungsnachweis" — ebenfalls ein eher unsicherer Punkt — scheint die Meinung zu überwiegen, daß Beweisgegenstand, Beweislast, die zugelassenen Arten des Nachweises sowie deren Wirkungen dem durch Art. 311-14 C.c. berufenen Recht zu entnehmen sind, während die Beweisführung im Prozeß der lex fori unterfällt[11]. Ebenso werden Klagefristen vom Abstammungsstatut beherrscht[12], Formalitäten der Klage hingegen von der lex fori[13].

Schließlich sind noch die Fälle anzusprechen, in denen weder ein Anerkenntnis noch eine Klage vorliegt, das durch Art. 311-14 C.c. berufene Recht jedoch eine dem französischen Recht unbekannte Möglichkeit der Herstellung eines Abstammungsverhältnisses vorsieht. Eine solche Konstellation könnte sich z. B. bei deutscher Mutter ergeben, da das deutsche Recht die rechtliche Mutter-Kind-Beziehung schon allein durch die Geburt, d. h. ohne Anerkenntnis, zur Entstehung kommen läßt. Vernünftigerweise muß Art. 311-14 C.c. auch diese Fälle umfassen, so daß sein Anwendungsbereich hier eine Erweiterung erfährt[14].

bb) Inhalt und Auslegung des Art. 311-14 C.c.

Nicht nur der Anwendungsbereich, auch der Inhalt der Vorschrift bedarf einiger Präzisierung:

Zur Anwendung kommen soll in erster Linie das Personalstatut der Mutter[15]; offen bleibt allerdings der Anknüpfungspunkt. Der Rechtsprechung und der Literatur scheint diese Frage jedoch kein Kopfzerbrechen bereitet zu haben: Es wird stillschweigend davon ausgegangen, daß das Heimatrecht gemeint ist, mithin an die Staatsangehörigkeit an-

---

[9] *Loussouarn / Bourel*, J.Cl.dr.int., no. 125; *dies.*, DIP, S. 446; *Fadlallah*, Anm. zum Urteil der Cour d'appel, Rev.crit. 1977, 113, 114; vgl. a. *Mezger*, Festschrift Ferid, S. 621, 640.

[10] Trib.gr.inst. Paris, 1er mars 1977, Rev.crit. 1978, 110 mit positiver Anm. von *Lequette;* Trib.gr.inst. Paris, 13 févr. 1979, Rev.crit. 1980, 79 mit zustimmender Anm. von *Simon-Depitre.*

[11] *Loussouarn / Bourel*, J.Cl.dr.int., no. 45; *dies.*, DIP, S. 445; *Simon-Depitre / Foyer* S. 66; *Mayer* S. 429; a. A. *Batiffol / Lagarde*, DIP II, S. 106.

[12] *Loussouarn / Bourel*, J.Cl.dr.int., no. 55; *dies.*, DIP, S. 445; *Batiffol / Lagarde*, DIP II, S. 107; Cass. civ., 10 mai 1960, Rev.crit. 1960, 205.

[13] *Loussouarn / Bourel*, J.Cl.dr.int., no. 54; *dies.*, DIP, S. 445.

[14] So auch *Mezger*, Festschrift Ferid, S. 621, 639.

[15] Frühere Regel: Personalstatut des Kindes, vgl. Nachweise bei *Loussouarn / Bourel*, J.Cl.dr.int., no. 14.

geknüpft wird[16]. Bei mehrfacher Staatsangehörigkeit gibt die französische bzw. bei nichtfranzösischer die effektive den Ausschlag[17]; bei Staatenlosigkeit entscheidet der Wohnsitz[18].

Subsidiär wird das Heimatrecht des Kindes für die Fälle berufen, in denen die Mutter „pas connue" ist. Über die Bedeutung dieses Begriffes herrscht allerdings Unklarheit. Die eine — sehr weite — Auslegung geht dahin, daß die Mutter solange im Rechtssinne „unbekannt" ist, als sie rechtlich nicht festgestellt wurde, d. h. ein Familienband zum Kind nicht existiert[19]. Diese Sicht der Dinge hätte einerseits zur Folge, daß aus einer Ausnahme die Regel wird: Die Herstellung des rechtlichen Kindesverhältnisses zur Mutter richtete sich grundsätzlich nach Kindesrecht, da jene erst *danach* als bekannt gälte. Andererseits käme es zu einer Spaltung des Abstammungsstatuts. Denn die Herstellung des rechtlichen Bandes zum Vater bliebe — der Regel entsprechend — grundsätzlich dem Mutterrecht unterworfen, da zur Zeit der Feststellung des Vaters das Rechtsverhältnis zur Mutter in den meisten Fällen schon etabliert ist, sie folglich als bekannt gilt[20]. Da diese Konsequenzen vom Gesetzgeber sicherlich nicht gewollt waren, ist die engere Interpretation vorzuziehen. Diese, von der Mehrzahl der französischen Autoren vertreten[21], hält die Mutter nur solange für unbekannt, als ihre Identität nicht feststeht, was als äußerst seltene Konstellation zu bezeichnen ist. Die Anwendung des Kindesrechts bleibt so die absolute Ausnahme, diejenige des Mutterrechts dagegen die Regel.

Der entscheidende Anknüpfungszeitpunkt wird durch die Geburt des Kindes markiert: Nur die in diesem Augenblick bestehende Staatsangehörigkeit der Mutter findet Beachtung. Das Abstammungsstatut ist damit unwandelbar, was als Gegensatz zum Rechtszustand vor 1972 aufzufassen ist[22].

---

16 s. z. B. Trib.gr.inst. Paris, 1er mars 1977, Rev.crit. 1978, 110, 112; Trib.gr. inst. Paris, 23 avril 1979, Rev.crit. 1980, 83, 84; *Loussouarn / Bourel*, J.Cl.dr.int., no. 38; *Massip*, StAZ 1973, 105, 115; *Massip / Morin / Aubert* S. 210.

17 *Loussouarn / Bourel*, J.Cl.dr.int., no. 39; *Massip / Morin / Aubert* S. 210/11; *Simon-Depitre / Foyer* S. 27.

18 *Loussouarn / Bourel*, J.Cl.dr.int., no. 40; *Simon-Depitre / Foyer* S. 27.

19 Insb. *Huet* S. 33/34.

20 Vgl. *Huet* S. 33/34; *Loussouarn / Bourel*, J.Cl.dr.int., no. 42.

21 *Loussouarn / Bourel*, J.Cl.dr.int., no. 42; *dies.*, DIP, S. 445; *Simon-Depitre / Foyer* S. 26; *Mayer* S. 429; wohl auch *Batiffol / Lagarde*, Rev.crit. 1972, 1, 5/6; Rechtsprechung dazu nicht bekannt.

22 Dort Wahlmöglichkeit des Kindes zwischen altem und neuem Statut, vgl. *Massip*, StAZ 1973, 105, 115/16; *Massip / Morin / Aubert* S. 210; *Batiffol / Lagarde*, DIP II, S. 103; *dies.*, Rev.crit. 1972, 1, 17; keinen bzw. nur einen kleinen Gegensatz sehen jedoch *Loussouarn / Bourel*, J.Cl.dr.int., no. 243 mit dem Argument, daß die Rechtsprechung früher nur dann einen Statutenwechsel zuließ, wenn dieser zur Anwendung französischen Rechts führte.

Die Grundregel des Art. 311-14 C.c. — Anwendung des Mutterrechts — erleidet eine erhebliche Einschränkung durch Art. 311-15 C.c.[23]. Diese Vorschrift hat einen streng einseitigen Charakter zugunsten des französischen Rechtes[24]: Sofern das Kind und ein Elternteil ihren gewöhnlichen Aufenthalt in Frankreich haben[25], kommt auf die Wirkungen des „Statusbesitzes" („*possession d'état*") französisches Recht zur Anwendung. Auslegung und Tragweite der Norm sind nicht frei von Schwierigkeiten.

So stellt sich zunächst die Frage nach deren Voraussetzungen im einzelnen: Wer muß sich wann gewöhnlich in Frankreich aufhalten? Festzustehen scheint, daß gleichzeitiger Aufenthalt von Kind und betroffenem Elternteil erforderlich ist, ein sukzessiver also keine Wirkungen entfaltet[26]. Weiterhin ist als herrschend die Meinung anzusehen, die französischen Aufenthalt zu irgendeinem Zeitpunkt zwischen Geburt des Kindes und Entscheidung des Gerichts genügen läßt[27], wobei dann aber auch der nicht in Frankreich ausgeübte „Statusbesitz" mit in die Betrachtung einbezogen werden soll[28]. Eine „Bilateralisierung" oder „allseitige Auslegung" der Vorschrift mit der Folge der Anwendung auch ausländischen Aufenthaltsrechtes auf Wirkungen des „Statusbesitzes" — sofern dieser Begriff im entsprechenden ausländischen Recht bekannt ist — wird allerdings nicht für möglich gehalten, da dies dem Willen des Gesetzgebers widerspräche[29].

Desweiteren bedarf der Klärung, was mit dem Begriff „Statusbesitz" gemeint ist. Eine Definition dafür läßt sich dem Code civil selbst entnehmen: Die Artt. 311-1 und 311-2 machen deutlich, daß es sich dabei um Tatsachen handelt, die die Vermutung eines Abstammungsverhältnisses zwischen den betreffenden Personen begründen. In Betracht kommen insbesondere „nomen, tractatus, fama"[30], d. h. gemeinsame

---

[23] Der Text der Vorschrift ist im Anhang abgedruckt.

[24] Weswegen sie starker Kritik ausgesetzt war, vgl. z. B. *Mayer* S. 433; *Batiffol / Lagarde*, DIP II, S. 94, 96; *dies.*, Rev.crit. 1972, 1, 8 ff.

[25] Nicht notwendig in einem Haushalt. Nur effektives, nicht abgeleitetes Domizil bringt Art. 311-15 C.c. zur Anwendung, vgl. *Loussouarn / Bourel*, J.Cl.dr.int., no. 79.

[26] Vgl. *Fadlallah* S. 290.

[27] *Loussouarn / Bourel*, J.Cl.dr.int., no. 80; *Batiffol / Lagarde*, Rev.crit. 1972, 1, 13; *dies.*, DIP II, S. 104; auch *Simon-Depitre / Foyer* S. 58; a. A. allerdings Cour d'appel Lyon, Rev.crit. 1980, 558: Aufenthalt zur Zeit des Verfahrens erforderlich.

[28] *Massip / Morin / Aubert* S. 214; *Simon-Depitre / Foyer* S. 78; *Loussouarn / Bourel*, J.Cl.dr.int., no. 80; differenzierter *Mayer* S. 436: gilt nur bei französischem Aufenthalt zur Zeit der Entscheidung, andernfalls sei lediglich die Zeitspanne des Aufenthalts in Frankreich zu betrachten.

[29] *Mayer* S. 432; *Loussouarn / Bourel*, J.Cl.dr.int., no. 69; *Simon-Depitre / Foyer* S. 35; *Batiffol / Lagarde*, Rev.crit. 1972, 1, 9.

[30] Vgl. *Bergmann / Ferid*, Frankreich, S. 20.

Namensführung, Behandlung der fraglichen Person als eigenes Kind (insbesondere durch Unterhaltsleistungen) sowie Behandlung der Beteiligten durch Gesellschaft und Behörden als Eltern und Kind.

Die Wirkungen dieser Tatsachen, die allerdings nur im Verhältnis zu dem ebenfalls in Frankreich lebenden Elternteil eintreten[31], sind vielgestaltig; insbesondere kommt es zu Beweiserleichterungen. So gilt im Bereich nichtehelicher Kindschaft die Eintragung des Namens der Mutter in der Geburtsurkunde bei entsprechendem Statusbesitz als Anerkenntnis (Art. 337 C.c.). Im Rahmen einer Mutterschaftsklage kann der Beweis der Abstammung durch den Statusbesitz erbracht werden (Art. 341 Abs. 3 C.c.). Die Anfechtung eines Anerkenntnisses ist nach 10jährigem übereinstimmenden Statusbesitz eingeschränkt (Art. 339 Abs. 3 C.c.), nach 30jährigem sogar ausgeschlossen (Art. 311-7 C.c.). Anerkenntnis und Abstammungsklage sind unzulässig, sofern das Kind den Statusbesitz eines ehelichen genießt (Art. 334-9 C.c.). Schließlich stellt der Statusbesitz ganz allgemein bei Beweisschwierigkeiten die entscheidende Leitlinie für die gerichtliche Entscheidung von Abstammungsfragen dar (Art. 311-12 Abs. 2 C.c.). Verallgemeinernd kann man sagen, daß die Regeln über den Statusbesitz die soziologischen Verhältnisse zu Lasten der biologischen Wahrheit stärker betonen[32].

Da auch das Fehlen eines Statusbesitzes Wirkungen zeitigen kann[33], stellt sich die Frage, ob Art. 311-15 C.c. hier ebenfalls einschlägig ist oder ob er auf die positiven Wirkungen beschränkt bleibt. Die Meinungen hierüber sind geteilt, doch scheint sich zugunsten des weitergehenden Anwendungsbereichs eine Mehrheit herauszukristallisieren[34], die neuerdings auch in der Rechtsprechung[35] eine Stütze findet. Diese Auffassung darf als vernünftig bezeichnet werden, da eine exakte Differenzierung zwischen den Wirkungen, die sich aus dem Vorhandensein, sowie denen, die sich aus dem Fehlen eines Statusbesitzes ergeben, oftmals kaum möglich ist.

Als weitere Einschränkung der Grundregel des Art. 311-14 C.c. käme der allgemeine *ordre-public-Vorbehalt* in Betracht. Mit dessen Hilfe

---

[31] s. *Loussouarn / Bourel*, J.Cl.dr.int., no. 39.

[32] Vgl. a. *Huet* S. 39/40, 41; *Mayer* S. 433.

[33] Vgl. Art. 334-9 in negativer Fassung: bei Fehlen des ehelichen Statusbesitzes sind Anerkenntnis und Abstammungsklage möglich; auch Art. 311-12 Abs. 2: kein Statusbesitz, keine Abstammung; oder Art. 339 Abs. 3: nach 30jährigem fehlenden Statusbesitz kann das entsprechende Abstammungsverhältnis nicht mehr reklamiert werden.

[34] *Loussouarn / Bourel*, J.Cl.dr.int., no. 88; *dies.*, DIP, S. 451; *Mayer* S. 432/33; wohl auch *Lequette*, Anm. zu Trib.gr.inst. Paris, 1er mars 1977, Rev.crit. 1978, 112 ff.; dagegen *Fadlallah* S. 287; *Batiffol / Lagarde*, Rev.crit. 1972, 1, 11; *dies.*, DIP II, S. 94; *Huet* S. 42.

[35] Trib.gr.inst. Paris, 1er mars 1977, Rev.crit. 1978, 110.

schlossen französische Gerichte in früherer Zeit ausländisches Nichtehelichenrecht — sofern es dem strengen Sittenkodex des französischen Rechtes[36] widersprach, insbesondere die Abstammungsklage zuließ — zu weiten Teilen von der Anwendung aus[37]. Heute jedoch stellt sich die Szene erheblich gewandelt dar: Das interne französische Nichtehelichenrecht hat im Laufe der Zeit — zuletzt durch das erwähnte Gesetz vom 3. 1. 1972 — eine beachtliche Liberalisierung erfahren; Mutterschafts- wie Vaterschaftsklage sind weithin zugelassen[38]. Fraglich ist, wie sich dies auf die Anwendung des ordre public auswirkt. Festzustehen scheint, daß die Eindämmung solcher ausländischen Rechte, die die Abstammungsklage in einem gegenüber dem Code civil größeren Umfang zulassen, angesichts der liberalen Tendenz des französischen Rechtes kaum noch Bedeutung hat[39]. Lediglich die vollständige Freigabe der Klagfristen[40] sowie das Fehlen der Einrede „d'inconduite notoire" der Mutter zugunsten des Mannes[41] wird als gegen den ordre public verstoßend beurteilt. Auf der anderen Seite bahnt sich eine Entwicklung an, die zur Nichtanwendung restriktiverer Rechte, d. h. solcher, die die Abstammungsklage nicht oder unter erschwerten Bedingungen zulassen, führt[42]. Die Mehrheit in der Literatur steht dem jedoch eher ablehnend gegenüber[43], und die Haltung der Obergerichte ist noch unklar[44]. Von daher scheint der gegenwärtige Rechtszustand mit dem Hinweis darauf korrekt beschrieben, daß dem ordre public nur geringe Bedeutung zukommt.

Auch die Lehre vom *renvoi* führt zu keiner wesentlichen Änderung an der Grundregel der Anwendung des Mutterrechtes. Zwar wurde

---

[36] Vgl. den berühmten Satz: „La recherche de paternité est interdite" (Art. 340 C.c. a. F.).

[37] Vgl. statt aller *Batiffol / Lagarde*, DIP II, S. 109 ff.

[38] Vgl. Artt. 340 ff. C.c.

[39] *Loussouarn / Bourel*, J.Cl.dr.int., no. 181; *dies.*, DIP, S. 455; *Huet* S. 58; *Simon-Depitre / Foyer* S. 102; *Derruppé* S. 92; vgl. a. die Hinweise zur Anerkennung ausländischer Urteile bei *Mezger*, IPRax 1981, 103, 104/105; a. A. offenbar *Tomforde / Diefenbach / Webler*, Frankreich, S. 18.

[40] *Loussouarn / Bourel*, J.Cl.dr.int., no. 175; Verkürzungen oder Verlängerungen wurden schon immer für unschädlich gehalten, vgl. Cass. civ., 10 mai 1960, Rev.crit. 1960, 205.

[41] Cour d'appel Paris, 27 avril 1973, Rev.crit. 1974, 93 mit ablehnender Anm. v. *Simon-Depitre / Foyer;* Cour d'appel Paris, 14 déc. 1978, Rev.crit. 1979, 603 mit zustimmender Anm. v. *Simon-Depitre.*

[42] *Huet* S. 58; Trib.gr.inst. Paris, 23 avril 1979, Rev.crit. 1980, 83 mit zustimmender Anm. von *Lagarde.*

[43] *Batiffol / Lagarde*, DIP II, S. 111/12; *Simon-Depitre / Foyer* S. 118; *Loussouarn / Bourel*, DIP, S. 453; *Mayer* S. 438.

[44] Worauf *Lagarde*, Anm. zu Trib.gr.inst. Paris, 23 avril 1979, Rev.crit. 1980, 86, 89 hinweist; vgl. a. Cass. civ., 8 nov. 1977, Rev.crit. 1979, 395; Cass. civ., 10 juill. 1979, Rev.crit. 1980, 91 zu restriktivem ausländischen Scheidungsrecht.

über die Zulässigkeit des renvoi im Rahmen des Art. 311-14 C.c. gestritten[45], seit sich jedoch die Cour d'appel de Paris[46] auf die Seite der renvoi-Gegner stellte, kann die Frage als entschieden gelten. Für die Ablehnung sprechen gute Gründe: Da die Anknüpfung an die mütterliche Staatsangehörigkeit vor allem für die Vaterschaftsklage relativ ungewöhnlich ist, würde Art. 311-14 C.c. durch den renvoi in der Regel zum Leerlauf verurteilt sein.

b) *Freiwillige Anerkennung der Elternschaft — Art. 311-17 C.c.*

Art. 311-17 C.c.[47], der die kollisionsrechtliche Regelung der freiwilligen Kindesanerkennung enthält, beruft alternativ das Personalstatut des Kindes oder des Anerkennenden zur Anwendung, je nachdem, welches zur Wirksamkeit der Anerkennung führt[48]. Wiederum ist Anknüpfungspunkt die Staatsangehörigkeit. Der entscheidende Zeitpunkt ist im Gesetzestext zwar nicht genannt, jedoch besteht weitgehend Einigkeit darüber, daß es der Tag der Anerkennung sein muß[49].

Der Anwendungsbereich der Norm umfaßt zunächst sämtliche Bedingungen der Wirksamkeit des Anerkenntnisses, abgesehen von Fragen wie Geschäftsfähigkeit oder Form, die eigenen Statuten unterliegen[50]. Das Problem der Anfechtung wurde schon angesprochen und im Sinne der überwiegenden Meinung[51] dem Anerkennungsstatut zugeschlagen, welches dann auch über den berechtigten Personenkreis entscheidet[52]. Eine gewisse Schwierigkeit entsteht, wenn das Anerkenntnis nach mehreren Rechten wirksam ist: Welches von ihnen soll dann über die Voraussetzungen der Anfechtung entscheiden? Unter Berücksichtigung der Zielrichtung des Gesetzes, nämlich der Begünstigung von Anerkenntnissen, drängt sich als Lösung die kumulative Anwendung beider Rechte auf[53].

---

45 Pro: *Batiffol / Lagarde*, Rev.crit. 1972, 1, 7; *Loussouarn / Bourel*, DIP, S. 452/453; *dies.*, J.Cl.dr.int., no. 163; *Mayer* S. 435; contra: *Huet* S. 29; *Simon-Depitre / Foyer* S. 28/29.

46 11 mai 1976, Rev.crit. 1977, 109 mit ablehnender Anm. von *Fadlallah;* ebenso Cour d'appel Lyon, Rev.crit. 1980, 558.

47 Vgl. den Text der Vorschrift im Anhang.

48 Frühere Rechtsprechung: Personalstatut des Kindes vgl. *Loussouarn / Bourel*, J.Cl.dr.int., no. 118.

49 *Loussouarn / Bourel*, DIP, S. 448 Fn. 5; *dies.*, J.Cl.dr.int., no. 256; *Batiffol / Lagarde*, Rev.crit. 1972, 1, 18; *dies.*, DIP II, S. 104; *Simon-Depitre / Foyer* S. 54; *Mayer* S. 436.

50 Vgl. z. B. *Loussouarn / Bourel*, DIP, S. 449.

51 Vgl. oben a) aa) und Fn. 9, 10.

52 *Batiffol / Lagarde*, Rev.crit. 1972, 1, 20.

53 So *Batiffol / Lagarde*, Rev.crit. 1972, 1, 19; *dies.*, DIP II, S. 97; *Tomforde / Diefenbach / Webler*, Frankreich, S. 18; wohl auch Cour d'appel Paris, 11 mai 1976, Rev.crit. 1977, 109, allerdings nicht zur Anfechtung, sondern zur Nichtigkeit.

Ebenso wie das allgemeine Abstammungsstatut findet auch Art. 311-17 C.c. seine Grenze in Art. 311-15 C.c., obwohl die Gesetzessystematik eher dagegen spricht[54]. In diesem Zusammenhang kann folglich auf die obigen Ausführungen verwiesen werden[55].

Zu den allgemeinen Einschränkungen ist zu sagen: Wegen der Alternativität der Anknüpfung und dem darin zum Ausdruck kommenden Ziel des Gesetzgebers, wirksame Anerkenntnisse zu erreichen, ist auch im Rahmen des Art. 311-17 C.c. ein renvoi ausgeschlossen[56]. Der ordre-public-Vorbehalt kommt nur dann in Betracht, wenn das berufene ausländische Recht die Kindesanerkennung generell ausschließt[57].

2. Diskussion anhand der beteiligten Interessen

Im folgenden soll gezeigt werden, an welchen der Interessen, die im Rahmen der Zuordnung eine Rolle spielen, die französischen Vorschriften orientiert sind und welche sie außer acht lassen.

Bei den Interessen der *Beteiligten* sind zunächst diejenigen von Vater und Mutter an der Anwendung ihres jeweiligen Heimatrechtes zu prüfen. Sodann ist zu untersuchen, wie das französische Recht mit den materiellen Interessen an Herstellung oder Vermeidung einer Zuordnung verfährt.

Bei den *kollisionsrechtlichen Interessen* ergibt sich folgendes Bild: Sowohl Art. 311-14 wie Art. 311-17 C.c. nehmen Rücksicht auf das Interesse an Anwendung gerade des Heimatrechtes. Der Mutter jedoch wird ein deutlicher Vorzug eingeräumt. Ihr Recht findet auf die Abstammungsklage generell und auf die Anerkennung dann Anwendung, wenn sie selbst betroffen ist. Darüber hinaus kann aber auch die väterliche Anerkennung mittelbar vom Mutterrecht beherrscht sein, wenn auf diese das Kindesrecht zur Anwendung kommt, denn die Staatsangehörigkeiten von Mutter und Kind sind zumeist identisch[58]. Das Recht des Vaters kommt lediglich — alternativ — auf dessen eigenes Anerkenntnis zur Anwendung.

---

[54] *Loussouarn / Bourel*, J.Cl.dr.int., no. 82; *dies.*, DIP, S. 450; *Batiffol / Lagarde*, Rev.crit. 1972, 1, 13; *Simon-Depitre / Foyer* S. 31.

[55] Oben a) bb); für das Anerkenntnis ist der Statusbesitz insb. in den Fällen der Artt. 337, 339 Abs. 3, 311-7, 334-9 C.c. von Bedeutung.

[56] *Loussouarn / Bourel*, J.Cl.dr.int., no. 159; *Mayer* S. 435.

[57] *Loussouarn / Bourel*, J.Cl.dr.int., no. 191.

[58] Vgl. *Loussouarn / Bourel*, J.Cl.dr.int., no. 25. In Frankreich ergibt sich dies daraus, daß in den meisten Fällen zuerst das Abstammungsverhältnis zur Mutter geklärt wird — Name in Geburtsurkunde genügt, Art. 337 C.c. —, woraufhin das Kind deren französische Staatsangehörigkeit erhält, vgl. Art. 17 C. nat. Aber auch in anderen Rechtsordnungen erhält das Kind üblicherweise zunächst — jedenfalls, solange noch keine Vaterschaftsfeststellung stattgefunden hat — die Staatsangehörigkeit der Mutter.

Die Bevorzugung der Mutter ist nachvollziehbar, soweit nur die Mutterschaft in Frage steht, denn in diesem Falle wiegt das mütterliche Rechtsanwendungsinteresse schwerer als das väterliche. Geht es aber umgekehrt um die Vaterschaft, sind Bedenken an der französischen Lösung angebracht[59]. Zwar spielt auch hier ein Interesse der Mutter mit, dessen Intensität ist jedoch nun sehr viel schwächer als dasjenige des Vaters. Unter diesem Aspekt erscheint daher die Unterwerfung der Vaterschaftsklage sowie — teilweise — des väterlichen Anerkenntnisses unter das Mutterrecht als nicht gerechtfertigt.

Dieses Ergebnis erfährt noch eine gewisse Modifikation durch die Regel des Art. 311-15 C.c. Da jene Norm für eine beachtliche Anzahl von Fällen das (französische) Aufenthaltsrecht zur Anwendung beruft, werden die Interessen beider Eltern an der Anwendung ihres Heimatrechtes[60] nicht selten mißachtet. Die in diesem Bereich durchaus interessengerechte Bevorzugung des Heimatrechtes findet sich so stark relativiert. Gleiches gilt im Prinzip auch für den ordre-public-Vorbehalt. Da dessen Bedeutung jedoch seit der Reform des Jahres 1972 ständig gesunken ist, können seine Auswirkungen hier vernachlässigt werden.

Dem *materiellen Interesse* an Herstellung eines rechtsbeständigen Kindschaftsverhältnisses wird zunächst durch Art. 311-17 C.c. gedient. Die alternative Anknüpfung, die in dieser Regel enthalten ist, führt dazu, daß weit mehr Anerkenntnisse zur Wirksamkeit gelangen als bei Anwendung lediglich einer Rechtsordnung. Man hat sich gefragt, warum dieser Vorteil nur hinsichtlich der Anerkennung gewährt wird und nicht auch bei der Abstammungsklage[61]. Eine Antwort darauf muß den soziologischen Hintergrund in Betracht ziehen: Dem Anerkenntnis geht der Wunsch der beiden direkt Beteiligten voraus, das Kindesverhältnis auch rechtlich zu etablieren; bei der Klage liegt dieser Wunsch jedenfalls auf der Seite des Beklagten (meist des Vaters) nicht vor. Daraus ergibt sich, daß nur im ersten Falle eine forcierte Förderung der Zuordnung des Kindes vertretbar ist, während dies im zweiten Falle als Überbewertung des Kindesinteresses erscheinen müßte[62].

---

[59] So auch *Loussouarn / Bourel*, DIP, S. 444.

[60] Zumindest das der Mutter, denn Art. 311-15 hat nur dann eigenständige Bedeutung, wenn nicht schon über Art. 311-14 (Staatsangehörigkeit der Mutter!) französisches Recht anwendbar ist; mit dem väterlichen Rechtsanwendungsinteresse wäre im Einzelfall ein Gleichlauf denkbar, nämlich dann, wenn dieser Franzose ist; vgl. a. *Fadlallah* S. 284, der in Art. 311-15 eine Korrektur der 311-14-Anknüpfung für die Fälle sieht, in denen die Staatsangehörigkeit der Mutter das einzige ausländische Element ist.

[61] *Loussouarn / Bourel*, J.Cl.dr.int., no. 122; *dies.*, DIP, S. 448.

[62] Vgl. die ähnlichen Gedankengänge bei *v. Overbeck*, in: Liber amicorum Schnitzer, S. 361, 376.

Die Legitimität der Anknüpfung des Art. 311-17 C.c. ist allerdings aus einem anderen Grunde nicht ganz zweifelsfrei: So vertritt insbesondere *Wengler*[63] die Ansicht, daß alternative Anknüpfungen regelmäßig zu einer nicht gerechtfertigten Ungleichbehandlung zu Lasten solcher Beteiligten führen, die nicht mit Auslandsbezug gesegnet sind und damit nicht in den Genuß der Wahlmöglichkeit kommen. Dem ist entgegenzuhalten, daß die an Auslandssachverhalten Beteiligten typischerweise *zwischen* mehreren Rechtsordnungen stehen. Mit der Anwendung nur eines Rechtes widerfährt ihnen daher schon vom Ausgangspunkt her ein gewisses Maß an Ungerechtigkeit, da ihre Beziehungen zu anderen Rechtsordnungen auf diese Weise gewissermaßen „gekappt" werden. Denkt man die alternative Anknüpfung als Ausgleich hierfür, ist die damit verbundene Bevorzugung kaum noch als ungerechtfertigt einzustufen.

Zum Teil findet sich in der französischen Literatur[64] die These, daß auch die einseitige Norm des Art. 311-15 C.c. das materielle Interesse an Herstellung der Zuordnung fördere. Dies erscheint indessen sehr zweifelhaft, denn Voraussetzung dafür wäre, daß die französischen Vorschriften über den Statusbesitz die in Zuordnungsfragen gegenüber allen anderen Rechtsordnungen günstigsten Regelungen enthielten. Davon jedoch kann *allgemein* nicht ausgegangen werden[65]. Da der Statusbesitz aber immerhin eine zuordnungserleichternde Wirkung (Beweiserleichterungen) besitzt, ist nicht auszuschließen, daß sich die Anwendung französischen Rechts im Einzelfall, nämlich dann, wenn das an sich anwendbare ausländische Recht ungünstiger ist, doch als Vorteil erweist.

Weiterhin ist das Interesse der *Allgemeinheit* an größtmöglicher *Rechtssicherheit* in Betracht zu ziehen.

Hier geht es zunächst um den internationalen Entscheidungseinklang. Obwohl die Anknüpfung des Art. 311-14 C.c. jedenfalls im Bereich der Vaterschaftsfeststellung relativ selten ist[66], läßt sich nicht sagen, daß sie nicht internationalisierbar wäre. Auch Art. 311-17 C.c. ist so gefaßt, daß durch ihn der Entscheidungseinklang eher gefördert als behindert wird[67]. Lediglich Art. 311-15 C.c. erweckt unter diesem Aspekt Beden-

---

[63] Eranion Maridakis III, S. 323, 335, 347; BGB-RGRK, S. 459; ebenso *Lorenz*, ZRP 1982, 148, 154; vgl. a. *Dopffel / Drobnig / Siehr* S. 61.

[64] *Simon-Depitre / Foyer* S. 34; *Massip*, StAZ 1973, 105, 116: „Schutz des Familienfriedens", gleichbedeutend mit Sicherung einer Zuordnung; ebenso *Massip / Morin / Aubert* S. 214.

[65] Vgl. *Loussouarn / Bourel*, J.Cl.dr.int., no. 72.

[66] Allenfalls im deutschen Recht findet sich Entsprechendes, allerdings nur, wenn das Unterhaltsstatut deutsches Recht ist; vgl. statt aller *Palandt / Heldrich*, Art. 21 EGBGB Anm. 4.

[67] Vgl. *Massip*, StAZ 1973, 105, 117; *Massip / Morin / Aubert* S. 217.

ken, da er, wenn auch auf beschränktem Gebiet, einseitig das französische Recht zur Anwendung beruft[68].

Das Interesse an innerem Entscheidungseinklang wird insgesamt von den angesprochenen Kollisionsnormen wenig beachtet. Die Aufspaltung des Abstammungsstatuts in gegebenenfalls vier verschiedene Rechte, nämlich das Mutterrecht, das Vaterrecht, das Kindesrecht und das französische Recht, erhöht die Gefahr fehlender Abstimmung untereinander erheblich. Insbesondere erscheint die Koordinierung des Mutterrechtes mit dem durch Art. 311-15 C.c. berufenen französischen Recht problematisch[69], da sich letzteres ausschließlich auf die Wirkungen des Statusbesitzes beziehen soll, dieses Institut aber in anderen Rechtsordnungen weitgehend unbekannt ist.

Zu betrachten bleibt das allgemeine Vertrauensschutzinteresse, das einfache, klare und praktikable Regeln fordert. Der Wunsch nach solchen Regeln wurde oftmals zur Rechtfertigung der Kollisionsnorm des Art. 311-14 C.c. angeführt: Die Anknüpfung sei einfach, das Statut von Anfang an bekannt und der berüchtigte „Zirkelschluß" würde vermieden[70]. Dies wäre richtig, wenn ausschließlich das Mutterrecht zur Anwendung käme. Da jedoch subsidiär auch das Kindesrecht berufen sein kann, besteht die Zirkelschlußgefahr — wenn auch in geringerem Umfang — nach wie vor[71]: Die Abstammung hängt vom Heimatrecht des Kindes ab, dies bestimmt sich nach dessen Staatsangehörigkeit, die wiederum abhängig ist von seiner Abstammung. Wenn sich im wesentlichen auch die Meinung durchgesetzt zu haben scheint, daß auf die „aktuelle" Staatsangehörigkeit abzustellen ist, d. h. auf diejenige, die das Kind vor Herstellung des in Rede stehenden Abstammungsverhältnisses besitzt[72], ist diese Lösung nicht ganz eindeutig. Dadurch verbleibt eine gewisse Unsicherheit in der Behandlung der Zuordnung. Darüber hinaus wird der Vertrauensschutzgesichtspunkt auch durch die weiteren Kollisionsregeln strapaziert. Art. 311-15 C.c. mit der Schwierigkeit, zwei verschiedene Rechte nebeneinander anwenden zu müssen, sowie die alternative Anknüpfung des Art. 311-17 C.c., die durch Art. 311-15 weiter kompliziert wird, machen die Rechtsanwendung nicht berechenbarer[73] und dienen damit dem Interesse an größtmöglicher Rechtssicher-

---

68 Vgl. *Loussouarn / Bourel*, J.Cl.dr.int., no. 74; *dies.*, DIP, S. 450; *Batiffol / Lagarde*, Rev.crit. 1972, 1, 9.

69 Vgl. *Loussouarn / Bourel*, J.Cl.dr.int., no. 75.

70 *Massip*, StAZ 1973, 105, 115; *Massip / Morin / Aubert* S. 212, 213; vgl. auch *Firsching*, Rev.int.dr.comp. 1973, 17, 46.

71 *Loussouarn / Bourel*, J.Cl.dr.int., no. 23.

72 Vgl. *Batiffol / Lagarde*, Rev.crit. 1972, 1, 5; *Foyer* S. 229 ff.

73 *Loussouarn / Bourel*, J.Cl.dr.int., no. 75, 76; *Batiffol / Lagarde*, Rev.crit. 1972, 1, 13/14, 18: dient insbesondere nicht dem Kindeswohl; vgl. auch *Beitzke*, Festschrift Ferid, S. 39, 52 zu den Nachteilen alternativer Anknüp-

heit wenig. Allenfalls die Unwandelbarkeit der Grundanknüpfungen kann in diesem Zusammenhang als positiv vermerkt werden.

II. Das belgische Recht

1. Inhalt

Der Ursprung allen belgischen Kollisionsrechts findet sich in Art. 3 Abs. 3 C.c. belge[74], der auf dem Staatsangehörigkeitsprinzip beruht. Daraus folgt, daß alle Fragen, die die Person angehen — und dazu gehört auch die Abstammung —, grundsätzlich dem gemeinsamen Heimatrecht der Beteiligten unterworfen werden[75]. Diese Regel hilft allerdings dann nicht weiter, wenn Personen unterschiedlicher Nationalität beteiligt sind; hier mußte die Rechtsprechung daher rechtsschöpferisch tätig werden.

a) Gerichtliche Feststellung der Elternschaft

Hinsichtlich der Abstammungsklage, und zwar der zur Feststellung sowohl der Vaterschaft als auch der Mutterschaft, wurde entschieden und ist heute ständige Rechtsprechung, daß dem Heimatrecht des Kindes der Vorrang gebührt[76]. Ebenso wie im französischen Recht gibt unter mehreren Staatsangehörigkeiten die belgische bzw. die effektive den Ausschlag[77]. Nicht ganz klar ist, welcher Zeitpunkt — der der Geburt oder ein späterer — bei der Anknüpfung maßgebend sein soll. Gewisse Andeutungen in der Literatur[78] lassen jedoch darauf schließen, daß unwandelbar an die Staatsangehörigkeit des Kindes im Zeitpunkt seiner Geburt anzuknüpfen ist. Der Anwendungsbereich dieser Regel ist umfassend; er erstreckt sich auch auf die zugelassenen Arten des Nachweises der Abstammung[79].

---

fungen; Art. 311-15 fördert aber Leichtigkeit und Sicherheit des Rechtsverkehrs insofern, als er — für manche Bereiche — das Verkehrsrecht zur Anwendung bringt.

[74] Entspricht Art. 3 Abs. 3 C.c. français; vgl. den Text im Anhang.

[75] Für das Anerkenntnis ausgesprochen z. B. in Trib.civ. Bruxelles, 5 juin 1967, Pas. 1967, III, 123.

[76] Cour de Cassation, 20 mars 1941, Pas. 1941, I, 86; Trib.civ. Bruxelles, 4 avril 1964, Pas. 1965, III, 28; Trib.civ. Liège, 2 avril 1971, J.T. 1971, 611; vgl. a. *Rigaux*, DIP II, S. 291; *Vander Elst*, Conflit de lois, no. 52; *ders.*, DIP 1976 bis 1977, S. 69; *ders.*, in: Répertoire, S. 67ter; *Serick / Harries*, ZAIP 25 (1960) 544, 557.

[77] *Rigaux*, DIP I, S. 162; DIP II, S. 16.

[78] *Graulich* S. 128; *Rigaux*, DIP II, S. 238.

[79] Cour d'appel Bruxelles, 26 oct. 1967, Pas. 1968, II, 79; s. a. *Vander Elst*, in: Répertoire, S. 67ter.

Eine gewisse Einschränkung der Rechtsprechungsregel ergibt sich aus der Möglichkeit eines renvoi durch das berufene Heimatrecht des Kindes, denn ein solcher wird von belgischer Seite aus — auch speziell in Abstammungsfragen — angenommen[80]. Kein oder jedenfalls nur ein geringer Einfluß kommt dagegen dem ordre public zu. Obwohl die Erforschung der Vaterschaft im internen belgischen Recht augenblicklich noch relativ restriktiv behandelt wird[81], scheint die Rechtsprechung gegenüber liberalerem ausländischen Recht zumindest seit einigen Jahren sehr tolerant zu sein[82]. Dies mag damit zusammenhängen, daß das nationale belgische Familienrecht vor einer tiefgreifenden Reform steht, die u. a. zu einer generellen Zulassung der Vaterschaftsklage führen wird[83].

b) *Freiwillige Anerkennung der Elternschaft*

Nicht ganz so eindeutig wie bei der Abstammungsklage ist die kollisionsrechtliche Situation bei der freiwilligen Anerkennung. Hier stehen Entscheidungen zugunsten des Heimatrechtes des Anerkennenden[84] solchen gegenüber, die für das Heimatrecht des Kindes optierten[85]. Da die vorherrschende Meinung in der Literatur dem Kindesrecht zuneigt[86] und dem Meinungsumschwung des Genter Appellationshofes[87], der sich nun auch in dieser Richtung orientiert, ein erhebliches Gewicht beizumessen sein wird, entspricht die Anknüpfung an die Nationalität des Kindes wohl eher dem gegenwärtigen Rechtszustand[88]. Der entschei-

---

80 Vgl. Cour d'appel Bruxelles, 24 juin 1964, Pas. 1965, II, 216; *Serick / Harries*, ZAIP 25 (1960) 544, 546; a. A. *Bergmann / Ferid*, Belgien, S. 14 Fn. 2.

81 Vgl. Art. 340 a C.c. belge, Text im Anhang.

82 Vgl. *Rigaux*, DIP II, S. 294 mit Nachweisen; zur Anerkennung: Trib.civ. Liège, 27 janv. 1978, Jur. Liège 1978, 293; s. a. *Bergmann / Ferid*, Belgien, S. 45 Fn. 3 zu einem älteren Urteil des Appellationshofs Gent.

83 Vgl. Art. 324 ff. C.c. belge des Reformentwurfs, Doc.Parlem. (Sénat), Session 1977 - 78, no. 305-1.

84 z. B. Hof van Beroep Gent, 8 juni 1967, R.W. 1967 - 68, 87; Trib.civ. Bruxelles, 30 oct. 1970, J.T. 1971, 31; Trib.civ. Liège, 27 janv. 1978, Jur. Liège 1978, 293.

85 z. B. Cour d'appel Bruxelles, 24 juin 1964, Pas. 1965, II, 216; Trib.civ. Liège, 26 nov. 1976, Jur. Liège 1976 - 77, 235; Hof van Beroep Gent, 9 dec. 1976, R.W. 1976 - 77, 2351.

86 *Rigaux*, DIP II, S. 292; *Vander Elst*, DIP 1976 - 77, S. 69; *ders.*, in: Répertoire, S. 68; a. A. noch *ders.*, Conflit de lois, no. 56.

87 Vgl. Fn. 84 und Fn. 85.

88 Nach *Rigaux*, DIP II, S. 293 läßt sich für das Abstammungsverhältnis zur Mutter noch eine Sonderregel formulieren: Soweit nach deren Personalstatut das Kindschaftsverhältnis ohne besonderen Rechtsakt zustandekommt — wie z. B. im deutschen Recht — soll Mutterrecht statt Kindesrecht anwendbar sein. Kritik: Da in Fällen dieser Art fast immer das Kind mit Geburt die Staatsangehörigkeit der Mutter erhält, besteht für eine derartige Sonderregel kein Bedürfnis.

dende Anknüpfungszeitpunkt ist ungewiß, doch stellt der Tag der Geburt auch hier die wahrscheinlichste Lösung dar[89].

Der Anwendungsbereich des Kindesrechts betrifft sämtliche Wirksamkeitsvoraussetzungen sowie Nichtigkeits- und Anfechtungsgründe des Anerkenntnisses. Lediglich die Form bleibt einem eigenen Statut unterworfen[90].

2. Diskussion anhand der beteiligten Interessen

Den *Rechtsanwendungsinteressen* von Vater und Mutter wird durch die einheitliche Anwendung des Kindesrechtes auf alle Abstammungsfragen, oberflächlich besehen, nicht Rechnung getragen. Zu bedenken ist aber, daß das Kind in der Mehrzahl der Fälle von Anfang an die Staatsangehörigkeit der Mutter teilt[91]; die Staatsangehörigkeit des Vaters hingegen wird vom Kind entweder gar nicht[92] oder erst nach Anerkenntnis bzw. erfolgreicher Vaterschaftsklage[93] erworben. Dies hat zur Folge, daß die in praxi häufigste Frage, nämlich die Vaterschaftsfeststellung, gleichzeitig mit dem Kindesrecht dem Heimatrecht der Mutter unterfällt. Hierin liegt eine undifferenzierte Bevorzugung der Mutter vor dem Vater, die nicht interessengerecht ist. Allenfalls ein eventueller renvoi mag zu einem für den Vater günstigeren Ergebnis führen.

Das *materielle Interesse* an Herstellung der Zuordnung erfährt keine besondere Förderung. Da sowohl auf Abstammungsklage als auch auf Anerkenntnis jeweils lediglich eine Rechtsordnung zur Anwendung kommt, wird die Chance der Zuordnung nicht erhöht.

Besser bedient sehen sich die *Rechtssicherheitsinteressen* der Allgemeinheit:

Dies gilt zunächst für den internationalen Entscheidungseinklang. Der Anknüpfung an die Staatsangehörigkeit des Kindes kann die Internationalisierbarkeit nicht abgesprochen werden, vor allem, da eine ganze Reihe von Staaten dieser Lösung schon heute folgt[94]. Darüber hinaus

---

[89] Vgl. die Andeutungen bei *Rigaux*, DIP II, S. 238; die Rechtsprechung steht nicht entgegen.

[90] *Rigaux*, DIP II, S. 292; *Vander Elst*, in: Répertoire, S. 68; anders noch Cour d'appel Bruxelles, 4 déc. 1928, Pas. 1929, II, 15; sicherlich ebenfalls selbständig anzuknüpfen ist die Geschäftsfähigkeit.

[91] Entweder infolge der Geburt oder infolge eines — meist erleichterten — Anerkenntnisses, vgl. oben Fn. 58.

[92] Vgl. für die Bundesrepublik § 4 Abs. 1 Nr. 2 RuStAG.

[93] So in vielen romanischen Rechtsordnungen, z. B. Frankreich, vgl. Art. 17 C.nat.

[94] z. B. *Österreich*: § 25 Abs. 1 des seit 1. 1. 79 in Kraft befindlichen IPR-Gesetzes, allerdings mit Wahlmöglichkeit bei Statutenwechsel; s. dazu *Beitzke*, RabelsZ 43 (1979) 245, 265 ff.; *DDR*: § 22 Rechtsanwendungsgesetz;

ist die Zulassung des renvoi besonders geeignet, den Einklang der Entscheidungen zu fördern. Denn dieser führt oftmals[95] dazu, daß inländische Gerichte zu Ergebnissen gelangen, die auch im entsprechenden Ausland erreicht würden, falls die dortigen Gerichte zuständig wären. Schließlich erfährt der Entscheidungseinklang aufgrund von ordre-public-Erwägungen kaum eine Belastung.

Auch dem Interesse an innerem Entscheidungseinklang wird grundsätzlich Rechnung getragen. Da im Hinblick auf die Herstellung des Abstammungsverhältnisses lediglich *eine* Rechtsordnung zu beachten ist, scheinen Normenkonflikte, wie sie sich oftmals bei Anwendung von Teilen mehrerer Rechte durch deren mangelnde Koordinierbarkeit ergeben, ausgeschlossen. Eine gewisse Relativierung dieses Resultates ergibt sich allerdings aus der Zulassung der Rückverweisung, die u. U. zu einer Aufteilung der Materie unter die verweisende und die berufene (= rückverweisende) Rechtsordnung führt. Darüber hinaus trägt auch die immer bei Anknüpfung an die Staatsangehörigkeit des Kindes entstehende Zirkelschlußgefahr zu einer Gefährdung des inneren Entscheidungseinklangs bei. Denn wie in Frankreich so wird offenbar auch in Belgien zur Vermeidung des Zirkelschlusses auf die *vor* der fraglichen Zuordnung bestehende Staatsangehörigkeit abgestellt[96]. Erleichtert wird dies durch eine Vorschrift des belgischen Staatsangehörigkeitsrechts, die dem in Belgien geborenen Kind, dessen Abstammung noch nicht rechtlich festgestellt wurde, gewissermaßen hilfsweise die belgische Nationalität verleiht[97], wodurch sich das erste Anerkenntnis bzw. die erste Klage nach belgischem Recht richtet. Das Abstammungsverhältnis zum zweiten Elternteil hingegen wird dann an die Staatsangehörigkeit angeknüpft, die das Kind vom festgestellten ersten Elternteil ableitet. Auf diese Weise tritt eine Spaltung zwischen Vaterschaft und Mutterschaft ein[98]. Deren negative Auswirkungen auf den inneren Entscheidungseinklang sollten allerdings angesichts der geringen praktischen Bedeutung der Mutterschaftsfrage nicht überschätzt werden.

Der Vertrauensschutzgesichtspunkt wird im Prinzip ebenfalls beachtet, da die Anwendung nur eines Rechtes zu relativ vorhersehbaren Entscheidungen führt. Einschränkungen ergeben sich allenfalls aus der

---

Polen: Art. 19 IPR-Gesetz; *Tschechoslowakei:* § 23 des Gesetzes über das internationale Privat- und Prozeßrecht, allerdings mit Vorbehalt zugunsten tschechoslowakischen Rechts in Abs. 2.

95 Im Einzelfall ist dies abhängig von der Handhabung des renvoi im entsprechenden ausländischen Staat, vgl. *Kegel*, IPR, S. 168 ff.

96 Vgl. den vagen Hinweis von *Rigaux*, DIP II, S. 290.

97 Art. 1 no. 2 lois coordonnées sur la nationalité; Text im Anhang.

98 Nur, wenn Mutterschaft eines formalen Rechtsaktes bedarf wie in den meisten romanischen Rechtsordnungen.

Zulassung des renvoi[99], was jedoch angesichts der den Beteiligten offenstehenden Möglichkeit, sich über die Anknüpfung der durch das belgische Recht berufenen Rechtsordnung zu informieren, von geringer Relevanz ist.

III. Das schweizerische Recht

1. Inhalt

Das schweizerische internationale Kindschaftsrecht hat in den letzten Jahren erhebliche Änderungen erfahren. In vorliegendem Zusammenhang bedeutsam ist vor allem die 1976 vollzogene Einfügung eines Art. 8 e in das Bundesgesetz betreffend die zivilrechtlichen Verhältnisse der Niedergelassenen und Aufenthalter[100] sowie die Streichung des die Materie früher — allerdings lückenhaft — regelnden Art. 8. Diese Teilreform ist im Zusammenhang mit den Vorarbeiten zu einer völligen Neuauflage des NAG zu sehen[101]. Der daraus mittlerweile entstandene IPR-Gesetzentwurf[102] wird daher auch in nachfolgende Erörterung Eingang finden.

a) Art. 8 e NAG — Anwendungsbereich

Art. 8 e NAG enthält Rechtsanwendungsregeln im Hinblick auf die „Feststellung des Kindesverhältnisses". Der Anwendungsbereich der Norm wird dadurch nicht zur Gänze deutlich. Zwar scheint die Abstammungsklage erfaßt zu sein, nicht aber die freiwillige Anerkennung. Vereinzelt wurde daraus der Schluß gezogen, man könne letztere in Anlehnung an Art. 71 Abs. 2 des IPR-Gesetzentwurfes, der eine sehr weitgehende alternative Anknüpfung vorsieht[103], gewissermaßen autonom anknüpfen[104]. Die überwiegende Ansicht jedoch geht dahin, auch das Anerkenntnis der Regelung des Art. 8 e NAG zu unterwerfen und damit allen Zuordnungstatbeständen eine einheitliche Behandlung zu sichern[105].

---

99 Vgl. *Bänziger* S. 95.

100 Die internationale Zuständigkeit in Kindschaftssachen regelt im übrigen der ebenfalls neue Art. 8 d; vgl. den Text der Vorschriften im Anhang.

101 Vgl. *Vischer / Volken*, Schlußbericht, S. 142.

102 Einige wichtige Vorschriften daraus sind im Anhang enthalten, im übrigen ist der Text abgedruckt in RabelsZ 42 (1978) 716 ff.; s. dazu *Vischer / Volken*, Begleitbericht; *dies.*, Schlußbericht; *Heini*, SJZ 1978, 249 ff.; *Neuhaus*, RabelsZ 43 (1979) 277 ff.; Freiburger Kolloquium; vgl. a. den „Gegenentwurf" von *Schnitzer*, SJZ 1980, 309 ff.

103 Wohnsitz-, Aufenthalts-, Heimatrecht von Kind, Mutter und Vater stehen zur Wahl; Text im Anhang.

104 *Knoepfler*, StAZ 1979, 213, 217.

105 *Siehr*, DAVorm 51 (1978) 153, 254, 256; *v. Overbeck*, ZfRV 19 (1978) 87, 92; *Bucher*, ZZiv. 46 (1978), Grüne Beilage, S. 7; *Tomforde / Diefenbach / Web-*

b) *Art. 8 e NAG — Inhalt und Auslegung*

Die Vorschrift enthält in ihrem Abs. 1 eine Anknüpfungsleiter. Zunächst berufen ist das gemeinsame Wohnsitzrecht von Eltern und Kind, wodurch dem Domizilprinzip ein deutlicher Vorrang eingeräumt wird. Der Wohnsitzbegriff ist allerdings, insbesondere angesichts der Fiktion des Art. 25 ZGB, der den Wohnsitz des Kindes an den der Eltern knüpft, nicht ohne Problematik. Doch scheint sich die Meinung durchgesetzt zu haben, daß der internationalprivatrechtliche Wohnsitz vom allgemein bürgerlich-rechtlichen abzukoppeln sei[106]. Jener nähert sich damit dem gewöhnlichen Aufenthalt an, was eine Bestätigung in Art. 19 Abs. 1 des IPR-Gesetzentwurfs findet, der den Wohnsitz als „Mittelpunkt der Lebensverhältnisse" definiert[107].

Erst in zweiter Linie berufen[108] ist das gemeinsame Heimatrecht von Eltern und Kind. Existiert ein solches nicht, kommt schließlich schweizerisches Recht als lex fori zur Anwendung. Ebenfalls zu schweizerischem Recht gelangt man in dem nicht sehr praktischen[109] Fall der Notzuständigkeit schweizerischer Gerichte für Auslandsschweizer (Art. 8 e Abs. 2 i. V. m. Art. 8 d Abs. 2 NAG).

Die beschriebenen Anknüpfungsgrundsätze erfahren eine erhebliche Einschränkung durch Abs. 3 des Art. 8 e NAG. Dort wird bei überwiegendem Zusammenhang des Falles mit einem anderen Land dessen Rechtsordnung zur Anwendung berufen. Ungewiß ist die Auslegung dieser allgemeinen Ausweichklausel. Der Bundesrat[110] hat als Beispiel für deren Anwendung einen Ehelichkeitsanfechtungsfall angeführt, bei dem die italienische Mutter mit dem Kind in der Schweiz lebt, während sich der italienische Scheinvater in Italien aufhält; der Zusammenhang mit dem Inland wird dadurch verstärkt, daß der richtige Vater ebenfalls in der Schweiz wohnender Schweizerbürger ist. Die gemeinsame Staatsangehörigkeit von Kind, Mutter und Scheinvater führte an sich mit Art. 8 e Abs. 1 Nr. 2 NAG zu italienischem Recht, wegen des

---

ler, Schweiz, S. 23; *Vischer / v. Planta* S. 119; Form bleibt allerdings eigenem Statut unterworfen, vgl. *Bucher*, ZZiv. 46 (1978), Grüne Beilage, S. 7.

106 *Knoepfler*, StAZ 1979, 213, 215; *ders.*, Rev.crit. 1978, 187, 189; *v. Overbeck*, ZfRV 19 (1978) 87, 88; *Bucher*, ZZiv. 46 (1978), Grüne Beilage, S. 4; vgl. a. BGE 94 II 220, insb. 230; für Wohnsitz i. S. von Art. 23 ZGB: *Vischer / v. Planta* S. 117.

107 Wegen abweichender Definition des gewöhnlichen Aufenthalts in Art. 19 Abs. 2 und der dadurch eintretenden Begriffsverwirrung in der internationalen Diskussion wurde der Entwurf kritisiert von *Siehr*, in: Freiburger Kolloquium, S. 18.

108 Ursprünglich in erster Linie, vgl. Botschaft des Bundesrats, BBl. 126 (1974) II, S. 108; erst im weiteren Verlauf des Gesetzgebungsverfahrens wurden die Prioritäten von Wohnsitz- und Heimatanknüpfung vertauscht.

109 Vgl. *Bucher*, ZZiv. 46 (1978), Grüne Beilage, S. 4.

110 Botschaft, BBl. 126 (1974) II, S. 108.

gemeinsamen Wohnsitzes von Kind, Mutter und echtem Vater in der Schweiz gelangt der Bundesrat über Abs. 3 jedoch zur lex fori. *Bucher*[111] hat daraus den Schluß gezogen, daß bei Anwendung der Ausweichklausel ganz allgemein auf das Recht des Landes abzustellen sei, in dem sich der Schwerpunkt der Lebensbeziehungen des Kindes befindet, konkret: wo sich das Kind zusammen mit dem Elternteil, in dessen Obhut es steht, gewöhnlich aufhält. Wenn dieser Schluß vielleicht auch nicht vollständig stringent ist, da im bundesrätlichen Fall immerhin noch Wohnsitz und Staatsangehörigkeit einer dritten Person — nämlich des echten Vaters — eine Rolle spielten, so mag er den gegenwärtigen Rechtszustand doch deswegen treffen, weil die gleiche Lösung auch in Art. 68 Abs. 1 des IPR-Gesetzentwurfs als „Normalanknüpfung"[112] enthalten ist. In der Konsequenz liegt allerdings eine weitere Zurückdrängung des Staatsangehörigkeitsprinzips, da die so verstandene Ausweichklausel vor allem zu einer Derogation des gemeinsamen Heimatrechtes führen wird.

Ein für die Anknüpfung an Aufenthalt oder Staatsangehörigkeit entscheidender Zeitpunkt ist im Gesetz nicht genannt. Aus diesem Grunde wird ein Spielraum für den Richter angenommen, den er im Interesse des Kindes zu nutzen habe[113], eine Lösung, die der flexiblen Handhabung des Problems in Art. 69 Abs. 2 des IPR-Gesetzentwurfes entspricht.

Weitergehende Einschränkungen der in Art. 8 e NAG enthaltenen Regeln sind nicht ersichtlich. Der renvoi wird überwiegend abgelehnt[114], da er, obwohl im ursprünglichen Reformentwurf enthalten, von den Eidgenössischen Kammern im Laufe des Gesetzgebungsverfahrens gestrichen wurde. Darüber hinaus wäre seine Bedeutung wegen der in erster Linie geltenden Aufenthaltsanknüpfung ohnehin gering. Aus dem gleichen Grunde wird auch kaum Anlaß bestehen, den ordre-public-Vorbehalt zu bemühen[115].

---

[111] ZZiv. 46 (1978), Grüne Beilage, S. 6; ihm folgend *Knoepfler*, Rev.crit. 1978, 187, 192; wohl a. *Vischer / v. Planta* S. 119, allerdings mit Hinweis auf eine gegenteilige Entscheidung des Bundesgerichtes aus jüngster Zeit; ablehnend *Sturm*, StAZ 1979, 185, 186, 191.

[112] Allerdings nur für Entstehung des Abstammungsverhältnisses ohne Anerkenntnis; für letzteres gilt Art. 71 Abs. 2 mit weitgehender alternativer Anknüpfung; vgl. a. Artt. 33, 34 des „*Schnitzer*-Entwurfs", SJZ 1980, 309, 311/12.

[113] *v. Overbeck*, ZfRV 19 (1978) 87, 94.

[114] *Bucher*, ZZiv. 46 (1978), Grüne Beilage, S. 4 Fn. 10; *Knoepfler*, Rev.crit. 1978, 187, 191; *Sturm*, StAZ 1979, 185, 190.

[115] Vgl. aber den in Art. 68 Abs. 3 IPR-Gesetzentwurf enthaltenen speziellen ordre-public-Vorbehalt zugunsten der Mutter, die das nach dem an sich anwendbaren Recht erforderliche Anerkenntnis unterläßt: In diesem Fall kommt schweizer Recht mit dem Grundsatz „mater semper certa est" zur Anwendung.

2. Diskussion anhand der beteiligten Interessen

Die deutliche Dominanz der Wohnsitzanknüpfung in der schweizerischen Lösung führt dazu, daß die *kollisionsrechtlichen Interessen* der Eltern an Anwendung ihres jeweiligen Heimatrechtes kaum Beachtung finden[116]. Die subsidiär vorgesehene Anknüpfung an die gemeinsame Staatsangehörigkeit aller Beteiligten ist in der Praxis — insbesondere mit der oben vertretenen Auslegung der Ausweichklausel des Art. 8 e Abs. 3 NAG — relativ bedeutungslos, so daß sie für die Beurteilung außer Betracht bleiben kann. Allenfalls die Tatsache, daß das schweizerische Recht konsequent die Bevorzugung eines einzelnen Elternteiles vermeidet, mag den Interessen der Eltern entgegenkommen.

Das *materielle Interesse* an Herstellung der Zuordnung erfährt eine geringfügige Förderung durch die flexible Handhabung des Anknüpfungszeitpunktes[117], denn diese kommt in manchen Fällen einer alternativen Anknüpfung gleich. Auch die mit der Wohnsitzanknüpfung erreichte häufige Berufung des schweizerischen Rechtes kann sich hier günstig auswirken, da jenes der Zuordnung keine Hindernisse in den Weg stellt.

Bei den *Rechtssicherheitsinteressen* fällt zunächst die starke Berücksichtigung des inneren Entscheidungseinklangs auf. Die Anwendung nur eines Rechtes auf die Zuordnung sowohl zum Vater als auch zur Mutter, in welcher Form diese auch immer vollzogen wird, verhindert, da auch Störungen durch renvoi oder Zirkelschluß ausgeschlossen sind, jegliche Koordinationsschwierigkeiten. Dies gilt — wie weiter unten zu zeigen sein wird — ebenso für das Verhältnis zwischen Herstellung der Zuordnung und den sich daraus ergebenden Wirkungen, da sich die einheitliche Anknüpfung im wesentlichen auch auf letzteren Bereich erstreckt. Es kommt so zu einer „Rundumabsicherung" des inneren Entscheidungseinklangs.

Der internationale Entscheidungseinklang wird nicht behindert. Zwar ist die subsidiäre Berufung der lex fori durch Art. 8 e Abs. 1 Nr. 3 und Abs. 2 i. V. m. Art. 8 d Abs. 2 NAG nicht internationalisierungsfähig; da diesen Vorschriften jedoch keine allzu große Bedeutung zukommt[118], können sie in der Gesamtschau vernachlässigt werden.

---

[116] Nur bei zufälliger Übereinstimmung von Staatsangehörigkeit und Wohnsitz.

[117] Eine ganz erhebliche Förderung garantiert dagegen Art. 71 Abs. 2 IPR-Gesetzentwurf mit seiner 9-fachen alternativen Anknüpfung.

[118] Bei Art. 8 e Abs. 1 Nr. 3 wegen der Ausweichklausel, die mit obiger Auslegung — Anknüpfung an Wohnsitz von Sorgeberechtigtem und Kind — in praxi die meisten Fälle „abfangen" wird; für Art. 8 e Abs. 2 i. V. m. 8 d Abs. 2 vgl. oben 1. b) und Fn. 109.

Die Anknüpfung an den Wohnsitz, die ja einer solchen an den gewöhnlichen Aufenthalt entspricht, könnte allerdings eine Belastung für das Interesse an Vorhersehbarkeit und Vertrauensschutz darstellen. Nicht selten nämlich wurde behauptet, daß der Aufenthalt im Vergleich zur Staatsangehörigkeit instabil, wenig eindeutig und leicht manipulierbar sei[119] und damit das im Bereich der Zuordnung wichtige Moment der *Kontinuität* vernachlässigt würde[120]. Dies hängt jedoch maßgeblich von Definition und Auslegung des Begriffes „gewöhnlicher Aufenthalt" ab. Stellt man mit Art. 19 Abs. 1 des schweizerischen IPR-Gesetzentwurfs auf den „Mittelpunkt der Lebensverhältnisse" ab, so werden damit als stabilisierende Elemente die Aufenthaltsdauer und ein entsprechender Aufenthaltswille („*animus manendi et animus non revertendi*") neben die schlichte Präsenz gestellt[121]. Auf diese Weise verliert der Aufenthalt die ihm eigene Flüchtigkeit, so daß es um die Rechtssicherheit im Ergebnis nicht ungünstiger bestellt ist als bei Verwendung der Staatsangehörigkeit als Anknüpfungspunkt[122].

Eine weitere Beeinträchtigung des Vertrauensschutzgesichtspunktes könnte sich aus der wenig präzis gefaßten Ausweichklausel ergeben. Dies wird jedoch durch deren Auslegung im oben vertretenen Sinne vermieden. Da renvoi und ordre-public-Vorbehalt bei der schweizerischen Lösung keine Rolle spielen, erwachsen auch hieraus keine Störungen. Allenfalls die Unsicherheit bei der Bestimmung des entscheidenden Zeitpunktes mag insofern einen leicht negativen Einfluß haben.

IV. Das englische Recht

1. Inhalt

a) Schwierigkeiten der Dokumentation — Besonderheiten von materiellem Recht und IPR

Eine Dokumentation des englischen Rechts im Bereich nichtehelicher Kindschaft, sei es in innerstaatlichem, sei es in internationalem Rahmen, begegnet erheblichen Schwierigkeiten. Dies hängt zunächst damit zusammen, daß jenes im Ursprung *case-law* ist mit der Folge, daß das

---

[119] Vgl. z. B. *Jayme*, Festschrift Bosch, S. 459, 462; *Henrich*, IPRax 1981, 2, 3; *Dopffel / Drobnig / Siehr* S. 19.

[120] Vgl. *v. Steiger*, in: Probleme und Ziele der vormundschaftlichen Fürsorge, S. 121, 132.

[121] Vgl. etwa zur parallelen Problematik bei Art. 1 Haager Unterhaltsabkommen 1956: *Staudinger / Kropholler*, Vorbem. zu Art. 18 Rdnr. 47, 48 mwN.

[122] In diesem Sinne auch *Neuhaus*, Grundbegriffe, S. 234/35; *Neuhaus / Kropholler*, FamRZ 1980, 753/54; *Braga*, ZAIP 18 (1953) 227, 238, 244; *Müller-Freienfels*, Festschrift Pound, S. 595, 642; *Klinkhardt* S. 91/92.

systematische Gerüst, innerhalb dessen die ad hoc entstandenen Rechtsregeln lokalisiert sind, nicht immer deutlich erkennbar wird. Aus dem Fallrechtsdenken englischer Juristen erklärt sich auch, weshalb die Suche nach Lösungen für theoretisch regelungsbedürftige Probleme so oft vergeblich verläuft: Nur der in praxi bedeutsame Fall ist einer — auch wissenschaftlichen — Erörterung wert[123].

Zwar sind in Teilgebieten des Nichtehelichenrechts in neuerer Zeit eine Vielzahl von gesetzlichen Regelungen („*statutes*")[124] entstanden, doch haben diese statt zu einer Klärung eher zu einer weiteren Vernebelung der Materie beigetragen. Ihre Unübersichtlichkeit wird selbst von englischen Autoren hervorgehoben[125]. Die Kennzeichnung des Rechtszustandes als „Flickwerk"[126] trifft trotz mannigfacher Bemühung um Vereinfachung[127] wohl auch heute noch zu.

Speziell im Bereich der Zuordnung gerät der kontinentaleuropäische Jurist sehr schnell auf schwankenden Boden: Das interne englische Recht kennt kein Institut, mit Hilfe dessen ein Abstammungsverhältnis mit inter-omnes-Wirkung hergestellt werden könnte. Eine Vaterschaftsfeststellung in unserem Sinne ist ebenso unbekannt[128] wie die freiwillige Anerkennung[129], was in England selbst schon Kritik hervorrief[130]. Zwar ist die Eintragung des Vaters ins Geburtenregister mit Zustimmung der Mutter möglich, entfaltet jedoch keine weiteren rechtlichen Wirkungen[131]. Die Zuordnung zur Mutter wird nicht problematisiert, was angesichts der relativen Bedeutungslosigkeit dieser Frage für das englische Rechtsdenken typisch ist; man scheint aber von dem Grundsatz „mater semper certa est" auszugehen[132].

---

123 Vgl. *Stahlke* S. 89.

124 Die bedeutsamsten sind: Guardianship of Minors Act 1971; Affiliation Proceedings Act 1957; Childrens Act 1975; Family Law Reform Act 1969; Magistrates Courts Act.

125 Vgl. *Boehmer* S. 76.

126 *Boehmer* S. 78; vgl. a. *v. Hülsen*, FamRZ 1967, 26, 29.

127 Der Affiliation Proceedings Act 1957 z. B. faßte eine große Zahl von früher zerstreuten Regelungen zusammen; vgl. auch *Boehmer* S. 76 Fn. 1.

128 *Henrich*, StAZ 1974, 142, 143; *Siehr*, FamRZ 1974, 401, 402; *Piret*, Rev. int.dr.comp. 25 (1973) 277, 281; *Lasok*, I.C.L.Q. 17 (1968) 634, 635 ff.; *Krause*, in: International Encyclopedia, Tz. 86; *Guimezanes-Durand* S. 151; 1 *Halsbury* (4th) 611.

129 *Henrich*, StAZ 1974, 142, 143; *Lasok*, I.C.L.Q. 10 (1961) 123, 128; *Krause*, in: International Encyclopedia, Tz. 64; *Eekelaar* S. 262; *Rexroth*, in: rvglHdWöB Bd. 6, S. 641.

130 Vgl. *Lasok*, I.C.L.Q. 10 (1961) 123 ff.; *ders.*, I.C.L.Q. 17 (1968) 634 ff.; *Eekelaar* S. 210, 262; Verteidigung des englischen Systems bei *Stone* S. 224.

131 s. 10 Birth and Death Registration Act 1953; vgl. dazu *Bromley* S. 339; *Stone* S. 224; *Chislett* S. 5; *Clarke Hall* and *Morrison* S. 639; *Guimezanes-Durand* S. 131; *Boschan* S. 205; *Tomforde / Diefenbach / Webler*, Großbritannien, S. 2.

132 Vgl. *Guimezanes-Durand* S. 132, 140/41.

Dieser negative Befund setzt sich naturgemäß im Kollisionsrecht fort: Für eine im internen Recht nicht existierende Rechtsfigur gibt es meist auch keine Kollisionsregel. Um die Untersuchung fortsetzen zu können, ist es demnach notwendig, zunächst im materiellen englischen Recht Regeln zu finden, die die Funktion der in Kontinentaleuropa üblichen Abstammungsfeststellung übernehmen, um dann festzustellen, wie diese Regeln kollisionsrechtlich behandelt werden.

Als Äquivalent für die mit inter-omnes-Wirkung ausgestattete Abstammungsfeststellung kommen die sog. *„affiliation proceedings"* in Betracht. Deren Hauptzweck liegt darin, den Vater eines nichtehelichen Kindes zur Unterhaltsleistung an die Mutter (zugunsten des Kindes) oder die Behörde, welche für das Kind aufgekommen ist oder in deren Obhut es steht[133], zu verurteilen. Innerhalb eines solchen Unterhaltsprozesses wird dann — gewissermaßen inzident — geprüft, ob der in Anspruch genommene Mann der Vater ist. Bejahendenfalls wird seine Vaterschaft mit dem zusprechenden Urteil festgestellt, allerdings nur mit Wirkung inter partes[134]. Die Abstammung des Kindes bleibt damit grundsätzlich immer überprüfbar[135]. Trotzdem entbehrt der Prozeßausgang nicht jeder fixierenden Kraft: Immerhin ist mit der Verurteilung zur Unterhaltsleistung die — freilich widerlegbare — Vermutung verbunden, daß der beklagte Mann der Vater des Kindes ist, was für weitere Prozesse die Wirkung einer Beweislastumkehr hat[136]. Damit wird — graduell abgeschwächt — das gleiche Ergebnis erreicht wie mit der inter-omnes-Wirkung, nämlich eine gewisse Stabilisierung des einmal festgestellten Abstammungsverhältnisses. So gesehen ist die englische Unterhaltsklage der gerichtlichen Vaterschaftsfeststellung auf dem Kontinent funktional gleichwertig[137]. Ohne Äquivalent bleibt allerdings die freiwillige Anerkennung, der in England allenfalls Beweiswert für den Unterhaltsprozeß zukommt[138].

Wendet man sich nun der im Bereich der affiliation proceedings herrschenden kollisionsrechtlichen Lage zu, so gerät man wiederum in Bedrängnis, denn das englische Recht stellt hier keine Verweisungsnormen zur Verfügung. Immerhin existieren aber Regeln über die internationale Zuständigkeit *(„jurisdiction")* englischer Gerichte. Deren Zusammenhang mit dem anwendbaren Recht ist ein denkbar einfacher:

---

[133] Vgl. s. 5 Affiliation Proceedings Act 1957; Text im Anhang.

[134] Vgl. *Siehr,* FamRZ 1974, 401, 402; verklausuliert auch *Lüthke* S. 69.

[135] Wie im übrigen auch der Status der Ehelichkeit, vgl. *Bergmann / Ferid,* Großbritannien, S. 35.

[136] s. 12 Civil Evidence Act 1968; vgl. a. *Bergmann / Ferid,* Großbritannien, S. 35 Fn. 71; *Bromley* S. 593.

[137] So auch *Siehr,* FamRZ 1974, 401, 402; eher ablehnend *Schwimann,* ÖJZ 1975, 645, 651, 652; *Guimezanes-Durand* S. 192.

[138] *Boehmer* S. 80; *Henrich,* StAZ 1974, 142, 144.

Ist jurisdiction gegeben, so kommt auch das englische Recht als lex fori zur Anwendung[139].

Da die Jurisdiktionsregeln englischer Prägung den eigenen Gerichten keineswegs pauschal, sondern eher begrenzt Entscheidungszuständigkeiten zusprechen[140], liegt die Hypothese nahe, daß sie einen kollisionsrechtlichen Gehalt in sich tragen[141], der sie mit Kollisionsnormen kontinentaleuropäischer Provenienz vergleichbar macht. Davon geht in der Tat die Lehre von der *„versteckten Rückverweisung"* aus, nach der die Verneinung der Zuständigkeit englischer Gerichte bei gleichzeitiger Bejahung derjenigen der entsprechenden ausländischen einem renvoi gleichkommt[142]. Die Fallkonstellation ist etwa die, daß ein deutsches Gericht angerufen wird, um über den Unterhaltsanspruch eines von einer englischen Mutter abstammenden nichtehelichen Kindes gegen seinen deutschen Erzeuger zu entscheiden, wobei alle Beteiligten in der Bundesrepublik leben. Mit Art. 21 EGBGB wäre englisches Recht anwendbar; englische Gerichte sähen sich in diesem Falle mangels Präsenz der Beteiligten im United Kingdom jedoch nicht als zuständig an. Da aber nach englischer Auffassung deutsche Gerichte die jurisdiction hätten[143] und folglich nach der lex fori entscheiden könnten, wird ein renvoi auf deutsches Recht angenommen. Die englische Jurisdiktionsregel wird damit als einer Verweisungsnorm gleichwertig erachtet.

Erst mit diesem Ansatz lassen sich sinnvoll rechtsvergleichende Überlegungen anstellen. Im folgenden wird daher versucht, den kollisionsrechtlichen Gehalt der Zuständigkeitsvorschriften, die die affiliation proceedings betreffen, herauszuarbeiten. Dazu ist zunächst notwendig, jene im einzelnen darzustellen.

b) Die Jurisdiktionsregeln in „affiliation proceedings" und ihre Auslegung

Um die heute bestehende Rechtslage vollständig zu begreifen, ist ein Blick auf die Entwicklung notwendig. 1849 entstand die Entscheidung

---

139 *Scott* S. 198; *Dicey / Morris* S. 423, 435, 452; *Leske / Loewenfeld* S. 452; *Schwimann*, ÖJZ 1975, 645, 646; *Hanisch*, NJW 1966, 2085, 2086; IPG 1974, 228, 235; 1970, 232, 239.

140 Vgl. im einzelnen unten b).

141 Plastisch *Hanisch*, NJW 1966, 2085, 2086: Rechtswahl ist in die Jurisdiktionswahl „eingepackt", in ihr „versteckt".

142 Zustimmend *Jayme*, ZfRV 1970, 253, 268; *Hanisch*, NJW 1966, 2085, 2090; *Neuhaus*, Grundbegriffe, S. 283; *Kegel*, IPR, S. 176; KG NJW 1960, 248; IPG 1974, 228, 237; 1970, 232, 239; ablehnend *Schwimann*, ÖJZ 1975, 645, 649; IPG 1969, 145, 149.

143 Die ausländischen Gerichten unter den gleichen Voraussetzungen wie den eigenen zugebilligt wird, vgl. *Dicey / Morris* S. 438; *Morris* S. 179 bzgl. guardianship orders.

R. v. Blane[144], die die *Geburt* des Kindes *in England* als unverzichtbare Voraussetzung für die jurisdiction englischer Gerichte in affiliation proceedings ansah. Als Begründung wurde angeführt, daß Zweck dieser Prozeßform die Entlastung der Armenfürsorge durch Verpflichtung des Vaters zu Unterhaltsleistungen sei, jene aber für das Kind nur aufzukommen habe, wenn es in einer englischen Gemeinde geboren wurde. Dieses Argument war schon zur Zeit der Entscheidung nicht stichhaltig, da die Fürsorgeverpflichtung der öffentlichen Hand — wie auch heute — nicht vom Geburtsort, sondern vom Aufenthalt des Kindes abhing[145]. Desweiteren wurde darauf hingewiesen, daß die Feststellung der Nichtehelichkeit von Kindern, deren Geburtsort außerhalb Englands lag, wegen der dort herrschenden, andersartigen Rechtsordnungen schwierig sei. Abgesehen davon, daß die Nichtehelichkeit wiederum nicht vom Geburtsort abhing, ist dies keine internationalprivatrechtlich zulässige Argumentation[146], so daß die Entscheidung insgesamt auf tönernen Füßen stand. Weitere Voraussetzungen für die jurisdiction, etwa hinsichtlich der Nationalität oder des Domizils der Beteiligten, gingen nicht daraus hervor, wenn auch in der Entscheidung wegen der notwendigen Klagzustellung wahrscheinlich stillschweigend vom Aufenthalt des Vaters in England ausgegangen wurde.

Trotz der Mängel wurde *R. v. Blane* mehrfach bestätigt[147] und insoweit präzisiert, als zusätzlich gewöhnlicher Aufenthalt der Mutter in England für notwendig gehalten wurde[148]. Der einmal gewagte Ansatz, im Wege des *„distinguishing“* über das bedenkliche Präjudiz hinwegzukommen[149], wurde später als unzulässig verworfen und nicht weiterverfolgt.

Schließlich kam es im Jahre 1968 zu dem schon früher angedeuteten[150] *„overruling“* von *R. v. Blane* durch die Entscheidung in Sachen *Adedigba*[151]. *Lord Denning M. R.* führte zur Begründung aus[152]:

144 (1849) 13 Q.B. 769 = 116 E.R. 1458.

145 Vgl. *Carter*, Bastardy Jurisdictions, Anm. zu Buckeridge v. Hall, B.Y.I.L. 39 (1963) 479, 481; *Lüthke* S. 81; nicht gesehen bei *Schwimann*, ÖJZ 1975, 645, 646.

146 *Carter*, wie vorige Fn.; vgl. a. *Lord Denning M.R.*, in: R. v. Bow Road Domestic Proceedings Court (1968) 2 All E.R. 89, 91: „I am not impressed by the reasons given for that decision“.

147 O'Dea v. Tetau (1951) 1 K.B. 184; R. v. Wilson, Ex parte Pareira (1953) 1 Q.B. 59; Buckeridge v. Hall (1963) 2 W.L.R. 354 = (1963) 1 Q.B. 614.

148 Buckeridge v. Hall (1963) 2 W.L.R. 354 = (1963) 1 Q.B. 614.

149 R. v. Humphreys, Ex parte Ward (1914) 3 K.B. 1237: nicht Geburtsort des Kindes, sondern Domizil der Eltern sollte entscheidend sein.

150 *Salmon, J.*, in: Buckeridge v. Hall (1963) 2 W.L.R. 354, 358 = (1963) 1 Q.B. 614, 621: „It may one day be necessary to consider whether Blane was rightly decided“.

151 R. v. Bow Road Domestic Proceedings Court, Ex parte Adedigba (1968) 2 All E.R. 89.

"... I think that the time has come when we should say that R. v. Blane in 1849 was wrongly decided and also the ... cases which followed it ... It seems plain to me that if the mother and the father are both here and the child is here, the words of the statute[153] are satisfied. I can see no possible reason for denying the court's jurisdiction to order maintenance; ..."

Die in dieser Entscheidung enthaltene neue Jurisdiktionsregel, die den Aufenthalt aller Beteiligten in England verlangt, bedarf einiger Präzisierung:

So wurde die Frage aufgeworfen, ob der bis dato geltende Rechtszustand nun vollständig ersetzt wurde oder lediglich eine Ergänzung erfahren hat[154]. Die überwiegende Meinung[155] hält offenbar ersteren Standpunkt für zutreffend, was daran deutlich wird, daß sie auf die alte Regel — Geburtsort des Kindes — im allgemeinen gar nicht weiter eingeht. Die vereinzelt gebliebene gegenteilige Auffassung[156] verkennt einerseits, daß die *Blane*-Regel auf fehlerhafter Argumentation beruhte, andererseits, daß *Lord Denning* selbst in der *Adedigba*-Entscheidung ausdrücklich von „overruling" sprach[157], womit kein Raum mehr für eine — wie immer geartete — Aufrechterhaltung der alten Entscheidungen vorhanden ist.

Desweiteren ist zweifelhaft, welche Qualitäten den genannten Inlandsaufenthalten von Vater, Mutter und Kind zukommen müssen:

Relativ unproblematisch erscheint der *väterliche* Aufenthalt, da er keine Neuerung gebracht hat. Wegen der erforderlichen Klagezustellung war schon immer nötig, daß sich der beklagte Vater im Inland befand, und zwar im Sinne einer tatsächlichen Anwesenheit[158]. Inland bedeutet dabei zunächst allein England und Wales, unter gewissen in section 3 (1) Maintenance Orders Act 1950 genauer beschriebenen Umständen[159] aber auch Schottland oder Nordirland. Fehlende Anwesen-

---

152 Vorige Fußnote, S. 92.

153 Gemeint: Affiliation Proceedings Act 1957.

154 *Schwimann*, ÖJZ 1975, 645, 647.

155 *Dicey / Morris* S. 450; *Graveson* S. 377; *Grant* S. 150; *Bergmann / Ferid*, Großbritannien, S. 31; auch *Bromley* S. 595, den *Schwimann*, ÖJZ 1975, 645, 647 Fn. 19, m. E. zu Unrecht der Gegenmeinung zuzählt.

156 *Scott* S. 201, der auch die „Ausreißer-Entscheidung" R. v. Humphreys, Fn. 149, offenbar für noch geltendes Recht hält; ebenso wohl 1 *Halsbury* (4th) 621; *Boschan* S. 207, dessen Ansicht allerdings eher auf Informationsmängeln — die Adedigba-Regel wird gar nicht genannt — zu beruhen scheint.

157 (1968) 2 All E.R. 89, 93.

158 Berkley v. Thompson (1884) 10 App.Cas. 45, 49; *Wolff*, Private International Law, S. 407; *v. Landauer*, I.C.L.Q. 17 (1968) 1015, 1021; *Schwimann*, ÖJZ 1975, 645, 648; IPG 1974, 228, 232; allg. *Morris* S. 65/66; a. A. anscheinend *Boschan* S. 207.

159 Residence der Mutter und Zeugung in England, s. den Text im Anhang; vgl. auch Rule 60 (2) bei *Dicey / Morris* S. 450 sowie *Rayden's* S. 1193.

heit des Vaters kann nicht durch Unterwerfung unter die englische Gerichtsbarkeit, etwa mittels eines Anwalts, ersetzt werden[160].

Was die *Mutter* angeht, ist der Begriff „Aufenthalt" schwieriger zu definieren. In der *Adedigba*-Entscheidung wird abwechselnd von „here", „resident" und „living" gesprochen, ohne daß daraus Schlüsse auf die notwendige Verweildauer gezogen werden könnten[161]; im konkreten Fall handelte es sich um fünf Jahre. Jedenfalls scheint aber ein Aufenthalt von einigen Wochen mit dem Zweck der Klageerhebung[162] nicht zu genügen; entsprechende Versuche waren offenbar ergebnislos[163]. Auf der anderen Seite ist ein englisches Domizil der Mutter wohl ebenfalls nicht erforderlich[164], denn ein solches hätte im *Adedigba*-Fall selbst höchstwahrscheinlich nicht vorgelegen. So wird die Auffassung zutreffend sein, die vom gewöhnlichen Aufenthalt im Sinne des Lebensmittelpunktes ausgeht[165].

Hinsichtlich des Kindes wurde z. T. behauptet, sein Aufenthalt in England sei überhaupt entbehrlich[166]. Diese Ansicht widerspricht jedoch zunächst schon dem Wortlaut der *Adedigba*-Entscheidung, da dort ausdrücklich davon ausgegangen wird, „that ... the child is here"[167]. Darüber hinaus würde aber auch einer ihrer Zwecke, nämlich die Entlastung der öffentlichen Fürsorge[168], verfehlt. Denn eine solche tritt nur dann ein, wenn die Abweisung der Unterhaltsklage gegen den Vater mangels jurisdiction zu einer Belastung der öffentlichen Hand führte. Dies aber ist wiederum nur der Fall, wenn sich das Kind auch im Hoheitsgebiet jener öffentlichen Hand aufhält. So setzt die Zuständigkeit richtiger Ansicht nach grundsätzlich den gewöhnlichen Aufenthalt der Mutter *zusammen* mit dem Kind im Inland voraus[169], wobei damit der gesamte Bereich des United Kingdom gemeint ist[170].

---

[160] Forsyth v. Forsyth (1974) 2 All E.R. 623; *Gutteridge*, I.L.Q. 2 (1948 - 49) 155, 163; *Lüthke* S. 70.

[161] Vgl. *Schwimann*, ÖJZ 1975, 645, 647.

[162] Für ausreichend gehalten von *Weil*, AnwBl 1968, 254, 255.

[163] Berichtet bei *Tomforde / Diefenbach / Webler*, Großbritannien, S. 3.

[164] Unrichtig daher die Meinung von *v. Metzler*, FamRZ 1967, 662, 663, der nach Adedigba englisches Domizil der Mutter z. Z. der Geburt des Kindes für erforderlich hält.

[165] *Schwimann*, wie Fn. 161; *Tomforde / Diefenbach / Webler*, Großbritannien, S. 3; *Josling*, Affiliation Law, S. 23; vgl. zum Aufenthaltsbegriff auch Stoke-on-Trent Borough Council v. Cheshire County Council (1915) 3 K.B. 699.

[166] *v. Landauer*, I.C.L.Q. 17 (1968) 1015, 1021; *Bromley* S. 595 Fn. 3; IPG 1974, 228, 233; Kindesaufenthalt nicht erwähnt bei *Dicey / Morris* S. 450 ff. und *Scott* S. 201.

[167] (1968) 2 All E.R. 89, 92.

[168] Ebd., S. 93.

Der entscheidende Zeitpunkt, zu dem der entsprechende Aufenthalt aller Beteiligten vorliegen muß, ist der der Verfahrenseinleitung[171]. Dies ist auch der offensichtliche Ausgangspunkt der *Adedigba*-Entscheidung.

Aus der erarbeiteten Jurisdiktionsregel für affiliation proceedings müßte sich nun der kollisionsrechtliche Gehalt herausfiltern lassen. Wenn die Zuständigkeit der Gerichte abhängig ist vom gewöhnlichen bzw. im Falle des Vaters schlichten Aufenthalt der Beteiligten im Gerichtsstaat und wenn bei Bejahung derselben die lex fori zur Anwendung kommt, so könnte das wertungsmäßig einer Verweisungsnorm kontinentaleuropäischer Prägung entsprechen, die das Recht am gewöhnlichen Aufenthaltsort zur Anwendung beruft. Ob dies im einzelnen zutreffend ist, wird die nun folgende Interessenprüfung ergeben. Im Blick zu halten ist dabei allerdings, daß die zu beurteilenden Regeln lediglich die Vaterschaftsfeststellung betreffen, nicht aber die freiwillige Anerkennung und schon gar nicht das Abstammungsverhältnis zur Mutter.

2. Diskussion anhand der beteiligten Interessen

Die *Rechtsanwendungsinteressen* der Eltern finden grundsätzlich keine Beachtung, da nicht Staatsangehörigkeit, sondern Aufenthalt der entscheidende Anknüpfungspunkt für die Zuständigkeit englischer Gerichte und damit auch für die Rechtswahl ist. Ausnahmsweise sieht sich das Interesse an Anwendung des Heimatrechts allerdings gewahrt, wenn beide, Staatsangehörigkeit wie Aufenthalt, zufällig übereinstimmend auf das gleiche Recht hindeuten. Da dieser Fall jedoch im allgemeinen wegen Fehlens jeglichen ausländischen Elementes keine internationalprivatrechtliche Relevanz haben wird, muß er für die Beurteilung außer Betracht bleiben.

Auch das *materielle Interesse* an Herstellung der Zuordnung wird nicht gefördert. Eher im Gegenteil läßt sich davon sprechen, daß die englische Regelung — eventuell im Sinne der Interessen des Vaters und seiner legitimen Familie — zu einer Verhinderung der Zuordnung beiträgt[172]. Denn einerseits wenden englische Gerichte bei Bejahung ihrer Zuständigkeit stets und ausschließlich das materielle englische Kindschaftsrecht an, das aber — wie bereits gezeigt — die Vaterschafts-

---

169 So auch *Schwimann*, ÖJZ 1975, 645, 647 mit gewissen Auflockerungen, die aber eher spekulativer Natur sind; *Grant* S. 150; *v. Metzler*, AnwBl 1968, 254; *Bergmann / Ferid*, Großbritannien, S. 31; *Tomforde / Diefenbach / Webler*, Großbritannien, S. 3.

170 s. 3 (2) Maintenance Orders Act 1950; vgl. Rule 60 (1) bei *Dicey / Morris* S. 450; *Graveson* S. 377; *Bergmann / Ferid*, Großbritannien, S. 31.

171 *Schwimann*, wie Fn. 169; *v. Metzler*, AnwBl 1968, 254.

172 Vgl. für das interne englische Recht die Kritik bei *Lasok*, I.C.L.Q. 10 (1961) 123 ff.; *ders.*, I.C.L.Q. 17 (1968) 634 ff.

feststellung ausgesprochen schwach ausgestaltet hat und die freiwillige Anerkennung überhaupt nicht kennt. Andererseits entscheiden englische Gerichte nur dann, wenn sich alle Beteiligten in England aufhalten. Trifft dies nicht zu, so entstehen — je nach Regelung der Materie im Aufenthaltsstaat — u. U. Fälle von Rechtsverweigerung. Die vermutete Wertungsparallele zu einer allseitigen Aufenthaltsanknüpfung findet hier ihre offensichtliche Grenze. Die englische Regelung entspricht in diesem Zusammenhang eher einer *einseitigen* Kollisionsnorm.

Das Interesse der *Allgemeinheit* am internationalen Entscheidungseinklang wird nicht vernachlässigt. Die auf den ersten Blick einseitige Berufung der lex fori erweist sich angesichts der engen Voraussetzungen, unter denen englische Gerichte ihre eigene Zuständigkeit bejahen, im Ergebnis als unschädlich. Denn auf diese Weise kommt es kaum zu Zuständigkeitsüberschneidungen mit anderen Staaten[173], so daß die Chance für voneinander abweichende Entscheidungen relativ gering ist[174].

Außerordentlich stark berücksichtigt sieht sich der innere Entscheidungseinklang. Da, wenn überhaupt entschieden wird, dies immer nach der lex fori geschieht, sind Normenkonflikte, die auf der Anwendung verschiedener Rechtsordnungen beruhen, vollständig ausgeschlossen.

Weitgehend unbeachtet bleibt dagegen das Interesse an Vorhersehbarkeit und Vertrauensschutz. Die englischen Rechtsprechungsregeln sind sehr unbestimmt und deuten nur generelle Linien an. Kodifiziertes Recht bietet bei der Auslegung keine Stütze; ebensowenig lassen sich aus der systematischen Einordnung der affiliation proceedings ins öffentliche Fürsorgerecht[175] hilfreiche Schlüsse ziehen. Der Rechtsunterworfene sieht sich so in den Details allein gelassen, wie z. B. an dem Problem der Präzisierung des Aufenthaltes in der *Adedigba*-Entscheidung deutlich wird. Hinzu kommt, daß das englische Recht durch die eigenartige Methode seiner Regelungen die schon angedeutete und nicht zu unterschätzende Gefahr der Rechtsverweigerung schafft und so einen ganz wesentlichen Ausschnitt des Vertrauensschutzgesichtspunktes übergeht. Gefördert werden hingegen Leichtigkeit und

---

[173] Bei Aufenthalt aller Beteiligten in England wird sich ein ausländisches Gericht nur selten für international zuständig halten.

[174] Vgl. im übrigen die ähnlichen Regelungen in *Dänemark:* vgl. *Tomforde / Diefenbach / Webler,* Dänemark, S. 8; *Bergmann / Ferid,* Dänemark, S. 8; in *Irland:* vgl. IPG 1974, 228, 230 ff.; in *Kanada:* vgl. *Bergmann / Ferid,* Kanada, S. 24 und in den *USA:* vgl. *Bergmann / Ferid,* USA, S. 61.

[175] „Poor Law", vgl. *Wolff,* Private International Law, S. 406 ff.; *Lasok,* I.C.L.Q. 17 (1968) 634, 635; *Schwimann,* ÖJZ 1975, 645, 651; *Gutteridge,* I.L.Q. 2 (1948 - 49) 155, 162; a. A. offensichtlich *Böhm,* Anm. zur Entscheidung des OGH (öster.) v. 5. 6. 70, ZfRV 14 (1973) 299, 301.

Sicherheit des Rechtsverkehrs, denn zur Anwendung kommt ausschließlich das Verkehrsrecht.

V. Das deutsche Recht

1. Inhalt

Das deutsche internationale Privatrecht im Bereich nichtehelicher Kindschaft wurde andeutungsweise schon in der Einleitung dargestellt. Jene Ausführungen dienen den nun folgenden als Grundlage. Die speziell die Zuordnung betreffenden Regeln differenzieren nicht — wie in einigen anderen Rechtsordnungen üblich — zwischen Abstammungsklage und freiwilliger Anerkennung, wohl aber zwischen väterlicher und mütterlicher Abstammung.

a) Verhältnis zur Mutter — Art. 20 EGBGB

Die Herstellung des Kindschaftsverhältnisses zur Mutter bestimmt sich mit Art. 20 EGBGB grundsätzlich nach ihrem jeweiligen Heimatrecht[176] und ausnahmsweise, nämlich dann, wenn die Mutter die deutsche Staatsangehörigkeit verloren, das Kind sie aber behalten hat, nach dem Heimatrecht des Kindes. Zwar ist in Art. 20 nur von dem „Rechtsverhältnis" zwischen Kind und Mutter, nicht aber von dessen Herstellung die Rede, trotzdem ist letztere nach allgemeiner Überzeugung[177] mit umfaßt. Dies ergibt sich auch daraus, daß der deutsche Gesetzgeber in § 29 b PStG offenbar von der Notwendigkeit eines Anerkenntnisses bei romanischem Ursprung der Mutter ausgeht, was nur sinnvoll ist, wenn deren Heimatrecht auf die Abstammungsfrage zur Anwendung kommt.

b) Verhältnis zum Vater — BGH-Rechtsprechung

Eine Rechtsanwendungsnorm, die die Herstellung der väterlichen Abstammung regelt, ist dem EGBGB aus den schon erwähnten Gründen[178] nicht bekannt. Da Art. 21 EGBGB, der die Unterhaltsverpflichtung des Vaters betrifft, nicht ausdehnbar erscheint[179], behilft sich die überwiegende Meinung[180] grundsätzlich mit dem jeweiligen[181] Heimat-

---

176 Allseitige Auslegung, vgl. 1. Kap. Fn. 2.

177 *Kegel*, IPR, S. 422; *Raape*, IPR, S. 359; *Soergel / Kegel*, Art. 20 Rdnr. 9.

178 Oben S. 18/19.

179 Vgl. zu den Gründen *Wilde* S. 24.

180 *Raape*, IPR, S. 368 ff.; *Neuhaus*, Verpflichtungen, S. 13; *Wolff*, IPR, S. 219; *Soergel / Kegel*, Art. 21 Rdnr. 22; *Kegel*, IPR, S. 420; *Ferid*, IPR, S. 264 ff.; *Erman / Marquordt*, Art. 21 Rdnr. 13; *Palandt / Heldrich*, Art. 21 Anm. 6; *Firsching*, Einführung, S. 180; BGHZ 63, 219 mit BGHZ 60, 247; vgl. a. die im 1. Kapitel Fn. 9 Genannten.

recht des Vaters, das sowohl auf die Vaterschaftsklage als auch auf die freiwillige Anerkennung des Kindes zur Anwendung kommen soll[182]. Diese Lösung in Reinform durchgeführt erzeugt jedoch die bekannten[183] Schwierigkeiten bei ausländischer Staatsangehörigkeit des Vaters, aber deutschem Unterhaltsstatut[184]: Der Unterhaltsanspruch setzt nach deutschem Recht (§ 1600 a BGB) voraus, daß die Vaterschaft des in Anspruch genommenen Mannes durch Anerkenntnis oder gerichtliche Entscheidung förmlich festgestellt wurde. Wenn aber der Vater nicht anerkennen will und sein Heimatrecht als Abstammungsstatut die gerichtliche Entscheidung für unzulässig erachtet[185], bleibt das Kind ohne Unterhalt, obwohl es bei alleiniger Anwendung des deutschen Rechtes sicher oder bei der des ausländischen vielleicht einen Anspruch gehabt hätte. Zur Vermeidung dieser Unzuträglichkeiten führte der BGH[186] eine Modifizierung der genannten Kollisionsnorm ein: Das Heimatrecht des Vaters soll nur dann maßgeblich sein, wenn Unterhaltsstatut nicht deutsches Recht ist; anderenfalls soll auch auf die Abstammungsfrage deutsches Recht zur Anwendung kommen[187].

Bei der freiwilligen Anerkennung des Kindes durch den Vater ist ferner nach einer verbreiteten Meinung[188] Art. 22 Abs. 2 Satz 1 EGBGB in analoger Anwendung als Sonderregel heranzuziehen. Falls auf die Anerkennung das (ausländische) Heimatrecht des Vaters zur Anwendung kommt, muß danach bei deutscher Staatsangehörigkeit des Kindes das Zustimmungserfordernis des deutschen Rechtes (§ 1600 c BGB) erfüllt sein. In diesem Ausnahmefall kommt es somit zu einer Kumulierung von (deutschem) Kindesrecht und (ausländischem) Vaterrecht.

Das väterliche Abstammungsstatut unterliegt — ebenso wie das mütterliche — allgemeinen Einschränkungen. So wird trotz der fehlenden Erwähnung in Art. 27 EGBGB in beiden Fällen ein eventueller renvoi

---

181 So BGH NJW 1977, 498; Wandelbarkeit allerdings ausgeschlossen, wenn damit Anwendung deutschen Rechts verhindert würde.

182 Ausdrückliche Gleichstellung Anerkennung-Vaterschaftsklage in BGHZ 64, 129, 132.

183 Vgl. oben S. 19.

184 Sei es aus Art. 21 EGBGB oder Art. 1 Haager Unterhaltsabkommen.

185 z. B. in Frankreich in den Fällen des Art. 340 - 1 C.c.

186 BGHZ 60, 247.

187 Erweiterung dieser Regel in BGH StAZ 1980, 18, 20: Auch DDR-Recht als Unterhaltsstatut soll für die Abstammung maßgeblich sein, da § 46 Abs. 1 Satz 2 Familiengesetzbuch gleiche Sperrwirkung wie § 1600 a BGB enthält; Einschränkung durch LG Augsburg FamRZ 1980, 493: Auch bei deutschem Unterhaltsstatut soll sich Abstammung nach ausländischem Heimatrecht des Vaters richten, wenn Unterhalt des Kindes im konkreten Fall nicht gefährdet ist.

188 OLG Karlsruhe FamRZ 1972, 651, 654; *Siehr*, Auswirkungen des NEG, S. 64, 71; zustimmend *Palandt / Heldrich*, Art. 21 Anm. 6 mwN.; vgl. a. *Klinkhardt* S. 108.

angenommen[189]. Hingegen hat der ordre-public-Vorbehalt (Art. 30 EGBGB) in dem hier in Frage stehenden Regelungsbereich nur geringe Bedeutung. Selbst Anerkennungsverbote ausländischer Rechte wurden bisher nicht als untragbar empfunden[190].

Der Anwendungsbereich beider Kollisionsregeln erstreckt sich auf Zulässigkeit und sämtliche Voraussetzungen der gerichtlichen Abstammungsfeststellung sowie der freiwilligen Anerkennung[191]. Lediglich die Form des Anerkenntnisses kann alternativ dem Ortsrecht unterworfen sein[192].

2. Diskussion anhand der beteiligten Interessen

Im Ausgangspunkt bietet die deutsche Regelung ein Beispiel für die optimale Befriedigung der mütterlichen und väterlichen *Rechtsanwendungsinteressen.* Dies ergibt sich zunächst allgemein aus der Anknüpfung an die Staatsangehörigkeit, dann aber auch aus der gleichmäßigen Behandlung von Vater und Mutter, je nachdem, welches Abstammungsverhältnis angesprochen ist. Zwar findet der Elternteil, dessen Abstammung gerade nicht in Frage steht, keine Beachtung, weil dann nur das Recht des anderen Elternteils zur Anwendung kommt. Da aber die Interessen der beiden Eltern, je nachdem, welches Abstammungsverhältnis betroffen ist, von unterschiedlicher Intensität sind, erscheint dies als richtige Bewertung.

Jedoch sind die schon angesprochenen Modifikationen der Ausgangsregeln geeignet, den insoweit günstigen Eindruck zu trüben:

Dies trifft noch nicht so sehr für Art. 20 Satz 2 EGBGB zu, der subsidiär das Kindesrecht zur Anwendung beruft. Denn der dort geregelte Fall tritt relativ selten auf und eine Erweiterung der Vorschrift auf Angehörige ausländischer Staaten wird überwiegend abgelehnt[193].

Anders ist es dagegen mit der BGH-Regel zur Behandlung der väterlichen Abstammung. Art. 1 des Haager Unterhaltsabkommens von 1956 und Art. 21 EGBGB führen in einer Vielzahl von Fällen zu deutschem Unterhaltsstatut, so daß die Abweichung vom Heimatrecht des

---

[189] *Palandt / Heldrich,* Art. 20 Anm. 1, Art. 21 Anm. 1; *Soergel / Kegel,* Art. 20 Rdnr. 20, Art. 21 Rdnr. 52; *Erman / Marquordt,* Art. 20 Rdnr. 11, Art. 21 Rdnr. 14.

[190] BGHZ 63, 219, 225 ff., allerdings mit Hinweis auf den geringen Inlandsbezug des Falles; OLG Düsseldorf, OLGZ 1966, 511; vgl. zum Ganzen auch *Jayme,* StAZ 1980, 301 ff.

[191] Vgl. statt aller *Kegel,* IPR, S. 422, 423.

[192] Art. 11 Abs. 1 Satz 2 EGBGB; s. a. *Ferid,* IPR, S. 270.

[193] Etwa *Erman / Marquordt,* Art. 20 Rdnr. 5; *Soergel / Kegel,* Art. 20 Rdnr. 3 mwN.

Vaters nicht mehr als Ausnahme angesehen werden kann. Als Folge ergibt sich eine häufige Anknüpfung der Abstammung an den gewöhnlichen Aufenthalt des Kindes oder an die Staatsangehörigkeit der Mutter. Damit wird das Rechtsanwendungsinteresse des Vaters in jedem Falle übergangen. Darüber hinaus kommt es, sofern sich das deutsche Unterhaltsstatut aus Art. 21 EGBGB ergibt, zu einer ungerechtfertigten Bevorzugung der Mutter, da deren Heimatrecht dann auch für das Abstammungsverhältnis zum Vater maßgeblich ist.

Die analoge Heranziehung des Art. 22 Abs. 2 Satz 1 EGBGB schließlich hat wiederum nur geringen Einfluß auf die Ausgangsregel. Denn bei deutscher Staatsangehörigkeit des Kindes wird über Art. 1 des Haager Unterhaltsabkommens oder Art. 21 EGBGB auch das Unterhaltsstatut oftmals deutsches Recht sein. Auf die Abstammungsfrage kommt damit aber in toto deutsches Recht zur Anwendung, so daß Art. 22 Abs. 2 Satz 1 keine eigenständige Bedeutung mehr zukommt. Seine Auswirkungen werden von der BGH-Regel gewissermaßen absorbiert.

Materielle Zuordnungsinteressen der Beteiligten werden nicht gefördert. Wegen der Wandelbarkeit der Anknüpfungen ließe sich eher schon von einer Behinderung der Zuordnung sprechen, jedenfalls dann, wenn man mit *Kegel*[194] die Möglichkeit einräumt, daß ein einmal entstandenes Kindschaftsverhältnis nach entsprechendem Statutenwechsel wieder in Wegfall gerät. Da diese Ansicht jedoch im Hinblick auf den Grundsatz der wohlerworbenen Rechte als wenig tragfähig erscheint und auch — soweit überhaupt problematisiert — meist abgelehnt wird[195], ist dem Punkt keine allzu große Bedeutung beizumessen.

Bei den *Rechtssicherheitsinteressen* der Allgemeinheit sei zunächst wieder der im Bereich der Zuordnung sehr wichtige internationale Entscheidungseinklang betrachtet. Die Grundanknüpfungen werfen hier keine Schwierigkeiten auf; sie sind international weder unbekannt[196] noch inakzeptabel. Die angesprochenen Modifikationen[197] jedoch weiten den Anwendungsbereich deutschen Rechtes einseitig aus und können daher nicht als internationalisierungsfähig angesehen werden.

---

[194] *Soergel / Kegel,* Art. 20 Rdnr. 5.

[195] *Erman / Marquordt,* Art. 20 Rdnr. 4; *Raape,* IPR, S. 358/59.

[196] Vgl. die übereinstimmende Regelung in *Portugal:* Art. 56 C.c. port.; im Entwurf eines Uniformgesetzes für die *Benelux-Staaten:* Art. 9 Projet 1951, Art. 5 Projets 1966 und 1969, bisher nicht in Kraft; ähnlich auch in *Italien:* Kumulative Anwendung des Kindesrechts sowie des Heimatrechts des betroffenen Elternteils, vgl. *Vitta* S. 217 ff.; *Bergmann / Ferid,* Italien, S. 12 Fn. 26; ebenso wohl in *Spanien:* vgl. *v. Hoffmann / Ortiz-Arce,* RabelsZ 39 (1975) 647, 669.

[197] Auch die eingeschränkte Wandelbarkeit — vgl. BGH NJW 1977, 498 — ist hier hinzuzuzählen.

Insgesamt wenig beachtet bleibt der innere Entscheidungseinklang. Die Abstammungsverhältnisse zur Mutter und zum Vater lassen sich nicht in der Weise trennen, daß die Anwendung zweier verschiedener Rechte auf sie nicht doch die Gefahr von Normwidersprüchen in sich trüge. Dies gilt vor allem auch im Hinblick auf die Wirkungen der Abstammung, wovon später noch zu sprechen sein wird.

Dem Vertrauensschutzinteresse räumt die deutsche Regelung ebenfalls keine allzu große Bedeutung ein. Die Anknüpfungen liegen im Ursprung zwar fest, doch wird durch mögliche Rückverweisung und den z. T. erforderlichen Umweg über das Unterhaltsstatut, der ja auch im einzelnen noch nicht exakt festzuliegen scheint[198], erhebliche Unsicherheit in sie hineingetragen. Die Wandelbarkeit hingegen hat insofern keine negativen Auswirkungen, denn ein Statutenwechsel bleibt mit dem Grundsatz der wohlerworbenen Rechte auf die einmal festgelegte Abstammung ohne Einfluß.

---

198 Vgl. Fn. 187.

Viertes Kapitel

Der Name des Kindes

Der Erwerb eines Familiennamens ist die erste und nach außen am deutlichsten in Erscheinung tretende Wirkung der Zuordnung. Im folgenden wird der Frage nachgegangen, wie die Rechtsanwendungsvorschriften, die den Namen des nichtehelichen Kindes betreffen, in den einzelnen Rechtsordnungen aussehen und in welchem Ausmaß sie zu einer Befriedigung der beteiligten Interessen führen.

I. Das französische Recht

1. Inhalt — Heimatrecht des Kindes

Eine ausdrückliche gesetzliche Anordnung, die vorliegenden Fragenkreis regelt, ist in Frankreich nicht existent. Ebensowenig gibt es eine gefestigte Rechtsprechung. Der gegenwärtige Rechtszustand kann daher nur anhand der Diskussion, die in der Wissenschaft geführt wird, erschlossen werden. Die unterschiedlichen Argumentationswege und deren Konsequenzen werden daher im folgenden kurz nachgezeichnet.

Eine erste Argumentationsschiene beruft sich offensichtlich auf den engen Zusammenhang, der zwischen Name und Persönlichkeit des Namensträgers besteht. Sie zieht daraus den Schluß, daß über die Frage, welchen Namen eine Person trägt, deren *Personalstatut* zu entscheiden hat[1]. Sie gelangt damit über Art. 3 Abs. 3 C.c.[2] unschwer zu einer Anknüpfung an die Staatsangehörigkeit des Kindes.

Eine zweite, weiter verbreitete Auffassung[3] sieht im Namen vorrangig eine Wirkung des entsprechenden *Familienrechtsverhältnisses*, hier: der Kindschaft. Sie will demgemäß den Kindesnamen dem gleichen

---

[1] So *Foyer* S. 306; weitere Nachweise bei *Dayant*, J.Cl.dr.int., no. 9, 10; vgl. a. *Mayer* S. 444; derselben Ansicht ist man in *Österreich:* § 13 IPR-Gesetz, wandelbare Anknüpfung an die Staatsangehörigkeit des Namensträgers, vgl. zu den Vorteilen dieser Konzeption *Duchek / Schwind*, Anm. 1 zu § 13.

[2] Vgl. den Wortlaut der Vorschrift im Anhang.

[3] *Mayer* S. 442, 444; *Loussouarn / Bourel*, DIP, S. 372; *Simon-Depitre / Foyer* S. 93; *Batiffol / Lagarde*, DIP II, S. 27; *Pallard*, Rev.crit. 1953, 61, 65; wohl auch *Dayant*, J.Cl.dr.int., no. 8 ff.

Statut unterwerfen, das auch die übrigen Wirkungen des Abstammungsverhältnisses wie elterliche Sorge oder Unterhalt beherrscht.

Über die Anknüpfung dieses Statuts besteht allerdings keine Einigkeit. Aus der wissenschaftlichen Auseinandersetzung lassen sich drei richtungsweisende Vorschläge herausfiltern: Anwendung der neugeschaffenen Artt. 311 - 14 ff. C.c., autonome Anknüpfung und Weiterverwendung der früheren, die Kindschaftswirkungen betreffenden Rechtsprechungsregeln. Die Rechtsprechung hatte nach Einführung der Artt. 311 - 14 ff. noch keine Gelegenheit zu einer Stellungnahme.

Für die Anwendung der Artt. 311 - 14 ff. C.c.[4] auch auf die Wirkungen der Kindschaft wird geltend gemacht, daß dadurch — im Gegensatz zum alten Recht — sowohl für eheliche als auch für nichteheliche Kinder die gleiche Anknüpfung gewählt würde. Außerdem bliebe die zwischen Errichtung und Wirkungen der Kindschaft bestehende Verbindung auch kollisionsrechtlich gewahrt[5]. Die überwiegende Meinung[6] hält diese Argumente allerdings mit gutem Grund nicht für überzeugend: Zunächst spricht der Gesetzgeber selbst in der Überschrift zu den Artt. 311 - 14 ff. C.c. von „établissement de la filiation" und schließt deren Anwendbarkeit auch auf die Wirkungen damit im Grunde expressis verbis aus. Darüber hinaus wären die Konsequenzen einer erweiternden Auslegung der neuen Vorschriften außerordentlich problematisch. Die auf der einen Seite erreichte Einheit zwischen ehelicher und nichtehelicher Kindschaft sowie zwischen „établissement" und „effets de la filiation" wäre auf der anderen Seite wieder dem vollständigen Zerfall anheimgegeben. Denn mit den Artt. 311 - 14 ff. C.c. werden eine Vielzahl von Rechten zur Anwendung berufen. Die Wirkungen einer anerkannten Kindschaft unterschieden sich von denen einer gerichtlich festgestellten und auch von denen einer ehelichen als Folge abweichender Regelungen in Artt. 311-17 und 311-14; Art. 311 - 15 sorgte für zusätzliche Komplikationen. Die alternative Anknüpfung bei der Anerkennung ließe, falls beide Rechte zur Wirksamkeit führten, die Frage aufkommen, welches der beiden denn nun die Wirkungen der Kindschaft beherrscht[7]. Die Übernahme jenes Vorschlages durch die Rechtsprechung ist aus diesen Gründen äußerst unwahrscheinlich.

Näher liegt daher die Beibehaltung des vor 1972 geltenden Rechtszustandes[8]. Dieser beruhte zwar auf einer Differenzierung zwischen ehe-

---

4 Diese Auffassung wird insbesondere vertreten von *Simon-Depitre / Foyer* S. 87 ff.; *Loussouarn / Bourel*, J.Cl.dr.int., no. 286 ff.; *dies.*, DIP, S. 459.

5 *Loussouarn / Bourel*, J.Cl.dr.int., no. 286 ff.

6 *Lequette* S. 93; *Alexandre* S. 66, 74 ff.; *Huet* S. 44/45; *Mayer* S. 441; *Batiffol / Lagarde*, DIP II, S. 114.

7 Zu den Problemen vgl. *Alexandre* S. 74/75; s. a. *Derruppé* S. 92.

licher und nichtehelicher Kindschaft, seine Regeln waren aber einfach und klar. Die Wirkungen der nichtehelichen Abstammung wurden damals dem Heimatrecht des Kindes unterworfen[9].

Nicht von der Hand zu weisen ist auch die insbesondere von *Mme. Alexandre*[10] vertretene Lösung einer autonomen Anknüpfung der Kindschaftswirkungen, die eine Gleichbehandlung ehelicher und nichtehelicher Kindschaft ohne die Schwäche der Artt. 311 - 14 ff. C.c. herbeizuführen sucht, indem sie generell für alle Arten der Kindschaft das Heimatrecht des Kindes beruft. Im Nichtehelichenbereich bringt dies allerdings gegenüber dem alten Rechtszustand keine Neuerung. Von daher kann die Staatsangehörigkeit des Kindes in jedem Fall als gegenwärtig maßgeblicher Anknüpfungspunkt für die Wirkungen nichtehelicher Abstammung und folglich auch für den Kindesnamen[11] angesehen werden.

Das Namensstatut ist wandelbar[12] mit der Folge, daß ein Staatsangehörigkeitswechsel des Kindes auch eine Änderung des Namens nach sich ziehen kann.

Gewisse Einschränkungen ergeben sich aus der Zulassung des renvoi[13], wodurch u. U. die ursprüngliche Anknüpfung konterkariert wird. Dem ordre public hingegen scheint im vorliegenden Zusammenhang nur geringe Bedeutung zuzukommen[14].

2. Diskussion anhand der beteiligten Interessen

Wie im einzelnen bereits dargelegt[15] haben das Kind und der mit ihm zusammenlebende Elternteil — im Normalfall die Mutter — ein *kollisionsrechtliches Interesse* an der Anwendung ihres Umweltrechtes, der andere Elternteil hingegen ein solches an der Anwendung seines Heimatrechtes. Durch Anknüpfung an die Staatsangehörigkeit des Kindes wird grundsätzlich keinem dieser Interessen Rechnung getragen. Es sind jedoch eine Reihe von Sonderkonstellationen in Betracht zu ziehen:

[8] So *Mayer* S. 441; *Batiffol / Lagarde*, DIP II, S. 114; wohl auch *dies.*, Rev. crit. 1972, 1, 26; *Majoros* S. 47; *Massip / Morin / Aubert* S. 209; *Massip*, StAZ 1973, 105, 114; *Bergmann / Ferid*, Frankreich, S. 20.

[9] Vgl. statt aller *Loussouarn / Bourel*, J.Cl.dr.int., no. 268, 275 mwN.

[10] S. 76; auch *Huet* S. 44/45 scheint dem gegenüber nicht abgeneigt zu sein.

[11] So im Ergebnis auch *Tomforde / Diefenbach / Webler*, Frankreich, S. 20; gleiche Lösung in *Belgien:* ebenfalls Statut der Kindschaftswirkungen = Heimatrecht des Kindes maßgeblich, vgl. *Rigaux*, DIP II, S. 245/46.

[12] *Dayant*, J.Cl.dr.int., no. 15 mwN.

[13] Ebd., no. 16 ff.

[14] Ebd., no. 38 ff.

[15] Oben 2. Kap. II. 2. a) cc).

Da ist einmal die, daß das Kind in einem Land des *ius soli*[16] geboren wird. In diesem Falle koinzidieren Staatsangehörigkeit und Aufenthalt im Zeitpunkt der Geburt. Dem Mutter- und Kindesinteresse nützt das allerdings nicht allzu viel, denn einerseits muß der Geburtsort nicht dem gewöhnlichen Aufenthaltsort entsprechen, muß also nicht die maßgebliche Umwelt sein, andererseits finden Aufenthaltswechsel nach der Geburt keine Berücksichtigung mehr. Ein Vorteil gegenüber dem Staatsangehörigkeitserwerb nach *ius sanguinis* ist daher praktisch nicht erkennbar.

Dennoch ist in internationalen Nichtehelichenfällen eine Übereinstimmung von Staatsangehörigkeit und Wohnsitz beim Kind nicht ganz selten. Die Konstellation ist etwa die, daß der inländische Vater die ausländische Mutter im entsprechenden Ausland schwängert, das Kind die Staatsangehörigkeit der Mutter erwirbt[17] und bei ihr aufwächst, der Vater aber in sein Heimatland zurückkehrt[18]. Hier kommt es durch Anknüpfung an die Staatsangehörigkeit des Kindes im Ergebnis zu einer Befriedigung der Interessen von Mutter und Kind.

Schließlich mag es auch vorkommen, daß das Kind seine Staatsangehörigkeit (auch) von dem Elternteil ableitet, bei dem es nicht lebt (meist dem Vater)[19]. Damit wäre, sofern nicht die mütterliche Staatsangehörigkeit für das Kind die „effektive" bleibt, mittelbar das Interesse des Vaters an Anwendung seines Heimatrechts gewahrt. Diese Konstellation ist aber zu selten, als daß sie zur Rechtfertigung der französischen Lösung beitragen könnte. Darüber hinaus erscheint die alleinige Beachtung des nicht mit dem Kind zusammenlebenden Elternteils, dessen Interesse im Hinblick auf den Kindesnamen sicherlich schwächer ist als das der anderen beiden Beteiligten, in jedem Falle als krasse Fehlbewertung.

Bei den *Rechtssicherheitsinteressen* sei zunächst wieder der internationale Entscheidungseinklang betrachtet. Seine Bedeutung in bezug auf die Namensfrage ergibt sich aus der Mißlichkeit unterschiedlicher Namensführung in verschiedenen Ländern, die eintritt, wenn je nach Entscheidungsort voneinander abweichende Rechtsordnungen zur Anwendung kommen[20]. Die französische Lösung läßt diesen Aspekt nicht

---

[16] Ableitung der Staatsangehörigkeit vom Geburtsort; betroffen sind die meisten angelsächsischen Länder.

[17] So in der überwiegenden Mehrzahl der Staaten; im romanischen Rechtsbereich zumindest solange, als das Rechtsverhältnis zum Vater nicht hergestellt wird, vgl. 3. Kap. Fn. 58.

[18] Von dieser Konstellation geht offensichtlich auch *Mezger*, IPRax 1981, 103, 104 als „Normalfall" aus.

[19] Denkbar in romanischen Rechtsordnungen nach Feststellung der Vaterschaft.

[20] Vgl. *Böhmer*, Festschrift Ferid, S. 103, 115; *Wengler*, StAZ 1973, 205, 206.

außer acht. Zwar bestehen Zweifel an ihrer Vorbildhaftigkeit; hier ist aber bedeutsamer, daß die Berufung des Kindesrechtes in der Rechtswirklichkeit eine nicht unerhebliche Verbreitung gefunden hat[21], was sich auf den Entscheidungseinklang günstig auswirkt.

Aus dem Bereich des Vertrauensschutzgesichtspunktes gewinnt im vorliegenden Zusammenhang der Begriff der *Stabilität* eine gewisse Bedeutung. Die Allgemeinheit hat — schon allein aus Furcht vor Irrtümern — ein vitales Interesse an stabiler, besser: kontinuierlicher Namensführung[22]. Das französische Recht trägt dem einerseits durch Anknüpfung an den relativ feststehenden Faktor „Staatsangehörigkeit" Rechnung, vernachlässigt diesen Punkt aber andererseits auch wieder durch die Wandelbarkeit.

Der innere Entscheidungseinklang findet nur wenig Beachtung. Dies ergibt sich aus der Diskrepanz zwischen der kollisionsrechtlichen Behandlung der Abstammung auf der einen Seite (Art. 311 - 14 bis Art. 311 - 17 C.c.) und des Namens auf der anderen (Kindesrecht), die zu unangenehmen Normkonflikten führen kann.

II. Das schweizerische Recht

1. Inhalt — Wohnsitzrecht des Kindes

In der Schweiz ist eine Kollisionsnorm, die den Namenserwerb des nichtehelichen Kindes ausdrücklich regelt, im Augenblich ebensowenig bekannt wie in Frankreich. Bis zum Ende des Jahres 1977 unterfiel diese Frage Art. 8 NAG[23], der jedoch im Zuge der schon angesprochenen Teilrevision des NAG gestrichen wurde[24]. In fernerer Zukunft soll, wenn der IPR-Gesetzentwurf einmal in Kraft tritt, das Wohnsitzrecht des Betroffenen zur Zeit des namensrelevanten Ereignisses maßgebend sein[25].

---

[21] *Belgien* und *Österreich* vgl. Fn. 1, 11; dazuhin die im 3. Kapitel Fn. 94 aufgeführten Länder.

[22] Vgl. *Batiffol / Lagarde*, DIP II, S. 27; *Bucher*, ZZiv. 46 (1978), Grüne Beilage, S. 12; *Böhmer*, Festschrift Ferid, S. 103, 115; Deutsches Institut für Vormundschaftswesen, DAVorm 53 (1980) 585, 596; dazu allgemein auch *v. Steiger*, in: Probleme und Ziele der vormundschaftlichen Fürsorge, S. 121, 132.

[23] Heimatrecht des Namensträgers, vgl. BGE 60 II 388 ff., zuletzt BGE 102 I b 245, 246; *Schnitzer*, Handbuch, S. 292.

[24] Zu den Gründen vgl. Botschaft des Bundesrates, BBl. 126 (1974) II, S. 106 ff.

[25] Art. 35 IPR-Gesetzentwurf, Text im Anhang; vgl. dazu *Vischer / Volken*, Begleitbericht, S. 84/85; *dies.*, Schlußbericht, S. 91 ff.

Für den gegenwärtigen Rechtszustand ist folglich von einer Gesetzeslücke auszugehen. Da die Rechtsprechung zu deren Schließung bisher keine Gelegenheit erhielt, liegt folgenden Darlegungen lediglich die jüngste Entwicklung in der Literatur zugrunde, deren Ergebnisse allerdings die Judikatur maßgeblich beeinflussen werden.

Sicherlich zu Recht wurde festgestellt, daß der Gesetzgeber mit der Streichung des Art. 8 NAG das Heimatprinzip ausdrücklich aufgegeben hat und somit auch in der Namensfrage wie bei der Zuordnung (Art. 8 e NAG) und der elterlichen Sorge (Art. 9 NAG) zu einer Aufenthaltsanknüpfung tendiert[26]. Welches Aussehen diese haben soll, bleibt allerdings unklar. Die an sich auf den ersten Blick naheliegende[27] analoge Anwendung des neuen Art. 8 e NAG ist nicht wirklich überzeugend, da diese Vorschrift nur die Begründung des Kindschaftsverhältnisses betrifft, der Name aber eine Wirkung desselben darstellt[28]. An einer Analogie zu Art. 9 NAG, der ja auch eine Wirkung betrifft, wird kritisiert, daß die Wandelbarkeit der darin enthaltenen Anknüpfung für den Namen schwer erträglich sei[29]. *Bucher*[30] schlägt daher vor, das Wohnsitzrecht des Namensträgers zur Zeit des namensrelevanten Ereignisses, im vorliegenden Zusammenhang also das Recht am Wohnsitz des Kindes zur Zeit der Entstehung des Kindesverhältnisses, zur Anwendung zu berufen. Für ihn spricht die damit übereinstimmende Regelung in Art. 35 IPR-Gesetzentwurf, die seinen Vorschlag gewissermaßen als „Vorgriff in die Zukunft" erscheinen läßt. Da Widerstand ausblieb, er vielmehr Unterstützung erhielt[31], mag seine Lösung als kennzeichnend für das geltende Recht betrachtet werden.

Der Wohnsitz ist hier genauso zu verstehen wie bei der Zuordnung, nämlich als „Mittelpunkt der Interessen"[32]; dem entspricht die Definition in Art. 19 Abs. 1 IPR-Gesetzentwurf.

Die dargelegte Kollisionsnorm erhält eine Einschränkung durch die Zulassung des renvoi[33], bleibt aber grundsätzlich unbeeinflußt vom ordre public, der im Bereich des Namensrechts nahezu kein Anwendungsfeld findet[34].

---

26 *Bucher*, ZZiv. 46 (1978), Grüne Beilage, S. 11.

27 Der Gesetzgeber selbst gibt einen entsprechenden Hinweis, vgl. Botschaft des Bundesrats, BBl. 126 (1974) II, S. 109.

28 *Bucher*, ZZiv. 46 (1978), Grüne Beilage, S. 11.

29 Ebd., S. 12.

30 Ebd., S. 12.

31 *Knoepfler*, Rev.crit. 1978, 187, 193; *ders.*, StAZ 1979, 213, 215; *Vischer / v. Planta* S. 51; vgl. a. BGE 106 II 103, 104/05 und 236, 241 je obiter.

32 *Bucher*, ZZiv. 46 (1978), Grüne Beilage, S. 13; vgl. a. oben 3. Kap. III. 1. b).

33 *Bucher*, wie vorige Fn.; *Knoepfler*, StAZ 1979, 213, 216; vgl. a. Art. 35 Abs. 2 IPR-Gesetzentwurf; eine weitere Einschränkung zugunsten schweizerischen Rechts enthält Art. 35 Abs. 3.

34 *Bucher*, ZZiv. 46 (1978), Grüne Beilage, S. 15.

2. Diskussion anhand der beteiligten Interessen

Die im Hinblick auf den Namen beteiligten *Rechtsanwendungsinteressen* werden durch das schweizerische Recht — sofern es zu keinem renvoi kommt — in einem beachtlichen Ausmaß befriedigt. Einerseits wird dem Kind sein Aufenthaltsrecht gewährt, andererseits wird aber auch der mit ihm zusammenlebende Elternteil berücksichtigt, da dessen Aufenthaltsrecht ja per definitionem mit dem des Kindes übereinstimmt. Den Interessen der beiden wegen der Umweltbezogenheit des Namens Hauptbeteiligten wird so vollständig Rechnung getragen. Keine Beachtung findet allerdings das Interesse des anderen Elternteiles an Anwendung seines Heimatrechtes. Dies erscheint jedoch angesichts dessen relativer Schwäche, die sich schon aus der räumlichen Distanz zwischen Kind und Elternteil ergibt, als richtige Bewertung.

Zu einer Einschränkung des positiven Urteils führt allerdings die Unwandelbarkeit der Anknüpfung. Durch Abstellen auf den gewöhnlichen Aufenthalt zur Zeit der Entstehung des Kindschaftsverhältnisses verhindert man eine eventuell später notwendig werdende Anpassung an einen neuen Wohnsitz. Nach Aufenthaltswechsel muß das Kind so möglicherweise einen Namen ertragen, an dessen Führung es überhaupt nicht mehr interessiert ist, da er als „Signal" für die Umwelt nur noch begrenzt taugt. Einzig und allein nach Rückkehr in das Land, in dem das Abstammungsverhältnis hergestellt wurde, sieht sich das Kind wieder voll interessengerecht behandelt. Im Zeitalter mobiler Gesellschaften ist dies eine äußerst mißliche Konsequenz.

Auf seiten der *Rechtssicherheitsinteressen* sieht sich der internationale Entscheidungseinklang durch die schweizerische Regelung gefördert. Die Anknüpfung an den Wohnsitz ist — abgesehen vom entscheidenden Zeitpunkt — beispielhaft und international nicht isoliert[35]. Lediglich der einseitige Vorbehalt zugunsten schweizer Staatsangehöriger in Art. 35 Abs. 3 IPR-Gesetzentwurf verdient unter diesem Aspekt Kritik.

Auch die Untersuchung des inneren Entscheidungseinklangs im Verhältnis zur Zuordnung führt zu einem positiven Ergebnis. Da Art. 8 e NAG, der die Zuordnung beherrscht, vorrangig an den gemeinsamen Wohnsitz von Kind und Eltern bzw. dem sorgeberechtigten Elternteil anknüpft[36], kommt es in der überwiegenden Zahl der Fälle zu einer Koinzidenz von Abstammungs- und Namensstatut, wodurch in diesem Bereich Normkonflikte verhindert werden. Auf den Einklang zwischen

---

[35] So stellen *Norwegen* und *Dänemark* auf den Wohnsitz ab; zu *England* vgl. die Ausführungen unten III.

[36] Vgl. oben 3. Kap. III. 1. b).

Namensstatut und den Rechten, die auf die weiteren Abstammungswirkungen zur Anwendung kommen, wird weiter unten einzugehen sein.

Zu betrachten bleibt das Interesse an kontinuierlicher Namensführung. Die oben kritisierte Unwandelbarkeit der Aufenthaltsanknüpfung hat unter diesem Blickwinkel sehr günstige Auswirkungen: Eine durch Statutenwechsel drohende Namensänderung wird dadurch nachhaltig unterbunden. Hier zeigt sich sehr deutlich, daß die Rechtsanwendungsinteressen der Beteiligten und das Bedürfnis der Allgemeinheit nach Rechtssicherheit in der Namensführung nicht miteinander vereinbar sind und daß der Gesetzgeber folglich einem der beiden den Vorrang einräumen muß. Das schweizerische Recht hat sich in diesem Konflikt zugunsten der Rechtssicherheit entschieden.

III. Das englische Recht

1. Inhalt

Das englische Recht stellt den Rechtsvergleicher im vorliegenden Zusammenhang vor besondere Probleme. Ursächlich dafür ist die Behandlung der Namensführung im internen Recht Englands, das von einer Verrechtlichung dieses Bereichs weitgehend abgesehen hat. Als besonders kennzeichnend sei eine Bemerkung *Joslings*[37] zitiert:

> "What an individual's name is at a particular time is a matter of fact rather than of law".

Dies mag im folgenden etwas genauer dargelegt werden:

a) Namensführung im internen englischen Recht

Das nichteheliche Kind erwirbt üblicherweise den Namen der Mutter, jedoch nicht kraft Abstammung, sondern durch die schlichte Tatsache der Verwendung dieses Namens, d. h. *„by reputation"*[38]. Ganz anders als im kontinentaleuropäischen Rechtskreis ist damit aber keine endgültige Fixierung verbunden: Einer späteren Namensänderung — etwa der Annahme des Vaternamens — stehen keinerlei rechtliche Schranken im Wege[39]; lediglich während der Minderjährigkeit ist die

[37] Change of Name, S. 3.

[38] *Josling*, Change of Name, S. 16; *Stone* S. 58; *Bromley* S. 339; *Puxon* S. 22; *Boehmer* S. 81; *Boschan* S. 205; *Rexroth*, in: rvglHdWöB Bd. 6, S. 650; *Bergmann / Ferid*, Großbritannien, S. 38.

[39] *Josling*, Change of Name, S. 4; 22 *Halsbury* (3rd) S. 1211; *Bussmann*, in: rvglHdWöB Bd. 5, S. 409, 416; *Wengler*, StAZ 1973, 205, 207; speziell im Hinblick auf das nichteheliche Kind: *Krause*, in: International Encyclopedia, Tz. 141; allerdings ist zu beachten, daß der Geburtsname als „legal name" nie-

Zustimmung des Sorgeberechtigten erforderlich[40], die allerdings durch Gerichtsbeschluß ersetzt werden kann[41]. Die Änderung ist formlos möglich, einfache Annahme des neuen Namens genügt. Zu Beweiszwecken benutzt man im allgemeinen jedoch eine *„deed poll"*, eine Urkunde, in der der Namenswechsel fixiert und von einem solicitor durch seine Unterschrift bezeugt wird[42].

b) Konsequenzen für das IPR

Die materiellrechtliche Ansiedlung des Namens in einem weitgehend rechtsfreien Raum hat zur Konsequenz, daß sich auch für Fälle auf internationaler Ebene keine Regeln, nicht einmal solche, die die Zuständigkeit englischer Gerichte betreffen, herausgebildet haben. Zeitweise existierten zwar immerhin Vorschriften, die es Ausländern im Lande verbaten, ihren Namen entsprechend englischer Sitte frei zu ändern, doch wurden diese mittlerweile aufgehoben[43]. Da aber den Namen betreffende Rechtsstreitigkeiten auch in England nicht völlig ausgeschlossen sind — man denke an die gerichtliche Zustimmungsersetzung bei Namensänderung Minderjähriger —, fragt sich, wie dort auf ausländische Sachverhaltskomponenten reagiert wird. Die vorrangige Berücksichtigung des Kindeswohls in derartigen Prozessen[44] läßt darauf schließen, daß ausländisches Recht keine Berücksichtigung findet, vielmehr allein die *lex fori* zur Anwendung kommt. Auch die heute Ausländern in England zugestandene freie Namenswahl deutet in diese Richtung. Für die hin und wieder geäußerte Auffassung, das Domizilrecht des Namensträgers sei maßgeblich[45], ist dagegen kein Anhaltspunkt ersichtlich.

2. Diskussion anhand der beteiligten Interessen

Die geringe „Regelungsdichte" sowie die Unsicherheit der Aussagen dort, wo auch der englische Jurist dem Namen eine rechtliche Dimension zuerkennt, machen die Untersuchung der Interessenbewertungen und

---

mals vollständig untergeht, sondern von dem angenommenen Namen, dem „conventional name", lediglich überlagert wird, vgl. *Lutter*, StAZ 1980, 61, 62; OLG Hamburg StAZ 1980, 285 ff.

[40] *Josling*, Change of Name, S. 8.

[41] Wobei „the best interest of the child" maßgebliche Leitlinie ist; vgl. *Bromley* S. 338/39; *Stone* S. 58/59.

[42] Eingehend dazu 22 *Halsbury* (3rd) S. 1211; weiterhin *Lutter*, StAZ 1980, 61, 62, der auch noch weitere Möglichkeiten erwähnt.

[43] *Josling*, Change of Name, S. 21; 4 *Halsbury* (4th) 971.

[44] Vgl. die in Fn. 41 Genannten.

[45] *Knoepfler*, StAZ 1979, 213, 222; auch *Wolff*, Private International Law, S. 353 Fn. 4, allerdings in bezug auf den Ehenamen der Frau.

damit den Vergleich zu anderen Rechtsordnungen zu einem problematischen Unterfangen. Trotzdem sei auf den Versuch einer Skizze nicht verzichtet:

Das englische Recht als lex fori entspricht im allgemeinen der Rechtsordnung, innerhalb derer das Kind und der oder die mit ihm zusammenlebenden Elternteile ihren Lebensmittelpunkt haben. Denn wäre das Kind nicht in England ansässig, hätte selbst bei englischer Staatsbürgerschaft des Kindes niemand einen Grund, dort wegen seines Namens einen Prozeß zu führen. Die englische Lösung — soweit man von einer solchen sprechen kann — trägt somit den *kollisionsrechtlichen Interessen* der Hauptbeteiligten an Anwendung ihres Umweltrechtes Rechnung. Vernachlässigt sieht sich dagegen das Interesse des nicht bei dem Kind lebenden Elternteiles an Anwendung seines Heimatrechtes, was aber — wie schon bei der Diskussion der schweizerischen Lösung dargelegt[46] — als richtige Bewertung erscheint.

Das *Rechtssicherheitsinteresse* an internationalem Entscheidungseinklang scheint auf den ersten Blick durch die einseitige Berufung der lex fori verletzt zu sein. Da es jedoch — wie angedeutet — in England praktisch nur dann zu Entscheidungen kommt, wenn das Kind auch dort ansässig ist, folglich eine Rechtslage besteht, die einer einseitigen Wohnsitzanknüpfung entspricht, kann der internationale Entscheidungseinklang nicht als ernsthaft gefährdet angesehen werden.

Auch der innere Entscheidungseinklang wird nicht vernachlässigt. Die geringe Regelungsdichte innerhalb des Namensrechts läßt Normenkonflikte sowohl mit dem Zuordnungsbereich als auch mit den anderen Wirkungen des Kindschaftsverhältnisses ausgeschlossen erscheinen.

Hingegen ist die Stabilität der Namensführung alles andere als gesichert. Dies ergibt sich aus der alleinigen Beachtung der lex fori und der daraus folgenden, nahezu unbeschränkten Freiheit des Betroffenen bei der Namenswahl.

IV. Das deutsche Recht

1. Inhalt — Heimatrecht des Kindes

Zwar steht man in der Bundesrepublik im Gegensatz zu England wieder auf dem festen Boden strengrechtlicher Handhabung der Namensfrage, doch ist das Bild, das sich auf kollisionsrechtlicher Ebene bietet, keineswegs einheitlich. Ähnlich wie in Frankreich — nur etwas akzentuierter — wird darum gerungen, ob der Name vorrangig als

[46] Oben II. 2.

Folge familienrechtlicher Beziehungen, hier also der Abstammung, oder als eigenständiges Persönlichkeitsrecht zu begreifen ist.

Die Auffassung, die den Namen als *Wirkung des Kindschaftsverhältnisses* qualifiziert[47], hat zur Konsequenz, daß gleich zwei Kollisionsnormen als anwendbar in Betracht kommen. Einerseits ist an das Heimatrecht der Mutter zu denken, das mit Art. 20 EGBGB sämtliche Rechtsbeziehungen zwischen Kind und Mutter beherrscht. Der Namenserwerb findet seinen Ursprung aber nicht notwendigerweise allein in der mütterlichen Abstammung[48]. Aus diesem Grunde kann andererseits auch die Kollisionsvorschrift, die die personenrechtliche Seite der Vater-Kind-Beziehung regelt, nicht von der Hand gewiesen werden; nach h. M.[49] beruft diese das Heimatrecht des Vaters. Bei Unvereinbarkeit beider entsteht eine Sackgasse, aus der nur durch Angleichung ausgebrochen werden kann[50].

Diese Mißlichkeit vermag die Gegenansicht zu vermeiden, indem sie wegen des *Persönlichkeitsbezuges* des Namens an die Staatsangehörigkeit des Kindes anknüpft[51]. Die Rechtsprechung hatte wenig Gelegenheit, Stellung zu nehmen, trat aber, soweit sie doch gefordert war[52], dieser Auffassung bei.

Dem Rechtsvergleicher stellt sich nun die Frage, wie der geltende Rechtszustand angesichts der gespaltenen Lager zutreffend beschrieben werden kann. Zu Hilfe kommt ihm eine allgemeine Tendenz in der Judikatur. Sie geht dahin, Namensfragen aus allen Bereichen mehr und mehr dem Personalstatut des Betroffenen zu unterwerfen. Dies

---

47 So *Raape*, IPR, S. 369, 648; *Wolff*, IPR, S. 112; *Soergel / Kegel*, Art. 20 Rdnr. 13, Art. 21 Rdnr. 17, 39; in neuester Zeit noch *Ferid*, IPR, S. 118; *Kegel*, IPR, S. 422; *Kühne*, Anm. zu BGH JZ 1978, 476, ibid. S. 478; grds. a. *Staudinger / Henrich*, Art. 19 Rdnr. 113; *Henrich*, Festschrift Zweigert, S. 127, 140/41; vgl. a. BGH NJW 1971, 1521 zur Namensführung des ehelichen Kindes.

48 Man denke etwa an verschiedene romanische Rechtsordnungen, nach denen das nichteheliche Kind infolge rechtzeitigen, d. h. spätestens mit der Mutter gleichzeitigen, väterlichen Anerkenntnisses den Vaternamen erwirbt, z. B. in Frankreich Art. 334-1 C.c.

49 Vgl. *Kegel*, IPR, S. 420 sowie die im 1. Kapitel Fn. 9 Genannten.

50 z. B. durch Festlegung, daß Vaterrecht Vorrang habe, so *Soergel / Kegel*, Art. 21 Rdnr. 25.

51 So *Palandt / Heldrich*, Anhang zu Art. 7 EGBGB Anm. 2, Art. 20 Anm. 3; *Wengler*, StAZ 1973, 205, 211 f., allerdings mit Wahlmöglichkeit zugunsten des Aufenthaltsrechts; *ders.*, in: BGB-RGRK, S. 498; *Beitzke*, StAZ 1976, 321, 322/23, 326; *Firsching*, Einführung, S. 142 ff., anders aber S. 174; *Wilde* S. 83; beim ehelichen Kind auch *Staudinger / Henrich*, Art. 19 Rdnr. 113, jedoch aus entsprechend modifiziertem Abstammungswirkungsstatut; vgl. schließlich noch *Henrich*, Festschrift Zweigert, S. 127, 136, 140, der sich offenbar auch für die Anwendung des Personalstatuts mit Wahlrecht zugunsten des Kindschaftswirkungsstatutes erwärmen könnte.

52 BGHZ 64, 129, 135 obiter; BayObLGZ 1978, 325, 330; OLG Hamburg StAZ 1976, 100, 101.

begann mit dem Namen der Ehefrau[53], setzte sich fort bei der Einbenennung[54] und endete schließlich beim Namen des ehelichen Kindes[55]. Daraus und aus dem starken Rückhalt dieser Ansicht in der Literatur[56] kann geschlossen werden, daß auch der Name des nichtehelichen Kindes im derzeit geltenden Recht seinem Personalstatut unterfällt. Der entscheidende Anküpfungszeitpunkt scheint dabei — jedenfalls hinsichtlich des Namenserwerbs — der des relevanten Ereignisses, z. B. der Geburt oder der Anerkennung, zu sein[57]; das Namensstatut ist somit unwandelbar.

Einschränkungen der aufgefundenen Kollisionsvorschrift ergeben sich aus der allgemeinen Zulassung des renvoi. Der ordre-public-Vorbehalt hingegen wird ohne Einfluß bleiben.

2. Diskussion anhand der beteiligten Interessen

Für die Untersuchung der Interessenbewertung mag zunächst auf die Ausführungen zum französischen Recht verwiesen werden[58], da dessen Lösung mit der deutschen im wesentlichen übereinstimmt.

Daraus ergibt sich, daß auch das deutsche Recht keines der beteiligten *Rechtsanwendungsinteressen* befriedigt, es sei denn, eine der oben angesprochenen Sonderkonstellationen — Übereinstimmung von Staatsangehörigkeit und Aufenthalt beim Kind oder Staatsangehörigkeitserwerb vom nicht mit ihm zusammenlebenden Elternteil — wäre zutreffend.

Im Hinblick auf die *Rechtssicherheitsinteressen* ist herauszuheben, daß die deutsche Lösung im Gegensatz zur französischen dem Interesse an kontinuierlicher Namensführung vollständig Rechnung trägt, da nicht nur an den stabilen Faktor „Staatsangehörigkeit" angeknüpft wird, sondern darüber hinaus ein Statutenwechsel ohne Konsequenzen bleibt. Auf diese Weise ist der Name nur noch durch förmliches Namensänderungsverfahren abänderbar.

Geringe Berücksichtigung findet dagegen — wie auch im französischen Recht — das Interesse an innerem Entscheidungseinklang. So-

---

[53] BGHZ 56, 193, 199: „vorrangig" Personalstatut.

[54] BGHZ 59, 261, 264; KG OLGZ 1979, 164, 165/66.

[55] OLG Oldenburg StAZ 1977, 287, 288; OLG Hamm StAZ 1978, 185, 187/88; BGHZ 73, 370, 376; für legitimierte Kinder allerdings anders BGH JZ 1978, 476.

[56] s. die in Fn. 51 Genannten.

[57] Vgl. dazu BGHZ 63, 107, 111, wo in diesem Zusammenhang zwischen Namenserwerb und subjektivem Recht auf Namensführung unterschieden wird; so wohl auch *Beitzke*, StAZ 1976, 321, 323.

[58] Oben I. 2.

wohl die Kollisionsnormen, die die Zuordnung betreffen, als auch diejenigen, die auf die weiteren Wirkungen des Abstammungsverhältnisses anwendbar sind, haben die Staatsangehörigkeiten von — je nach Betroffenem — Mutter oder Vater zu Anknüpfungspunkten und weichen somit von der Namensregel ab[59]. Auf diese Weise ist die ungünstige Konstellation der parallelen Anwendung mehrerer Rechtsordnungen nicht unwahrscheinlich; die Konfliktmöglichkeiten werden aber immerhin dadurch reduziert, daß die Staatsangehörigkeit des Kindes meist mit wenigstens einer elterlichen übereinstimmt.

59 Insbesondere auf diese Unannehmlichkeit bezieht sich *Kühne*, Anm. zu BGH JZ 1978, 476, ibid. S. 478 bei seiner Stellungnahme zugunsten einer den übrigen Abstammungswirkungen entsprechenden Anknüpfung des Namens.

Fünftes Kapitel

Die finanzielle Versorgung des Kindes

Die für das Kind wichtigste Konsequenz der familienrechtlichen Zuordnung ist in der finanziellen Absicherung seines Lebensunterhalts zu sehen. Inhaltlich geht es dabei um die Frage, ob und in welchem Ausmaß das nichteheliche Kind von seinen Eltern — in praxi insbesondere von seinem Vater — Unterhalt verlangen kann. Die Untersuchung im vorliegenden Kapitel hat zum Gegenstand, wie diese Frage kollisionsrechtlich behandelt wird.

Vorauszuschicken ist, daß vier der fünf Länder, deren Rechtsordnungen begutachtet werden, nämlich *Frankreich, Belgien, Schweiz* und *Bundesrepublik Deutschland*, Vertragsstaaten des *Haager Übereinkommens über das auf Unterhaltsverpflichtungen gegenüber Kindern anzuwendende Recht vom 24. 10. 1956*[1] sind. Die Vorschriften dieses Abkommens derogieren in weitem Umfang[2] die den Kindesunterhalt betreffenden nationalen Kollisionsregeln der Mitgliedsstaaten, weswegen deren praktische Bedeutung stark reduziert ist. Aus diesem Grunde erscheint es sinnvoll, den Auseinandersetzungen mit den nationalen Rechtsordnungen eine solche mit dem übernationalen Haager Abkommen folgen zu lassen.

I. Das französische Recht

1. Inhalt

Zum Verständnis des französischen internationalen Unterhaltsrechts im Bereich nichtehelicher Kindschaft ist es notwendig, sich kurz die Grundzüge des entsprechenden materiellen Rechts vor Augen zu führen, denn die dort existierenden Besonderheiten setzen sich im Kollisionsrecht fort.

1 *Frankreich* und die *Schweiz* sind dazuhin Vertragsstaaten des noch weitergehenden *Haager Übereinkommens über das auf Unterhaltsverpflichtungen anzuwendende Recht vom 2. 10. 1973.*

2 Noch mehr gilt dies für das in voriger Fn. genannte Folgeabkommen.

a) *Materiellrechtliche Grundlagen*

Das interne Recht unterscheidet zwei Arten nichtehelicher Kinder, nämlich solche, deren Abstammung rechtlich festgestellt wurde, und solche, die eines rechtlichen Bandes zu dem in Anspruch genommenen Elternteil entbehren[3]. Der Unterhaltsanspruch der ersten Kategorie wurzelt in dem Abstammungsverhältnis und steht damit rechtssystematisch dem Kindesnamen und der elterlichen Gewalt gleich. Er findet seine positivrechtliche Grundlage seit 1972 in den Artikeln 334 Abs. 1 (Verweis auf die eheliche Kindschaft), 205 und 207 Abs. 1 des Code civil[4]. Aber auch die zweite Gruppe von Kindern muß nicht ohne Unterhalt bleiben. Der restriktiven Handhabung der (väterlichen) Abstammungsklage zum Schutz der legitimen Familie einerseits entspricht eine großzügige Gewährung von Unterstützung zugunsten der betroffenen Kinder im Wege einer *Risikohaftung*[5] des Vaters andererseits. Alleinige Voraussetzung für den Anspruch ist, daß der beklagte Mann innerhalb der gesetzlichen Empfängniszeit sexuelle Beziehungen zur Mutter unterhielt (Art. 342 Abs. 1 C.c.); er entfällt jedoch, wenn die Nichtvaterschaft feststeht (Art. 342-4 i. V. m. 340-1 Nr. 2 und 3 C.c.) oder die Mutter einen ausschweifenden Lebenswandel führte (Art. 342-4 C.c.). Daraus ergibt sich, daß u. U. auch mehrere Männer unterhaltspflichtig werden können (Art. 342-3 C.c.), woran besonders deutlich wird, daß der Anspruchsgrund nicht in einem Abstammungsverhältnis — und sei dies auch nur ein natürliches — zu suchen ist[6].

b) *Konsequenzen im Kollisionsrecht*

Die Reaktion des internationalen Privatrechts auf diese materiellrechtliche Ausgangslage liegt in der Bereitstellung zweier verschiedener Kollisionsnormen. Die Rechtswahl bezüglich des statusunabhängigen Unterhalts wird durch den 1972 eingeführten Art. 311-18 C.c. getroffen, der statusabhängige Anspruch hingegen bleibt dem Kindschaftswirkungsstatut unterworfen[7].

---

[3] Dies ist etwa der Fall, wenn eine Anerkennung nicht stattgefunden hat und die Abstammungsklage entweder unzulässig — vgl. Art. 340 C.c. — oder erfolglos ist; praktisch nur im Hinblick auf den Vater bedeutsam, da Mutterschaftsklage unbeschränkt zulässig, vgl. Art. 341 C.c.

[4] Vgl. *Weill / Terré* S. 605/06.

[5] *Weill / Terré* S. 614.

[6] So aber offensichtlich das frühere — vor 1972 geltende — Recht, *Weill / Terré* S. 613; vgl. zum Ganzen *dies.*, S. 613 - 625.

[7] Hier sei noch einmal darauf hingewiesen, daß diese Regeln seit 1977 durch das Haager Unterhaltsabkommen von 1973 im wesentlichen ersetzt sind; die folgenden Ausführungen sind insofern weitgehend theoretischer Natur.

aa) Statusunabhängiger Unterhalt — Art. 311-18 C.c.

Art. 311-18 C.c.[8] beruft nach Wahl des Kindes das Recht an dessen gewöhnlichen Aufenthalt oder dasjenige am gewöhnlichen Aufenthalt des Schuldners zur Anwendung. Die Anknüpfung ist alternativ, eine Kumulierung beider Rechte zugunsten des Kindes damit ausgeschlossen[9]. Der Vergleich mit der rechtstechnisch ähnlich aufgebauten Anerkennungsregel läßt einen auffälligen Unterschied hervortreten: Während die Überprüfung der in Betracht kommenden Rechtsordnungen und die anschließende Entscheidung in Art. 311-17 C.c. dem Richter obliegt, scheint bei der Unterhaltsklage allein das Kind dazu berufen. Legt man der einmal getroffenen Rechtswahl Unwiderruflichkeit bei[10], bedeutet dies einen erheblichen Nachteil für das Kind, da es in der Gefahr steht, aus mangelnder Information heraus das falsche, ungünstigere Recht zu wählen; der grundsätzliche Vorteil alternativer Anknüpfung droht davon überschattet zu werden. Mehrheitlich[11] wird daher auch für Art. 311-18 die Möglichkeit anerkannt, die Wahl des günstigsten Rechts dem Richter zu überlassen, sei es im Wege von Haupt- und Hilfsantrag, sei es durch demonstrative Nichtwahl, die dem Gericht aufgibt, den mutmaßlichen — auf das günstigste Recht gerichteten — Willen zu erforschen.

Der entscheidende Anknüpfungszeitpunkt ist in der Vorschrift nicht genannt. Teilweise wurde der Zeitpunkt der Klageerhebung für maßgeblich gehalten[12], wofür jedoch kein Anhaltspunkt ersichtlich ist. Überwiegend wird daher auch von einer vollständigen Wandelbarkeit des Statuts ausgegangen, was dazu führt, daß es auf den gewöhnlichen Aufenthalt am Tag der definitiven Entscheidung ankommt[13].

Die Einschränkungen, die Art. 311-18 erfährt, sind nur gering. Eine Rückverweisung wird nicht in Betracht kommen. Einerseits ist dies für Art. 311-14 C.c. bereits entschieden[14], andererseits kommt bei Art. 311-18 C.c. hinzu, daß die Wahlmöglichkeit des Kindes dann, wenn das aus-

---

[8] Text vgl. Anhang; Regelung vor 1972: Heimatrecht des Kindes, vgl. *Loussouarn / Bourel*, J.Cl.dr.int., no. 128 mwN.

[9] *Loussouarn / Bourel*, J.Cl.dr.int., no. 137; *Simon-Depitre / Foyer* S. 43.

[10] So die überwiegende Meinung, vgl. *Batiffol / Lagarde*, Rev.crit. 1972, 1, 26; *dies.*, DIP II, S. 99; *Loussouarn / Bourel*, J.Cl.dr.int., no. 150; *Mayer* S. 439.

[11] *Loussouarn / Bourel*, J.Cl.dr.int., no. 143 ff.; *Batiffol / Lagarde*, DIP II, S. 99; *dies.*, Rev.crit. 1972, 1, 25/26; *Simon-Depitre / Foyer* S. 43.

[12] *Massip*, StAZ 1973, 105, 117; *Massip / Morin / Aubert* S. 219; *Huet* S. 61/62; wohl auch *Loussouarn / Bourel*, J.Cl.dr.int., no. 259 mit unzutreffender Berufung auf *Simon-Depitre / Foyer*.

[13] So *Simon-Depitre / Foyer* S. 61; *Mayer* S. 440; *Batiffol / Lagarde*, DIP II, S. 105; *Alexandre* S. 92; gewandelte Ansicht bei *Loussouarn / Bourel*, DIP, S. 450 Fn. 3.

[14] Cour d'appel Paris, 11 mai 1976, Rev.crit. 1977, 109.

gewählte Recht letztlich nicht zur Anwendung gelangte, beeinträchtigt würde[15]. Die Bedeutung des ordre-public-Vorbehalts ist angesichts der Aufenthaltsanknüpfung ohnehin schwach, da sich auf diese Weise häufig die lex fori berufen sieht. Darüber hinaus scheint er gegenüber früherem Recht inhaltlich gewandelt und reduziert zu sein. So ist heute der Ausschluß strengeren fremden Rechtes denkbar, wenn bei dessen Anwendung dem Kind überhaupt die Möglichkeit genommen wäre, Unterhalt zu fordern[16], der Ausschluß liberaleren dagegen allenfalls noch, wenn dieses dem Vater die Einrede der mütterlichen Ausschweifung verwehrte[17]. Weitergehende Eingriffe durch die Vorbehaltsklausel, insbesondere was die Organisation der Unterhaltsklage angeht (Fristen etc.), werden für unwahrscheinlich gehalten[18].

Der Anwendungsbereich der Vorschrift erstreckt sich auf sämtliche Voraussetzungen des statusunabhängigen Unterhaltsanspruchs, auf Beweislast, Zulässigkeit bestimmter Beweisarten, Fristen sowie auf die Berechnung der zu erbringenden Leistungen[19]. Auf das sich aus der Unterscheidung zwischen statusabhängigem und statusunabhängigem Unterhalt ergebende, schwierige Qualifikationsproblem, in welchem Falle Art. 311-18 C.c. und in welchem das Kindschaftswirkungsstatut zur Anwendung kommt, wird weiter unten einzugehen sein.

bb) Statusabhängiger Unterhalt — Trennungslinie zu Art. 311-18 C.c.

Die Anknüpfung des Kindschaftswirkungsstatuts war schon im Zusammenhang mit dem Kindesnamen Gegenstand der Erörterung[20]. Dort wurde festgestellt, daß für den gegenwärtigen Rechtszustand — jedenfalls im Bereich nichtehelicher Kindschaft — nicht der Inhalt der Artt. 311-14 ff. C.c., sondern allein das Heimatrecht des Kindes als maßgeblich angesehen werden kann[21]. Dies gilt auch für den Unterhalt. Das Statut dürfte im übrigen ebenfalls wandelbar sein[22].

---

[15] *Loussouarn / Bourel*, J.Cl.dr.int., no. 158, 163; zurückhaltender *dies.*, DIP, S. 452 f.; in bezug auf die verwandte Problematik im internationalen Vertragsrecht *Batiffol / Lagarde*, DIP I, S. 394/95; a. A. *Mayer* S. 435, der für erweitertes Wahlrecht des Kindes — auch das nach dem renvoi berufene Recht soll zur Wahl stehen — plädiert.

[16] *Loussouarn / Bourel*, J.Cl.dr.int., no. 191; *Simon-Depitre / Foyer* S. 120; *Alexandre* S. 89.

[17] *Loussouarn / Bourel*, J.Cl.dr.int., no. 187; *Simon-Depitre / Foyer* S. 115 f.; a. A. wohl *Mayer* S. 440.

[18] *Loussouarn / Bourel*, J.Cl.dr.int., no. 186; *Mayer* S. 440; *Huet* S. 58; *Simon-Depitre*, in: Travaux du comité français, S. 39, 45; vgl. a. Cour d'appel Paris, 1er avril 1977, Rev.crit. 1979, 839.

[19] *Loussouarn / Bourel*, J.Cl.dr.int., no. 135 ff.; *Simon-Depitre / Foyer* S. 71.

[20] Oben 4. Kap. I. 1.

[21] Vgl. die im 4. Kap. Fn. 8, 9 Genannten.

[22] Vgl. *Loussouarn / Bourel*, J.Cl.dr.int., no. 290.

Im Gegensatz zu Art. 311-18 C.c. wird ein das Ergebnis möglicherweise abändernder renvoi hier angenommen[23]. Die Anwendung des ordre public bleibt mit der bisherigen Rechtsprechung sehr wahrscheinlich auf die Konstellation beschränkt, in der das Heimatrecht des Kindes diesem keinerlei Unterhalt zubilligt bzw. die Möglichkeit einer späteren Erhöhung ausschließt[24].

Der Anwendungsbereich der Regel wirft die schon angerissene Frage auf, wo die Trennungslinie zu der in Art. 311-18 C.c. formulierten Kollisionsnorm verläuft. Da das Problem vor 1972 ohne Belang war[25] und nach dem Inkrafttreten des 2. Haager Unterhaltsabkommens im Jahre 1977 wieder der Bedeutungslosigkeit anheimfiel, sind Stellungnahmen dazu rar und die Rechtslage entsprechend unsicher. Der Rekurs auf den zugrunde liegenden materiellrechtlichen Unterschied jedenfalls erweist sich als wenig brauchbar, da die meisten der in Betracht kommenden ausländischen Rechtsordnungen eine derartige Differenzierung nicht kennen. Zur Vermeidung der Schwierigkeiten wird daher z. T. eine drastische Ausweitung des Anwendungsbereichs von Art. 311-18, wonach sämtliche Unterhaltsforderungen dieser Norm unterfallen sollen, empfohlen[26]. Da der Gesetzgeber von 1972 aber — wie der Wortlaut des Art. 311-18 zeigt — offensichtlich von einer Dualität der Unterhaltsklagen auch im Kollisionsrecht ausging, ist nicht anzunehmen, daß die Rechtsprechung, wäre sie mit der Frage befaßt, diese Einheitslösung übernähme. Vielmehr würde sie — und davon hat der Rechtsvergleicher auszugehen — mit der wohl überwiegenden Literaturmeinung[27] eine Gratwanderung versuchen, bei der die ungeschriebene Kollisionsregel (Kindesrecht) dann zur Anwendung käme, wenn der Unterhaltsanspruch nach dem berufenen Recht in irgendeiner Weise die nachgewiesene Abstammung voraussetzt, während im übrigen Art. 311-18 anwendbar wäre.

---

[23] Vgl. *Batiffol / Lagarde*, DIP I, S. 397; *Loussouarn / Bourel*, J.Cl.dr.int., no. 152.

[24] Vgl. die Rechtsprechungsnachweise bei *Loussouarn / Bourel*, J.Cl.dr.int., no. 278.

[25] Für die statusabhängige wie für die statusunabhängige Unterhaltsklage galt Kindesrecht.

[26] So vor allem *Alexandre* S. 86; anscheinend auch *Simon-Depitre / Foyer* S. 74.

[27] *Loussouarn / Bourel*, J.Cl.dr.int., no. 133, 134; *Mayer* S. 440; *Batiffol / Lagarde*, DIP II, S. 98; wohl auch *Massip*, StAZ 1973, 105, 117; *Massip / Morin / Aubert* S. 219; vgl. a. den gegenüber Fn. 26 gegensätzlichen Standpunkt bei *Simon-Depitre / Foyer* S. 93; lediglich zur Existenz des Problems: *Simon-Depitre*, in: Travaux du comité français, S. 39, 52/53.

2. Diskussion anhand der beteiligten Interessen

Im Unterhaltsbereich haben Kind und Unterhaltspflichtiger — wie oben im einzelnen dargelegt[28] — ein *kollisionsrechtliches Interesse* an der Anwendung ihres jeweiligen Aufenthaltsrechtes. Die Kollisionsnorm für statusabhängigen Unterhalt ignoriert dies zwar grundsätzlich, führt aber in der nicht ganz seltenen Konstellation einer Übereinstimmung von Staatsangehörigkeit und Wohnsitz beim Kind[29] immerhin zu einer (mittelbaren) Berücksichtigung von dessen Interesse. Anders ist es mit Art. 311-18. Dort werden schon vom Ansatz her die Rechtsanwendungsinteressen beider Beteiligter mitgedacht, wenn auch nicht in gleichmäßiger Art und Weise. Letztlich nämlich liegt der Vorrang beim Kind, weil diesem die Wahlmöglichkeit eingeräumt ist.

Darüber hinaus hat das Kind ein *materielles Interesse* an optimaler finanzieller Versorgung. Dieses wird allein durch die alternative Anknüpfung des Art. 311-18 C.c. gefördert, da dem Kind hierdurch die Möglichkeit gegeben ist, sich das ihm günstigere Recht auszusuchen[30]. Sein Heimatrecht hingegen bleibt insoweit indifferent, was zur Folge hat, daß das Kind, das aufgrund einer familienrechtlichen Verbindung Unterhalt fordert, sich schlechter behandelt sieht als dasjenige, welches den Vater aus dessen Risikohaftung in Anspruch nimmt — eine wenig fundiert wirkende Konsequenz.

Schließlich ist das Kind an finanzieller Gleichberechtigung mit Kameraden aus derselben Umgebung interessiert[31]. Kollisionsrechtlich kann dem nur durch einheitliche Anknüpfung an den gewöhnlichen Aufenthalt gedient werden. Diesen Weg geht das französische Recht jedoch nicht. Auf den Unterhalt ehelicher Kinder kommt das Ehewirkungsstatut, d. h. das Recht am ehelichen Wohnsitz, zur Anwendung[32], während bei nichtehelichen Kindern entweder deren Heimatrecht oder Art. 311-18 C.c. mit alternativer Aufenthaltsanknüpfung entscheidet. Im Normalfall, d. h., wenn nicht zufälligerweise alle Anknüpfungspunkte oder die Inhalte der berufenen materiellen Rechte übereinstimmen, führt dies nicht nur zu einer Ungleichbehandlung zwischen ehelichen und nichtehelichen Kindern gleichen Aufenthalts, sondern schafft darüber hinaus *innerhalb* der nichtehelichen Kindschaft ein Zweiklassensystem. Anders wäre es, wenn dem Vorschlag von *Mme. Alexandre*[33] gefolgt würde, Art. 311-18 C.c. auf die Unterhaltsansprüche aller Arten

---

[28] Oben 2. Kap. II. 2. a) cc).

[29] Wie im einzelnen oben S. 89 beschrieben.

[30] Zur Problematik alternativer Anknüpfung vgl. oben S. 62.

[31] Oben S. 49/50.

[32] Vgl. statt aller *Batiffol / Lagarde*, DIP II, S. 121, 60/61 mit Nachweisen.

[33] S. 87.

von Kindern anzuwenden. Jedoch kann diese Konzeption angesichts des eindeutigen Gesetzeswortlauts nicht als für das geltende Recht repräsentativ angesehen werden.

Von den *Rechtssicherheitsinteressen* der Allgemeinheit ist in vorliegendem Zusammenhang dasjenige an internationalem Entscheidungseinklang am wenigsten bedeutsam. Auf Kontinuität der Rechtsbeziehung über die Grenze hinweg kommt es beim Unterhalt nur in geringem Ausmaß an[34]. Die Prüfung der einzelnen Rechtsordnungen mag daher hier kursorisch bleiben. Die französische Regelung ist unter diesem Aspekt allenfalls wegen der kaum internationalisierungsfähigen Aufteilung der Materie zu beanstanden.

Als wichtiger erweist sich der innere Entscheidungseinklang. Normkonflikte mit der Zuordnung — etwa: Unterhaltsverpflichtung des Vaters aufgrund Abstammung und gleichzeitige Unzulässigkeit der statusmäßigen Feststellung — oder mit der elterlichen Sorge — etwa: volles Sorgerecht, aber keine Unterhaltsverpflichtung — sind unschön. Das französische Recht bietet ein Beispiel für die fast vollständige Ausnutzung der vorhandenen Möglichkeiten: Abstammung nach Mutterrecht (Art. 311-14 C.c.) bzw. Kindesrecht oder Vaterrecht (Art. 311-17 C.c.), Unterhalt nach Kindesrecht bzw. Aufenthaltsrecht von Kind oder Vater (Mutter) (Art. 311-18 C.c.), elterliche Sorge nach Kindesrecht[35]. Das Interesse am inneren Entscheidungseinklang findet so nur in Ausnahmefällen Berücksichtigung, etwa dann, wenn sich zufällig sämtliche Fragen nach Kindesrecht richten.

Das Interesse an Vertrauensschutz und Vorhersehbarkeit wird ebenfalls deutlich unterbewertet. Die Vielzahl der Anknüpfungen, das Wahlrecht des Kindes und vor allem die zweifelhafte Grenzziehung zwischen Art. 311-18 C.c. und der ungeschriebenen Kollisionsnorm sind der Vorhersehbarkeit von Entscheidungen wenig zuträglich.

Neben den Rechtssicherheitsinteressen ist im Unterhaltsbereich noch das *materielle Interesse der Allgemeinheit* in Gestalt der öffentlichen Fürsorge an möglichst geringer Belastung zu betrachten[36]. Eine kollisionsrechtliche Förderung findet hier immerhin z. T. durch die Anknüpfung an den Kindesaufenthalt in Art. 311-18 statt. Dieser Erfolg ist jedoch nicht sehr hoch zu bewerten, da einerseits Art. 311-18 auch den Aufenthalt des Unterhaltsschuldners als Anknüpfungspunkt enthält, andererseits das Heimatrecht des Kindes mit einem nicht unerheblichen Anwendungsbereich mit ins Spiel kommt.

---

[34] Höchstens dann, wenn auf Erhöhung der Leistungen in einem anderen Staat geklagt wird.

[35] Vgl. unten 6. Kap. I. 1.

[36] Dazu im einzelnen oben 2. Kap. II. 1. b).

II. Das belgische Recht

1. Inhalt

Das belgische materielle Unterhaltsrecht gleicht in seiner Systematik dem französischen. Hier wie dort wird zwischen Kindern, deren Abstammung rechtlich festgestellt wurde, und solchen, bei denen keine Zuordnung stattgefunden hat, unterschieden. Der Unterhaltsanspruch ersterer ergibt sich aus Art. 337 Abs. 2 C.c. belge und wurzelt in der rechtlich festgestellten Abstammung, derjenige letzterer findet seine Grundlage in Art. 340 b C.c. belge und beruht auf wahrscheinlicher biologischer Vaterschaft. Demzufolge findet im Ausgangspunkt auch kollisionsrechtlich eine Trennung statt. Die entsprechenden Regeln sind jedoch — wie fast das gesamte belgische internationale Privatrecht — nicht kodifiziert, sondern haben sich auf der Grundlage des Art. 3 Abs. 3 C.c. belge aus Rechtsprechung und Literatur entwickelt.

a) Statusunabhängiger Unterhalt

Kollisionsrechtlich ausgiebig behandelt sieht sich der Anspruch aus Art. 340 b C.c. belge. Wiederholt wurde entschieden, daß dieser, sofern die Beteiligten keine gemeinsame Staatsangehörigkeit besitzen[37], dem Heimatrecht des Kindes unterfällt[38], eine Ansicht, die auch im Schrifttum positiven Widerhall gefunden hat[39]. Als Begründung dafür wird in erster Linie angeführt, daß die statusunabhängige Unterhaltsklage einen Ersatz für die Abstammungsklage darstelle, wenn diese nicht zulässig sei, und infolgedessen in gleicher Weise angeknüpft werden müsse[40]. Ein Anknüpfungszeitpunkt wird nirgends genannt, es spricht aber nichts dagegen, das Statut als wandelbar anzusehen.

Einschränkungen ergeben sich aus der Möglichkeit eines renvoi, der in Belgien angenommen wird[41], sowie aus der Vorbehaltsklausel. Deren Bedeutung scheint sich allerdings darauf zu beschränken, ein Mindestmaß an Unterhalt zu garantieren[42]. Die Anwendung vom belgischen Recht abweichender Klage- und Verjährungsfristen jedenfalls ist durch sie nicht ausgeschlossen[43].

---

[37] Vgl. *Rigaux*, DIP II, S. 287.

[38] Cour de Cassation, 24 mars 1960, Pas. 1960, I, 860; Trib.pr.inst. Bruxelles, 4 avril 1964, Pas. 1965, III, 28; Trib.pr.inst. Bruxelles, 24 juin 1966, Ann.not. enr. 1966, 193; Cour d'appel Bruxelles, 26 oct. 1967, J.T. 1968, 24; Trib.pr.inst. Charleroi, 5 avril 1968, J.T. 1968, 549; Cour d'appel Bruxelles, 20 juin 1972, Pas. 1973, II, 4.

[39] *Rigaux*, DIP II, S. 322; *Graulich* S. 73; *Vander Elst*, Conflit, no. 52; *ders.*, DIP 1976 - 77, S. 71; *ders.*, in: Répertoire, S. 73.

[40] Vgl. die in der vorigen Fn. Genannten.

[41] *Rigaux*, DIP II, S. 240.

[42] So *Vander Elst*, DIP 1976 - 77, S. 71; *ders.*, in: Répertoire, S. 73.

b) *Statusabhängiger Unterhalt*

In deutlich geringerem Umfang diskutiert wird der statusabhängige Unterhaltsanspruch, der sich gegen den Vater oder die Mutter richten kann. Rechtsprechung hierzu ist nicht ersichtlich[44], was zur Folge hat, daß der Rechtsvergleicher mehr oder minder auf Vermutungen angewiesen ist. Von *Rigaux*[45] stammt der Vorschlag, das Recht am gewöhnlichen Kindesaufenthalt zur Anwendung zu bringen. Da Belgien jedoch vollständig am Staatsangehörigkeitsprinzip orientiert ist und auch *Rigaux* selbst dem gemeinsamen Heimatrecht der Beteiligten den Vorrang vor dem Aufenthaltsrecht einräumen will, erscheint diese Lösung ziemlich systemfremd. Wahrscheinlicher ist die Ansicht von *Vander Elst*[46], der im Wege eines *„rattachement accessoire"* (orientiert an der Zuordnung) das Heimatrecht des Kindes anwenden will[47]; sie mag daher als geltendes Recht betrachtet werden.

Der Anwendungsbereich dieser Regel bereitet keine Schwierigkeiten. Da sowohl auf den Unterhaltsanspruch aus Art. 340 b C.c. belge wie auch auf den, der ein rechtlich festgestelltes Abstammungsverhältnis voraussetzt, das jeweilige Heimatrecht des Kindes zur Anwendung kommt, entfällt das vom französischen Recht her bekannte Qualifikationsproblem.

2. Diskussion anhand der beteiligten Interessen

Das *kollisionsrechtliche Interesse* des Unterhaltspflichtigen an Anwendung seines Aufenthaltsrechtes findet im belgischen Recht keine Berücksichtigung. Gleiches gilt grundsätzlich auch für das Kind, jedoch mit der Einschränkung, daß Staatsangehörigkeit und Wohnsitz bei ihm häufiger übereinstimmen und sein Interesse in solchen Fällen dann mittelbar gewahrt wird[48].

Von den *materiellen Kindesinteressen* bleibt zunächst dasjenige an optimaler finanzieller Versorgung ohne Förderung. Denn, ob durch Anwendung des Heimatrechtes hohe Unterhaltsleistungen erreicht werden, ist dem Zufall überlassen, da jede beliebige Rechtsordnung beru-

---

[43] Cour d'appel Bruxelles, 13 juin 1964, Pas. 1965, II, 184; Trib.pr.inst. Charleroi, 5 avril 1968, J.T. 1968, 549; vgl. a. Cour d'appel Bruxelles, 26 oct. 1967, J.T. 1968, 24, wo die Organisation der Unterhaltsklage in Art. 340 b C.c. belge generell nicht als durch den ordre public garantiert angesehen wurde.

[44] Ein von *Rigaux*, DIP II, S. 323 zitiertes Urteil betrifft m. E. den Fall des Art. 340 b C.c. belge.

[45] DIP II, S. 323.

[46] Conflit, no. 69; DIP 1976 - 77, S. 70/71; in: Répertoire, S. 73.

[47] In dieser Richtung wohl auch *Graulich* S. 75.

[48] Vgl. oben S. 89.

fen sein kann; die Chance darauf wird gegenüber anderen Anknüpfungen jedenfalls nicht erhöht.

Aber auch hinsichtlich des Gleichberechtigungsinteresses bietet sich kein anderes Bild. Selbst wenn man davon ausgeht, daß der Anknüpfungspunkt für eheliche und nichteheliche Kinder einheitlich die Staatsangehörigkeit ist[49], führt das im Hinblick auf den wesentlichen Bezugspunkt, nämlich die räumliche Umgebung, in der das Kind lebt, nicht notwendigerweise zu der gewünschten Anwendung nur einer einzigen Rechtsordnung: Etwa werden das italienische eheliche und das französische nichteheliche Kind, auch wenn sie gemeinsam in Belgien leben, unterhaltsmäßig nach unterschiedlichen Rechten beurteilt. Damit aber ist materiellrechtlich keine Gleichbehandlung zu erreichen, wenn nicht der Inhalt der anwendbaren Rechte zufällig übereinstimmt.

Auf der Seite der *Rechtssicherheitsinteressen* fällt auf, daß dem inneren Entscheidungseinklang vorbildlich Rechnung getragen wird. Unterhalt, Zuordnung und auch elterliche Sorge[50] richten sich nach ein und demselben Recht, nämlich dem Heimatrecht des Kindes[51]. Normkonflikte sind damit annähernd ausgeschlossen.

Auch dem Interesse an vorhersehbaren Entscheidungen wird durch die klare, von den Abgrenzungsschwierigkeiten des französischen Rechtes nicht beeinträchtigte Staatsangehörigkeitsanknüpfung gedient. Eine Vernachlässigung des internationalen Entscheidungseinklangs ist ebenfalls nicht erkennbar[52].

Kaum Berücksichtigung erfährt das *materielle Interesse der öffentlichen Fürsorge,* da das Fürsorgestatut nur in Ausnahmefällen, nämlich dann, wenn Staatsangehörigkeit und Aufenthalt beim Kind übereinstimmen, dem Unterhaltsstatut entspricht.

---

[49] Das auf den Unterhaltsanspruch ehelicher Kinder anwendbare Recht ist nicht ganz eindeutig; in Betracht kommen neben dem Heimatrecht des Kindes dessen Aufenthaltsrecht sowie das Ehewirkungsstatut; vgl. für die unterschiedlichen Auffassungen: *Serick / Harries,* ZAIP 25 (1960) 544, 557; *Rigaux,* DIP II, S. 323; *Vander Elst,* in: Répertoire, S. 72/73; *Graulich* S. 75.

[50] Vgl. unten 6. Kap. I. 1.

[51] Hier wird die Bedeutung des von *Vander Elst,* z. B. DIP 1976 - 77, S. 70, geprägten Begriffs „*rattachement accessoire*“ handgreiflich deutlich; allerdings ist zu beachten, daß sich nach Statutenwechsel Unterschiede ergeben können, da z. B. die Zuordnung unwandelbar angeknüpft wird, während das Unterhaltsstatut wohl als wandelbar anzusehen ist.

[52] Vgl. die übereinstimmende Regelung in *Österreich:* § 25 Abs. 2 IPR-Gesetz; in *Polen:* Art. 20 IPR-Gesetz; in der *Tschechoslowakei:* § 24 Abs. 1 IPR-Gesetz mit lex-fori-Vorbehalt; subsidiär in *Portugal:* Art. 57 Abs. 1 C.c. port.; vgl. a. Projet de loi uniforme *Bénélux* 1951: Art. 9 Abs. 3, im Projet 1969 nicht mehr enthalten.

III. Das schweizerische Recht

Wie Frankreich so ist auch die Schweiz Vertragsstaat des neuen Haager Unterhaltsabkommens von 1973, das nationale Kollisionsnormen im vorliegenden Zusammenhang fast vollkommen überflüssig macht. Konsequenterweise verzichtete der Gesetzgeber anläßlich der Reform des internen Kindesrechts im Jahre 1978 auf die Schaffung von speziell den Unterhalt betreffenden Kollisionsvorschriften[53]. Ebenso begnügt sich der IPR-Gesetzentwurf in seinem Art. 82 mit einem Verweis auf das Haager Abkommen, dies im übrigen auch hinsichtlich eventuell nicht erfaßter Randbereiche (etwa: Ansprüche der Mutter)[54]. Auch vor Inkrafttreten des Abkommens hatte sich — wohl angesichts seines schon weitreichenden Vorläufers von 1956 — keine ausgeprägte Regel entwickelt; überwiegend wurde aus Zweckmäßigkeitsgründen die lex fori angewandt[55]. Es mag daher an dieser Stelle eine Diskussion unterbleiben. Die für das aktuelle schweizerische Recht kennzeichnenden Haager Regeln finden ihre Darstellung am Schluß des Kapitels[56].

IV. Das englische Recht

1. Inhalt

Auf die Schwierigkeiten im Umgang mit dem englischen Recht, insbesondere im Hinblick auf internationale Kindschaftsfälle, wurde bereits hingewiesen[57]. Sie treten im Bereich des Unterhalts ebenso auf wie bei der Zuordnung, was sich aus ihrer gegenseitigen Verstrickung ergibt. Obwohl das Institut der *„affiliation proceedings"* schon angesprochen wurde, sei zum tieferen Verständnis ein Blick auf die Entwicklung des materiellen Unterhaltsrechts geworfen.

a) Materielles Unterhaltsrecht

In der ursprünglichen Konzeption war das nichteheliche Kind „filius nullius"[58], was zur Konsequenz hatte, daß es allein Aufgabe der Sozial-

---

53 Botschaft des Bundesrats, BBl. 126 (1974) II, 106, 109.

54 s. dazu *Vischer / Volken*, Begleitbericht, S. 116; *dies.*, Schlußbericht, S. 162.

55 Vgl. *Vischer*, IPR, 1. Aufl. 1973, S. 620/21 mit Nachweisen.

56 Ähnlich wie die *Schweiz* verfahren im übrigen auch die *Niederlande:* Die Aufenthaltsanknüpfung des Haager Abkommens 1956 wird offensichtlich auch dann angewandt, wenn dieses nicht einschlägig ist, vgl. *Czapski*, RabelsZ 34 (1970) 86, 95.

57 Oben 3. Kap. IV. 1. a).

58 z. B. *Cretney* S. 574; *Bromley* S. 300; *Thomson*, in: The Reform of Family Law, S. 43; *Lasok*, I.C.L.Q. 10 (1961) 123, 127; *Rexroth*, in: rvglHdWöB Bd. 6, S. 635, 650.

fürsorge war, für seinen Unterhalt zu sorgen[59]. Zur Entlastung der öffentlichen Fürsorge wurde im 16. Jahrhundert durch den Poor Law Act einerseits der Mutter die Unterhaltspflicht auferlegt, andererseits der Behörde, der das Kind zur Last fiel, die Möglichkeit eingeräumt, sich beim mutmaßlichen Vater oder bei der Mutter im Klagewege schadlos zu halten[60]. Erst im 19. Jahrhundert erlangte die Mutter durch den Poor Law Amendment Act die Möglichkeit, ihre Auslagen klagweise beim mutmaßlichen Vater wieder einzutreiben[61].

Von diesen Wurzeln hat sich auch das gegenwärtige Unterhaltsrecht noch nicht frei gemacht[62]. Heute sind zwar beide Eltern zum Unterhalt verpflichtet[63], jedoch hat das Kind selbst, sofern es unter 18 Jahre alt ist, grundsätzlich keinen klagbaren Anspruch[64]. Verweigert ein Elternteil unter Verletzung seiner Pflichten die Unterhaltsleistung mit der Folge, daß die öffentliche Fürsorge einspringen muß, so kann diese im Regreßwege gegen ihn vorgehen[65]. Darüber hinaus hat die sorgeberechtigte Mutter (bzw. ein Vormund) die Möglichkeit, den Vater im Wege der affiliation proceedings für ihre Auslagen in Anspruch zu nehmen, allerdings nur, solange sie selbst alleinstehend („single woman") ist[66].

b) Konsequenzen für das IPR — jurisdiction in „affiliation proceedings"

Für die Behandlung von Fällen mit Auslandsberührung hat dies erhebliche Konsequenzen. Da die Unterhaltsklage in erster Linie nicht in einem familienrechtlichen Verhältnis, sondern vielmehr im Recht der öffentlichen Fürsorge wurzelt, liegt der kollisionsrechtliche Ausgangspunkt folgerichtig im Territorialitätsprinzip: Die Behörden erbringen zugunsten der in ihrem Bezirk lebenden Kinder nach englischem Recht Unterstützungsleistungen und fordern dieselben auch wiederum nach

---

59 *Eekelaar* S. 68; *Lüthke* S. 2, 11; *Schwimann*, ÖJZ 1975, 645, 650.

60 *Bromley* S. 592/93; *Boehmer* S. 77; *Lüthke* S. 11; *Piret*, Rev.int.dr.comp. 25 (1973) 277, 295.

61 Vgl. vorige Fn.; dazuhin *Stone* S. 223; *Schwimann*, ÖJZ 1975, 645, 650; *v. Landauer*, I.C.L.Q. 17 (1968) 1015 f.

62 *Lasok*, I.C.L.Q. 17 (1968) 634, 635; *Schwimann*, ÖJZ 1975, 645, 651; *Gutteridge*, I.L.Q. 2 (1948 - 49) 155, 162; a. A. offensichtlich *Böhm*, Anm. zur OGH-Entscheidung vom 5. 6. 70, ZfRV 14 (1973) 299, 301.

63 s. 17 Supplement Benefit Act 1976.

64 *Boehmer* S. 82; *Thomson*, in: The Reform of Family Law, S. 70/71; Ausnahmen in s. 5 (2) Family Law Reform Act.

65 *Bevan* S. 455; *Cretney* S. 575.

66 s. 1, 4 Affiliation Proceedings Act 1957, Text im Anhang; Grund für diese Regelung: Ist Mutter verheiratet und lebt Kind in dieser Familie, so hat es als „child of the family" einen Anspruch gegen den Stiefvater, vgl. *Thomson*, in: The Reform of Family Law, S. 71; *Josling*, Affiliation Law, S. 19/20; *Bevan* S. 273, 459; *Puxon* S. 29.

englischem Recht ein, soweit sie des Schuldners habhaft werden können, d. h. soweit sich dieser in England aufhält. Ein ernsthaftes Regelungsbedürfnis besteht daher aus englischer Sicht nur im Hinblick auf den Unterhaltsanspruch der Mutter (zugunsten des Kindes) gegen den Vater. Aber auch hier vergißt man den öffentlich-rechtlichen Ursprung nicht: Denn sehen sich englische Gerichte zur Entscheidung berufen, so wenden sie ausschließlich die lex fori an[67]. Eine Reaktion auf ausländische Sachverhaltselemente bleibt danach allein der Regelung der internationalen Zuständigkeit (jurisdiction) vorbehalten, die folglich im vorliegenden Zusammenhang die Funktion kontinentaleuropäischer Kollisionsnormen übernimmt[68].

Die Jurisdiktionsregeln, die sich in bezug auf die affiliation proceedings im Laufe der Zeit entwickelt haben, wurden schon im Kapitel über die Zuordnung erarbeitet. Auf eine eingehende Erörterung kann daher an dieser Stelle verzichtet werden. Es sei nur noch einmal das Ergebnis zusammengefaßt: Englische Gerichte haben jurisdiction, wenn sich zur Zeit der Klage alle Beteiligten in England aufhalten (Territorialitätsprinzip!), wobei beim Vater ein schlichter Aufenthalt genügt, während es bei Mutter und Kind der gewöhnliche sein muß.

2. Diskussion anhand der beteiligten Interessen

Die *Rechtsanwendungsinteressen* von Kind und unterhaltspflichtigem Vater finden im englischen Recht auf den ersten Blick vollständige Berücksichtigung. Denn die zur Anwendung kommende lex fori entspricht immer dem gemeinsamen Umweltrecht beider, weil englische Gerichte ja nur unter der Voraussetzung des gemeinsamen Aufenthaltes aller Beteiligten in England überhaupt entscheiden. Einschränkend ist allenfalls zu bemerken, daß hinsichtlich des Vaters nicht unbedingt die Rechtsordnung des Milieus entscheidet, das seine Verdienstmöglichkeiten maßgeblich beeinflußt, da der geforderte schlichte Aufenthalt nicht den Daseinsmittelpunkt (wie beim gewöhnlichen Aufenthalt) markieren muß.

Dieses positive Ergebnis trifft allerdings nur dann zu, wenn sich alle Beteiligten gemeinsam in England aufhalten. In dem sicherlich nicht seltenen Fall unterschiedlicher Aufenthaltsländer wird dagegen äußerst fraglich, ob es noch zu einer Befriedigung der beteiligten Rechtsanwendungsinteressen kommt. Denn englische Gerichte fällen mangels jurisdiction keine Entscheidung, und was ausländische Gerichte tun (Zuständigkeit? Anwendbares Recht?), kann nicht vorhergesehen werden.

---

[67] Statt aller *Dicey / Morris* S. 452.

[68] Vgl. schon oben S. 75.

Ob im Ergebnis das Aufenthaltsrecht von Kind oder Vater berufen wird, bleibt damit dem Zufall überlassen[69].

Bei dem *materiellen Kindesinteresse* an optimaler finanzieller Versorgung erlangt diese Überlegung noch größere Bedeutung. Die Verneinung der jurisdiction in den Fällen, in denen nicht alle Beteiligten ihren Aufenthalt in England haben, kann einer Rechtsverweigerung gleichkommen[70], die dazu führt, daß das Kind keine Unterhaltsleistungen erhält. Sein Interesse wird folglich durch die englische Jurisdiktionsregel nicht gefördert, sondern eher gehemmt. Sie kommt damit dem natürlichen, aber kaum schutzwürdigen Interesse des Unterhaltsschuldners an möglichst geringer Belastung entgegen.

Anders sieht es bei der Gleichberechtigung aus. Der Unterhalt ehelicher Kinder ist rechtlich ähnlich strukturiert wie der nichtehelicher: Nicht das Kind selbst hat den Anspruch, sondern der Elternteil, dem das volle Sorgerecht übertragen wurde[71]. Er unterliegt englischem Recht, sofern englische Gerichte international zuständig sind. Dies ist der Fall, wenn sich zumindest der Beklagte und das Kind im Inland aufhalten[72]. Die Jurisdiktionsregel stimmt damit im wesentlichen mit der überein, die den Unterhalt nichtehelicher Kinder betrifft. Da ein entscheidender Bezugspunkt beider der Kindesaufenthalt ist, erfährt das materielle Interesse des Kindes an finanzieller Gleichbehandlung mit seinen ehelichen (und nichtehelichen) Kameraden innerhalb einer bestimmten räumlichen Umgebung eine Förderung.

Von den *Rechtssicherheitsinteressen* ist der innere Entscheidungseinklang herausragend berücksichtigt. Die vorliegende Rechtskonstruktion betrifft nicht nur den Unterhalt, sondern auch die eng verbundene Zuordnungsfrage sowie den Namen, soweit er rechtlich relevant ist, und behandelt damit alle bisher erörterten Bereiche nach gleichem Recht.

---

[69] Zu einer leichten Begünstigung des Aufenthaltsrechts mag es dann kommen, wenn sich alle Beteiligten gemeinsam in *einem* ausländischen Staat aufhalten: Ist nach dem entsprechenden ausländischen Kollisionsrecht das englische Heimatrecht der Beteiligten anwendbar, so kann das zuständige ausländische Gericht mit Hilfe der *versteckten Rückverweisung* zum gemeinsamen Aufenthaltsrecht gelangen, vgl. oben S. 75.

[70] Nämlich dann, wenn auch ausländische Gerichte sich nicht für zuständig halten.

[71] s. 9 (2) Guardianship of Minors Act 1971; vgl. *Bromley* S. 591; haben beide Eltern das Sorgerecht, so kann wiederum nur die Fürsorgebehörde, die das Kind unterstützte, im Regreßwege gegen Vater oder Mutter vorgehen, *Bromley* S. 590.

[72] Im einzelnen nicht unproblematisch, vgl. *Dicey / Morris* S. 444 und — wegen des in s. 9 (2) Guardianship of Minors Act 1971 genannten notwendigen Zusammenhangs mit einer „custody order" — 424 ff.

Belastet jedoch sieht sich das Interesse an vorhersehbaren Entscheidungen und Vertrauensschutz. Denn einerseits ist die erarbeitete Jurisdiktionsregel nicht so sicher, wie sie hier in kurzer Zusammenfassung dargestellt wurde, sondern vielmehr ein verhältnismäßig junges Ergebnis langen Ringens und im Detail entsprechend ungeklärt[73]. Andererseits hat die erwähnte Gefahr der Rechtsverweigerung mit Vertrauensschutz nur wenig gemein. Positiv zu vermerken ist allerdings, daß die Anwendung der lex fori zu einer sichereren Rechtsprechung führt, als dies bei Anwendung ausländischen Rechtes der Fall wäre.

Das *materielle Interesse der Allgemeinheit* an möglichst geringer finanzieller Belastung war immer ein besonderes Anliegen der englischen Rechtsprechung zu internationalen Nichtehelichenfällen. Auch in der *Adedigba*-Entscheidung, die den bisherigen Schlußpunkt der Entwicklung der heutigen Zuständigkeitsregelung darstellt, kommt dies mit den Worten *Lord Dennings* deutlich zum Ausdruck[74]:

> "Otherwise what is the position? The children will be left to the care of the state. The national assistance fund will have to pay—the father will get out of his just responsibilities. That would be a most undesirable state of affairs."

Dieses Interesse wird durch die heutige Regelung auch im wesentlichen gefördert. Denn statt auf die Geburt des Kindes in England[75] wird auf dessen Aufenthalt abgestellt und damit der gewünschte Gleichlauf zwischen der auf die staatlichen Unterstützungsleistungen und der auf den Unterhaltsanspruch anwendbaren Rechtsordnung hergestellt. Dadurch steigt die Chance der öffentlichen Fürsorge auf Entlastung. Probleme könnten sich allenfalls aus den zusätzlichen Aufenthaltserfordernissen hinsichtlich des Vaters und der Mutter ergeben, da bei deren Nichtvorliegen der Fürsorge der Regreßweg wiederum versperrt wäre. Hier entstehen im allgemeinen jedoch keine weiteren Hindernisse. Denn die Mutter lebt typischerweise mit dem Kind zusammen und beim Vater genügt schon die schlichte Präsenz, die insoweit kein Zusatzerfordernis darstellt, als sie zur Vollstreckung des Unterhaltsurteils in jedem Falle notwendig wäre.

---

[73] Vgl. die eingehende Erörterung im 3. Kap. IV. 1. b).

[74] R. v. Bow Road Justices, ex parte Adedigba (1968) 2 All E.R. 89, 93.

[75] So die frühere Rechtsprechung, z. B. R. v. Blane (1849) 13 Q.B. 769 = 116 E.R. 1458, vgl. oben 3. Kap. IV. 1. b).

V. Das deutsche Recht

1. Inhalt — Artt. 20 und 21 EGBGB

Das deutsche internationale Privatrecht stellt im Hinblick auf die Unterhaltsverpflichtung zwei Normen zur Verfügung, je nachdem, welcher Elternteil betroffen ist. Der Anspruch gegen die Mutter richtet sich nach dem schon mehrfach erwähnten Art. 20 EGBGB[76], der ihr jeweiliges Heimatrecht zur Anwendung beruft.

Die väterliche Verpflichtung hingegen unterliegt Art. 21 EGBGB. Danach wird ebenfalls an die Staatsangehörigkeit der Mutter angeknüpft, aber unwandelbar an diejenige, die sie im Zeitpunkt der Kindesgeburt besaß. Ob die Vorschrift durch einen eventuellen renvoi einschränkbar ist, war angesichts des Schweigens von Art. 27 EGBGB lange Zeit umstritten[77]. Die Frage wird heute aber überwiegend bejaht[78].

Einer Präzisierung bedarf der zweite Halbsatz des Art. 21, nach dem nicht weitergehende Ansprüche geltend gemacht werden können, als nach deutschem Recht begründet sind. Nach allgemeiner Überzeugung[79] handelt es sich hierbei um eine Spezialnorm des ordre public, die ausschließlich deutschen Vätern zugute kommt. Die Vorschrift ist wandelbar, ein Staatsangehörigkeitswechsel folglich bis zur letzten Tatsacheninstanz zu beachten. Ihre Anwendung erfordert einen auf den konkreten Fall bezogenen Vergleich, in den sowohl die Voraussetzungen — wie etwa die förmliche Vaterschaftsfeststellung des § 1600 a BGB — als auch die Wirkungen — insbesondere die Höhe — des Unterhalts einzubeziehen sind. Der Unterhaltsanspruch wird insoweit vom Heimatrecht der Mutter und vom deutschen Recht in Kumulation beherrscht. Durch Art. 21 2. Halbsatz wird die Anwendung des allgemeinen ordre-public-Vorbehalts aus Art. 30 EGBGB nicht ausgeschlossen; dieser mag noch zugunsten des Kindes eingreifen, indem er eine Mindesthöhe des Anspruchs garantiert[80].

Der Anwendungsbereich der Norm umfaßt Voraussetzungen wie Wirkungen des Unterhaltsanspruchs nichtehelicher Kinder. Von *Kegel*[81]

---

[76] Vgl. etwa *Erman / Marquordt*, Art. 20 Rdnr. 8.

[77] Vgl. *Neuhaus*, Verpflichtungen, S. 42 ff. mit Nachweisen.

[78] *Soergel / Kegel*, Art. 21 Rdnr. 52 mit Rechtsprechungsnachweisen; *Palandt / Heldrich*, Art. 21 Anm. 1; *Neuhaus*, Verpflichtungen, S. 79; *Ferid*, IPR, S. 262.

[79] *Palandt / Heldrich*, Art. 21 Anm. 5; *Erman / Marquordt*, Art. 21 Rdnr. 12; *Soergel / Kegel*, Art. 21 Rdnr. 6 ff.; *Kegel*, IPR, S. 418/19; *Wolff*, IPR, S. 219/20; *Ferid*, IPR, S. 263; *Firsching*, Einführung, S. 178; *Neuhaus*, Verpflichtungen, S. 23 ff.

[80] Vgl. z. B. *Erman / Marquordt*, Art. 21 Rdnr. 15; *Ferid*, IPR, S. 263; LG Stuttgart DAVorm 1965, 365.

stammt der Vorschlag, eine Einschränkung in der Weise vorzunehmen, daß Art. 21 nicht eingreift, wenn die Rechtsstellung der Kinder nach dem berufenen materiellen Recht derjenigen ehelicher stark angenähert ist; er will statt dessen hier das Heimatrecht des Vaters anwenden. Noch weitergehend empfiehlt *Neuhaus*[82] in solchen Fällen eine anspruchsbegünstigende Kumulation (alternative Anknüpfung) der elterlichen Heimatrechte. Beide Gedanken haben jedoch in Literatur und Rechtsprechung keinen nachhaltigen Widerhall gefunden und können daher nicht als geltendes Recht betrachtet werden.

2. Diskussion anhand der beteiligten Interessen

Die *Rechtsanwendungsinteressen* der Beteiligten werden vom Grundsatz her nicht berücksichtigt, da entscheidender Anknüpfungspunkt nicht Aufenthalt, sondern Staatsangehörigkeit ist. Jedoch verändern die schon erwähnten[83] Erfahrungstatsachen, daß das Kind zum einen meist die Staatsangehörigkeit der Mutter teilt, zum anderen nicht selten zusammen mit seiner Mutter auch in dem entsprechenden „Staatsangehörigkeitsstaat" lebt, das Bild ein wenig. Denn in diesen Fällen führen die Anknüpfungen der Artt. 20 und 21 im Endeffekt zur Anwendung des kindlichen Aufenthaltsrechtes, so daß zumindest das Kindesinteresse und, sofern die Mutter in Anspruch genommen wird (selten), auch deren Interesse Beachtung findet.

Das *materielle Interesse* an optimaler Alimentation wird im deutschen Recht nicht nur nicht gefördert, sondern erfährt — jedenfalls im Hinblick auf den Anspruch gegen den deutschen Vater — recht erhebliche Behinderungen. Ursächlich dafür ist der 2. Halbsatz des Art. 21. Die durch diesen im Ergebnis geforderte Kumulation von Mutterrecht und deutschem Recht wirkt sich anspruchshemmend — und damit für den Vater günstig — aus, da infolgedessen Unterhalt nur gewährt wird, wenn er nach zwei Rechtsordnungen begründet ist[84]. Besonders bittere Konsequenzen können sich daraus ergeben, wenn die beiden Rechte in den Voraussetzungen differieren[85]. Hier mag es dazu kommen, daß das

---

81 *Soergel / Kegel*, Art. 21 Rdnr. 18; *ders.*, IPR, S. 420/21; ihm folgend *Palandt / Heldrich*, Art. 21 Anm. 3.

82 Verpflichtungen, S. 16.

83 Vgl. oben S. 89.

84 Vgl. allgemein zur negativen Wirkung der Kumulation: *Henrich*, StAZ 1979, 282, 283.

85 Vgl. etwa einerseits § 1600 a BGB und andererseits die in *Schweden* — § 10 Abs. 3 Elterngesetz vom 10. 6. 49 — und abgeschwächt in *Frankreich* — Art. 342-3 C.c. — bekannte Möglichkeit, mehrere Männer lediglich aufgrund einer Art Risikohaftung unter Verzicht auf das Vaterschaftserfordernis zu verurteilen.

Kind nicht nur einen im Verhältnis zu dem des Mutterrechts geminderten Anspruch erhält, sondern gänzlich leer ausgeht[86].

Auch das Gleichberechtigungsinteresse bleibt ohne Förderung. Der Unterhalt ehelicher Kinder richtet sich mit Art. 19 EGBGB nach dem jeweiligen Heimatrecht des Vaters. Von der allein hilfreichen einheitlichen Anknüpfung an den gewöhnlichen Aufenthalt für alle Kinder ist man damit weit entfernt.

Von den *Rechtssicherheitsinteressen* der Allgemeinheit sei zunächst der internationale Entscheidungseinklang erwähnt. Er ist zwar im vorliegenden Zusammenhang weniger bedeutsam, bei der Überprüfung des deutschen Rechts aber doch insofern bedenkenswert, als sich der 2. Halbsatz des Art. 21 durch die einseitige Ausdehnung der lex fori in klaren Widerspruch zu ihm setzt.

Das Interesse an innerem Entscheidungseinklang findet ebenfalls nur geringe Beachtung. Dies ergibt sich zunächst aus der Zersplitterung der anwendbaren Rechte im Unterhaltsbereich selbst je nach in Anspruch genommenem Elternteil. Darüber hinaus macht sich die — bezüglich des Anspruchs gegen den Vater — grundsätzlich abweichende Anknüpfung der Zuordnung (Heimatrecht des Vaters) negativ bemerkbar. Allerdings wird es hier oftmals zu einer Korrektur durch die BGH-Regel zur Vaterschaftsfeststellung kommen, denn diese führt immerhin bei deutschem Unterhaltsstatut einen Gleichlauf mit der Zuordnung herbei. Als im Hinblick auf den inneren Entscheidungseinklang positiv bleibt festzuhalten, daß die Rechtsbeziehungen zur Mutter — abgesehen von Art. 20 Satz 2 — einheitlich beurteilt werden, was in praxi jedoch von geringerer Bedeutung ist.

Als günstig erweist sich die deutsche Regelung unter den Aspekten Vorhersehbarkeit und Vertrauensschutz, denn die Staatsangehörigkeit der Mutter stellt einen klaren und dauerhaften Anknüpfungspunkt dar. Verstärkt wird dieser Eindruck noch durch die Unwandelbarkeit der Anknüpfung, die Fälle fraudulösen Statutenwechsels stark vermindert, geringfügig abgeschwächt hingegen durch die Zulassung des renvoi.

Zu prüfen bleibt das *Interesse der öffentlichen Fürsorge* an möglichst geringer Belastung. Obwohl hier ursprünglich die Hauptmotivation für die Berufung des Heimatrechts der Mutter lag[87], findet eine Förderung durch diese Anknüpfung kaum statt. Allenfalls in der — schon des öfteren erwähnten — nicht ganz abwegigen Konstellation einer Übereinstimmung von Staatsangehörigkeit und Wohnsitz bei Mutter und Kind

---

[86] s. im übrigen die Beispiele zu Art. 21 2. Halbsatz bei *Soergel / Kegel*, Art. 21 Rdnr. 11 ff.

[87] Vgl. *Niemeyer* S. 219; *Hartwieg / Korkisch* S. 122.

kommt es zu dem erstrebten Gleichlauf zwischen Fürsorgestatut und Unterhaltsstatut.

VI. Die Haager Unterhaltsabkommen

1. HUA 1956 und HUA 1973

Die beiden Haager Unterhaltsabkommen (HUA) vom 24. 10. 1956 und vom 2. 10. 1973[88] sind in der Praxis von erheblicher Bedeutung, da sie die nationalen Kollisionsrechte der Vertragsstaaten weiträumig verdrängen und somit die Rechtswirklichkeit in diesen Ländern maßgeblich bestimmen[89]. Der Unterschied zwischen beiden ist in erster Linie im Anwendungsbereich zu suchen. Das HUA 1956 macht seine Anwendbarkeit zwar nicht von der Staatsangehörigkeit der Beteiligten abhängig[90], setzt aber mit seinem Art. 6 doch voraus, daß sich zumindest der gewöhnliche Aufenthalt des Kindes in einem Vertragsstaat befindet; darüber hinaus beschränkt es sich gemäß Art. 1 Abs. 4 auf die Ansprüche unverheirateter Kinder unter 21 Jahren. Im Gegensatz hierzu kennt das HUA 1973 keine Altersgrenze (Art. 1) und ist — unabhängig davon, ob Staatsangehörigkeit oder Aufenthalt der Beteiligten auf einen Vertragsstaat hinweisen oder nicht (Art. 3) — immer anwendbar, wenn nur das angerufene Gericht einem Vertragsstaat angehört; es schafft insofern allseitiges Einheitsrecht[91] und läßt nationalen Kollisionsnormen, abgesehen von Vorbehalten (Artt. 12 ff.), keinen Spielraum mehr. Wegen seiner weiteren Verbreitung soll im folgenden allein das HUA 1956 betrachtet werden; dessen Regelungsgehalt entspricht jedoch im wesentlichen dem des HUA 1973.

2. Die Kollisionsregeln des HUA 1956

Der Unterhaltsanspruch gegen die Eltern wird gemäß Art. 1 Abs. 1 HUA 1956 an den gewöhnlichen Aufenthalt des Kindes angeknüpft. Wo dieser liegt, ist abhängig vom „Schwerpunkt der Bindungen" oder vom „Daseinsmittelpunkt"[92]. Beide Begriffe sind anhand der tatsächlichen Aufenthaltsdauer sowie der voraussichtlichen Entwicklung des Aufent-

---

[88] Zu den Vertragsstaaten vgl. oben S. 99; Text des HUA 1973 bei *Staudinger / Kropholler*, Vorbem. zu Art. 18 Rdnr. 251; Text des HUA 1956 auszugsweise im Anhang.

[89] Vgl. die konsequente Haltung der *Schweiz*, die auf eigene Kollisionsvorschriften vollständig verzichtet, oben III.

[90] s. zu dieser früher umstrittenen Frage z. B. *Staudinger / Kropholler*, Vorbem. zu Art. 18 Rdnr. 221 ff.

[91] Vgl. *Staudinger / Kropholler*, Vorbem. zu Art. 18 Rdnr. 250.

[92] So die für die h. M. kennzeichnende Formulierung des BGH NJW 1975, 1068; vgl. auch BGH NJW 1981, 520.

haltes in der Zukunft, bei der die entsprechende Willensrichtung des bestimmungsberechtigten Elternteiles bedeutsam wird, zu konkretisieren[93]. Wie sich aus Art. 1 Abs. 2 ergibt, ist die Anknüpfung wandelbar, zur Anwendung kommt also das jeweilige Aufenthaltsrecht des Kindes.

Einschränkungen ergeben sich aus den Artt. 2 - 4 des Abkommens. Gemäß Art. 2, einer Fakultativklausel, von der unter den hier betrachteten Ländern lediglich Frankreich keinen Gebrauch gemacht hat, ist die lex fori zur Entscheidung berufen, wenn der Aufenthalt des Kindes den einzigen Bezug zum Ausland herstellt, also Staatsangehörigkeit von Kläger und Beklagtem ebenso wie Aufenthalt des letzteren vom Forum aus gesehen inländisch sind[94]. Es handelt sich bei dieser Vorschrift um eine Konzession an das Staatsangehörigkeitsprinzip[95]. Art. 3 erlaubt die Anwendung der nationalen Kollisionsnormen, falls die staatsvertragliche dazu führt, daß das Kind von dem Inanspruchgenommenen keinerlei Unterhalt erhält. Art. 4 schließlich enthält den allgemeinen ordre-public-Vorbehalt, dem allerdings, um den Zweck des Abkommens nicht zu vereiteln, nur sehr geringer Einfluß zuzubilligen ist[96]. Keine Einschränkung droht von seiten des renvoi, da ein solcher angesichts der durch das Abkommen gewollten Verdrängung nationaler Kollisionsnormen für unbeachtlich gehalten wird[97].

Der Anwendungsbereich des Aufenthaltsrechts umfaßt sämtliche Voraussetzungen des Unterhaltsanspruchs, und zwar grundsätzlich unter Einschluß der Abstammungsfrage. Letzteres ist allerdings im Hinblick auf Art. 5 Abs. 2 HUA 1956 nicht unangefochten geblieben. Festzustehen scheint heute immerhin, daß die — in praxi allein bedeutsame — Vaterschaftsfrage dann dem Art. 1 des Abkommens unterfällt, wenn das Aufenthaltsrecht lediglich eine Inzidentfeststellung verlangt[98]. Verlangt es dagegen eine förmliche Feststellung, so ist aus deutscher Sicht[99]

---

[93] Vgl. *Staudinger / Kropholler*, Vorbem. zu Art. 18 Rdnr. 47, 48 mwN.; auch BGH NJW 1975, 1068; BGH NJW 1981, 520/21.

[94] Die Voraussetzungen des Art. 2 müssen kumulativ vorliegen, vgl. *Palandt / Heldrich*, Anhang zu Art. 21 EGBGB, Art. 2 HUA Anm. 1.

[95] Gemeinsame Staatsangehörigkeit der Beteiligten schlägt durch, vgl. *Staudinger / Kropholler*, Vorbem. zu Art. 18 Rdnr. 159.

[96] Gefordert ist auch „offensichtliche Unvereinbarkeit“, vgl. *Palandt / Heldrich*, Anhang zu Art. 21 EGBGB, Art. 4 HUA Anm. 1; *Staudinger / Kropholler*, Vorbem. zu Art. 18 Rdnr. 182 ff. mit Rechtsprechungsnachweisen.

[97] *Erman / Marquordt*, Vor Art. 13, Anhang Rdnr. 4; *Palandt / Heldrich*, Anhang zu Art. 21 EGBGB, Art. 1 HUA Anm. 4; *Staudinger / Kropholler*, Vorbem. zu Art. 18 Rdnr. 65 mwN.; *Ferid*, IPR, S. 244.

[98] BGH NJW 1976, 1028; BGHZ 63, 219, 227; *Staudinger / Kropholler*, Vorbem. zu Art. 18 Rdnr. 90.

[99] In den anderen Vertragsstaaten scheint man eher einer generellen Anwendung des Art. 1 zuzuneigen, vgl. dazu den rechtsvergleichenden Überblick bei *Staudinger / Kropholler*, Vorbem. zu Art. 18 Rdnr. 73 ff.

eine Unterscheidung notwendig: Ist das Unterhaltsstatut deutsches Recht, so erstreckt sich dessen Anwendungsbereich auch auf die Vaterschaftsfrage. Ist es aber ausländisches, so wird die Vaterschaft selbständig angeknüpft[100].

3. Diskussion anhand der beteiligten Interessen

Das Haager Abkommen sorgt für eine weitgehende Befriedigung des *kollisionsrechtlichen Interesses* des Kindes an Anwendung seines Umweltrechts. Dies gilt allerdings nicht unbeschränkt. Das Kind bleibt zumindest im Falle des Rekurses auf das Staatsangehörigkeitsprinzip (Art. 2), möglicherweise — je nach Forum — aber auch bei der subsidiären Anwendung der nationalen Kollisionsnormen des Forumstaates (Art. 3) unberücksichtigt. Grundsätzlich nicht beachtet wird das Interesse des in Anspruch genommenen Elternteils, wobei sich auch hier wiederum eine Ausnahme bei Eingreifen des Art. 2 ergibt. Denn dessen Anwendbarkeit setzt ja neben der gemeinsamen Staatsangehörigkeit der Beteiligten den gewöhnlichen Aufenthalt des Beklagten in dem Staat voraus, dessen Recht angewandt werden soll; damit kommt sein Umweltrecht zur Anwendung. Für diese Konsequenz des Art. 2, die in einer Bevorzugung des Vaters (der Mutter) vor dem Kind, also in einer Umkehrung des Ausgangsprinzips liegt, ist eine rationale Begründung nicht erkennbar[101].

Das *materielle Interesse* des Kindes an optimaler Versorgung wird leicht gefördert, denn von der subsidiären Berufung der nationalen Kollisionsnormen durch Art. 3 geht eine anspruchsbegünstigende Wirkung aus. Zwar hält die Norm keine alternative Anknüpfung bereit[102], schafft aber doch gewissermaßen ein „Auffangnetz“ für die Fälle, in denen das Aufenthaltsrecht — z. B. wegen seiner Einschränkungen im Hinblick auf die Vaterschaftsfeststellung — vollständig versagt. Dem Kindesinteresse wenig förderlich ist allerdings die deutsche Handhabung der Vaterschaftsvorfrage. Denn die selbständige Anknüpfung kann dazu führen, daß das Kind ohne Unterhalt bleibt, weil die so berufene Rechtsordnung eine nach dem Unterhaltsstatut erforderliche, förmliche Feststellung der Vaterschaft nicht zuläßt[103]. Zumindest bei deutschem Unterhaltsstatut wurde daher auch für die erwähnte Korrektur gesorgt.

---

[100] BGHZ 60, 247; BGHZ 63, 219; BGH NJW 1976, 1028; gegen diese Differenzierung *Staudinger / Kropholler*, Vorbem. zu Art. 18 Rdnr. 91.

[101] Ablehnend auch *Staudinger / Kropholler*, Vorbem. zu Art. 18 Rdnr. 161.

[102] So aber offensichtlich der ursprüngliche Entwurf, vgl. *Staudinger / Kropholler*, Vorbem. zu Art. 18 Rdnr. 165 mit Nachweisen.

[103] Gesehen auch vom BGH, BGHZ 60, 247, 250.

Günstig steht es mit dem Interesse an finanzieller Gleichberechtigung. Art. 1 Abs. 1 HUA 1956 knüpft sowohl für nichteheliche als auch für eheliche Kinder an den gewöhnlichen Aufenthalt an[104]. Damit kommt für alle in einem bestimmten Milieu lebenden Kinder ein einheitliches Recht zur Anwendung, womit die Wahrscheinlichkeit der Gleichbehandlung erhöht wird.

Auf seiten der *Rechtssicherheitsinteressen* bringt das Abkommen große Vorteile für den internationalen Entscheidungseinklang. Zunächst schafft es innerhalb der Gruppe der Vertragsstaaten Einheitskollisionsrecht und führt damit grundsätzlich übereinstimmende Entscheidungen herbei. Darüber hinaus ist die Grundanknüpfung weithin interessengerecht und somit in hohem Maße internationalisierungsfähig. Gefahren ergeben sich allerdings aus unterschiedlicher Auslegung und Anwendung des Abkommens — als Beispiel mag die Behandlung der Vaterschaftsvorfrage dienen — sowie aus dem — allerdings restriktiv gehandhabten — ordre-public-Vorbehalt.

Da der Staatsvertrag nur den Unterhalt betrifft, die anderen regelungsbedürftigen Probleme wie Zuordnung und elterliche Sorge dagegen weiterhin von den jeweiligen nationalen Kollisionsnormen erfaßt werden, kann der innere Entscheidungseinklang naturgemäß wenig Berücksichtigung finden[105]. Eine weitere Belastung ergibt sich hier aus der in den meisten Vertragsstaaten vorgenommenen unselbständigen Anknüpfung der Abstammungsvorfrage, die dazu führen kann, daß ein isolierter Abstammungsprozeß hinsichtlich der Vaterschaft zu einem anderen Ergebnis führt als die Unterhaltsklage — ein klassisches Beispiel mangelnder innerer Harmonie.

Nicht vernachlässigt sieht sich das Interesse an Vorhersehbarkeit und Vertrauensschutz. Wie bereits dargelegt[106], ist die Anknüpfung an den gewöhnlichen Aufenthalt bei Auslegung dieses Begriffes als „Daseinsmittelpunkt" nicht instabiler als diejenige an die Staatsangehörigkeit.

Die Regeln des Haager Abkommens führen schließlich zu einer starken Förderung des *Interesses der Fürsorge* an möglichst geringer Belastung. Denn mit Hilfe der überwiegend verwendeten Aufenthaltsanknüpfung wird der gewünschte Gleichlauf zwischen Unterhaltsstatut und der Rechtsordnung, die den öffentlich-rechtlichen Unterstützungsanspruch beherrscht, erreicht.

---

[104] Ausdrücklich niedergelegt in Art. 1 Abs. 4.

[105] Eine günstige Situation besteht allein in der *Schweiz*, denn dort richten sich auch Zuordnung und elterliche Gewalt vorrangig nach Aufenthaltsrecht, vgl. Artt. 8 e, 9 NAG.

[106] Oben S. 72.

Sechstes Kapitel

Die elterliche Sorge

Im folgenden geht es um die kollisionsrechtliche Behandlung des elterlichen Sorgerechts über nichteheliche Kinder. Der Begriff des Sorgerechts ist nicht ganz eindeutig und bedarf daher der Präzisierung. Den Ausgangspunkt dafür liefern die für die Festlegung der Ordnungsaufgabe maßgeblichen Artt. 20 und 21 EGBGB einschließlich ihrer richterlichen Fortbildungen. Eingeschlossen sind demnach zunächst Entstehung, Trägerschaft und Inhalt, zu dem Personensorge, Vermögenssorge und Vertretungsrechte zählen, in der für den Normalfall konzipierten Vorstellung des jeweiligen materiellen Rechts. Darüber hinaus kommen aber auch — aus dem behördlichen und gerichtlichen Eingriffsinstrumentarium in „pathologischen" Fällen — die Entziehung und Umverteilung des Sorgerechtes hinzu[1]. Nicht betroffen sind dagegen Konstellationen, die der Vormundschaft oder Pflegschaft (Art. 23 EGBGB) oder Schutzmaßnahmen öffentlich-rechtlichen Charakters zugerechnet werden müssen.

Auch im Bereich der elterlichen Sorge wird die tatsächliche Rechtssituation in einigen Ländern wesentlich von einem Staatsvertrag beeinflußt. Es ist dies das *Haager Minderjährigenschutzabkommen vom 5. 10. 1961* (MSA), durch das von den hier relevanten Staaten *Frankreich*, die *Schweiz* und die *Bundesrepublik Deutschland* gebunden sind. Allerdings werden die nationalen Kollisionsnormen dieser Länder nur dann verdrängt, wenn das Kind seinen gewöhnlichen Aufenthalt in einem der Vertragsstaaten, deren Kreis relativ klein ist[2], hat (Art. 13 MSA). Die Bedeutung des MSA, das im übrigen in seinen Anwendungsbereich öffentlich-rechtliche Schutzmaßnahmen einschließt und damit über den hier angepeilten Rahmen hinausgeht, ist aus diesem Grunde geringer als die der Haager Unterhaltsabkommen, vor allem des HUA 1973. Trotzdem erscheint es sinnvoll, seine wesentlichen Rechtsanwendungsregeln in einem eigenen Abschnitt zu diskutieren. Zuvor jedoch seien die innerstaatlichen Kollisionsvorschriften betrachtet.

---

[1] Vgl. statt aller *Kegel* S. 404.

[2] Außer den Genannten gehören *Luxemburg*, die *Niederlande*, *Österreich* und *Portugal* dazu; vgl. den Text des Abkommens auszugsweise im Anhang.

I. Das französische Recht

1. Inhalt — Heimatrecht des Kindes

Die elterliche Sorge ist eine Wirkung des Kindschaftsverhältnisses. Wie schon erwähnt[3] ist die Bestimmung des Wirkungsstatuts im französischen Recht umstritten. Verfechter einer erweiternden Auslegung der Artt. 311-14 ff. C.c. stehen sich denjenigen gegenüber, die am überkommenen Rechtszustand festhalten oder autonom anknüpfen wollen. Im Bereich nichtehelicher Kindschaft — so hatten wir festgestellt — scheint die überwiegende und für die gegenwärtige Rechtslage wohl maßgebliche Meinung[4] dahin zu tendieren, das Heimatrecht des Kindes entscheiden zu lassen. Der gleichen Lösung folgt im übrigen auch das *belgische* Recht[5]. Das Sorgerechtsstatut ist wandelbar[6], wie auch die Gegner des Kindesrechts trotz der entgegenstehenden Formulierung in Art. 311-14 C.c. einräumen[7].

Die Anknüpfung an die Staatsangehörigkeit des Kindes erfährt Einschränkungen im Falle eines renvoi[8] sowie insbesondere durch den ordre-public-Vorbehalt. Zwar wird an der annähernd vollständigen Verdrängung ausländischen Rechts in früherer Zeit[9] heute offenbar nicht mehr festgehalten; jedoch kann davon ausgegangen werden, daß Bestimmungen, die der Mutter keinerlei elterliche Gewalt zubilligen oder auf der anderen Seite ihre elterliche Gewalt völlig ohne Kontrolle lassen, auch jetzt noch dem ordre public zuwiderlaufen[10]. Allgemein mag die Formulierung von *Batiffol* und *Lagarde*[11] zutreffen, wonach das französische Recht für die elterlichen Pflichten ein Minimum, für ihre Rechte dagegen ein Maximum darstellt; in jedem Falle gewahrt werden sollen die Rechte des Kindes[12]. Darüber hinaus unterliegt — ohne Rekurs auf den ordre public — die Entziehung des Sorgerechts der lex fori[13].

---

3 Oben 4. Kap. I. 1.

4 Vgl. die im 4. Kapitel Fn. 8 Genannten sowie *Lequette* S. 93 und *Alexandre* S. 76; für die frühere Rechtsprechung: Cour d'appel Paris, 21 juin 1962, Rev.crit. 1965, 120; 28 nov. 1968, Rev.crit. 1969, 273.

5 Cour d'appel Bruxelles, 27 juin 1969, Pas. 1969, II, 228; Tribunal de la Jeunesse Liège, 8 mars 1971, Doc.prot.jeunesse I-213; *Rigaux*, DIP II, S. 313/14; *Vander Elst*, in: Répertoire, S. 71.

6 *Alexandre* S. 80 ff.; *Mayer* S. 445; *Batiffol / Lagarde*, DIP II, S. 116 Fn. 121.

7 Vgl. *Loussouarn / Bourel*, J.Cl.dr.int., no. 290, 291; *Simon-Depitre / Foyer* S. 85 Fn. 272.

8 Allgemeine Zulassung, vgl. *Batiffol / Lagarde*, DIP I, S. 397.

9 Vgl. *Loussouarn / Bourel*, wie Fn. 7 mit Nachweisen.

10 *Alexandre* S. 78.

11 DIP II, S. 117.

12 Ähnlich in *Belgien:* Cour d'appel Liège, 11 juin 1975, Jur. Liège 1975 - 76, 25; *Rigaux*, DIP II, S. 314: maßgeblich sei „l'intérêt de l'enfant".

2. Diskussion anhand der beteiligten Interessen

Wie wir festgestellt hatten, sind die *Rechtsanwendungsinteressen* der Beteiligten im Bereich der elterlichen Sorge nicht einheitlich. Die beiden Eltern sind in erster Linie an Anwendung ihres jeweiligen Heimatrechtes interessiert, das Kind hingegen an Anwendung seiner Aufenthaltsrechtsordnung[14]. Das französische Recht[15] geht im Ansatz über alle Interessen hinweg.

In die Überlegungen einzubeziehen ist aber, daß das Kind seine Staatsangehörigkeit entweder vom Geburtsort oder von den Eltern ableitet. Den ersten Fall hatten wir schon im Hinblick auf die Namensfrage diskutiert und waren zu dem Ergebnis gekommen, daß er auf die Befriedigung des Interesses am Aufenthaltsrecht ohne Einfluß bleibt[16]. Der andere Fall aber führt dazu, daß das Interesse des Elternteils, dessen Staatsangehörigkeit übertragen wird, mittelbar Berücksichtigung findet. Meist ist das die Mutter[17], in selteneren Fällen der festgestellte Vater[18].

Zu beachten bleibt im vorliegenden Zusammenhang auch der relativ weitgehende ordre-public-Vorbehalt des französischen Rechtes. Da Streitigkeiten im Bereich elterlicher Sorge häufig vor einem Forum am Wohnsitz des Kindes ausgefochten werden, hat jener zur Folge, daß nicht selten das (französische) Aufenthaltsrecht des Kindes zur Anwendung kommt. Auf diesem Umweg erfährt das Kindesinteresse eine gewisse Berücksichtigung, allerdings nur auf Kosten des staatsangehörigkeitsübertragenden Elternteiles, dessen Heimatrecht mit Hilfe des ordre public verdrängt wird.

Ferner sind die *Rechtssicherheitsinteressen* der Allgemeinheit zu untersuchen:

Die Berufung des Heimatrechts des Kindes läuft dem internationalen Entscheidungseinklang prinzipiell nicht zuwider[19]. Günstig wirkt sich

---

13 Cour d'appel Paris, 28 avril 1967, Rev.crit. 1968, 98; *Alexandre* S. 77; *Loussouarn / Bourel*, DIP, S. 457.

14 Im einzelnen oben 2. Kap. II. 2. a) cc).

15 Und ihm folgend das *belgische*, auf das die vorliegenden Ausführungen ebenso zutreffen.

16 Das Interesse des Kindes findet folglich wiederum nur in dem schon erwähnten Sonderfall — oben S. 89 — der Übereinstimmung von Staatsangehörigkeit und Aufenthalt Beachtung.

17 z. B. in den *skandinavischen* Ländern, in *Österreich*, der *Schweiz* und der *Bundesrepublik Deutschland*.

18 z. B. in *Spanien*, *Italien*, den *Niederlanden* und *Belgien;* fehlt die Feststellung, so bleibt es bei der Maßgeblichkeit der mütterlichen Staatsangehörigkeit; übertragen beide Eltern ihre Staatsangehörigkeit, so kommt es auf die „effektive" an — das wird meist die der Mutter sein.

die Zulassung des renvoi aus. Stark negativ zu beurteilen ist unter diesem Aspekt allerdings die weiträumige Anwendung der ordre-public-Klausel.

Der innere Entscheidungseinklang ist in vorliegendem Zusammenhang von großer Wichtigkeit. Zunächst geht es um die Abstimmung der elterlichen Gewalt mit Zuordnung und Unterhalt. Darüber hinaus aber sind Normenkonflikte bei der Verteilung des Sorgerechts zwischen Vater und Mutter — etwa der Art, daß ein Elternteil voll, der andere aber trotzdem zur Hälfte mitsorgeberechtigt sein soll — zu vermeiden. Schließlich besteht aus dem Gedanken des Einklangs der Entscheidungen heraus auch ein Interesse an Koordination der privatrechtlichen elterlichen Gewalt mit dem öffentlich-rechtlichen Minderjährigenschutz[20]. Der erste Gesichtspunkt findet im französischen Recht nur begrenzt Berücksichtigung, denn Abstammung und Unterhalt richten sich zu weiten Teilen nach vom Heimatrecht des Kindes abweichenden Rechtsordnungen[21]. Ebenso wird auch der gewünschte Gleichlauf auf dem Gebiet des Kindesschutzes kaum erreicht, da die öffentlich-rechtlichen Maßnahmen in erster Linie vom gewöhnlichen Aufenthalt des Kindes abhängen. Allein bei der Verteilung des Sorgerechts zwischen Vater und Mutter ist die materielle Harmonie gesichert, denn auf väterliche wie mütterliche Gewalt kommt dieselbe Rechtsordnung zur Anwendung, die in sich schlüssige Lösungen garantiert.

Der Vorhersehbarkeit von Entscheidungen wird im wesentlichen gedient, denn die Anknüpfung an die Staatsangehörigkeit des Kindes ist eindeutig und klar. Lediglich der ordre public mag zu gewissen Unberechenbarkeiten führen. Etwas anders sieht das Bild bei dem Interesse an Leichtigkeit des Rechtsverkehrs aus, das insbesondere im Bereich des elterlichen Vertretungsrechts von Bedeutung ist. Es kann nur durch Anwendung des Verkehrsrechtes, d. h. der Rechtsordnung, innerhalb derer die Vertretungshandlung vorgenommen wird, gefördert werden. Dies ist aber im allgemeinen nicht das Heimatrecht des Kindes, sondern dessen und des betroffenen Elternteiles Aufenthaltsrecht. Die diesbezügliche Schwäche der französischen Regel mag allerdings — jedenfalls zum Teil — durch den häufigen Rückgriff auf den ordre public wieder ausgeglichen werden.

---

[19] Die Lösung hat im übrigen relativ weite Verbreitung gefunden; *Belgien:* vgl. oben Fn. 5 und 12; *Österreich:* § 25 Abs. 2 IPR-Gesetz; *Polen:* Art. 19 § 1 IPR-Gesetz; *Tschechoslowakei:* § 24 Abs. 1 IPR-Gesetz mit lex-fori-Vorbehalt; subsidiär in *Portugal:* Art. 57 Abs. 1 C.c. port.

[20] *Vischer*, IPR, 1. Aufl. 1973, S. 630.

[21] Vgl. im einzelnen Artt. 311-14 bis 311-18 C.c.; Übereinstimmung nur mit dem statusabhängigen Unterhaltsanspruch sowie (meist) mit der Abstammungsklage (Übereinstimmung der Staatsangehörigkeiten von Mutter und Kind).

II. Das schweizerische Recht

1. Inhalt — Art. 9 NAG

Das internationale Privatrecht der Schweiz regelt die Frage der elterlichen Sorge sowohl für eheliche als auch für nichteheliche Kinder ausdrücklich in Art. 9 Abs. 1 NAG. Nach dieser Vorschrift ist an den *Wohnsitz* anzuknüpfen; unklar bleibt allerdings, welche Person maßgeblich sein soll.

Seit einer frühen Entscheidung des Bundesgerichts[22] geht die wohl herrschende Meinung[23] dahin, das Recht am Wohnsitz des (vermeintlichen) Inhabers der elterlichen Gewalt entscheiden zu lassen. Die in jüngster Zeit mehrfach geäußerte Auffassung[24], das Recht am Wohnsitz der Eltern oder des Elternteils, bei dem das Kind lebt, solle maßgebend sein — im übrigen eine Lösung, die mit der des Art. 81 Abs. 1 des neuen IPR-Gesetzentwurfs übereinstimmt —, weicht davon sachlich nicht ab. Vielmehr enthält sie eine begrüßenswerte Klarstellung des Beiwortes „vermeintlich", mit dessen Hilfe der ursprüngliche Ansatz den ansonsten unvermeidlichen circulus vitiosus — der Gewaltinhaber ist abhängig vom anwendbaren Recht und dieses wiederum vom Gewaltinhaber — zu beherrschen sucht. Allerdings drängt sich noch ein weiterer Schritt auf: Da der Wohnsitz[25] des mit dem Kind lebenden Elternteils immer auch dessen eigener Wohnsitz ist, kann dieser von vornherein als entscheidender Anknüpfungspunkt angesehen werden[26]. Damit entfällt die Notwendigkeit einer Sondernorm für Fälle, in denen das Kind ohne Eltern lebt[27]. Die so gefundene Anknüpfung ist wandelbar, d. h. eine Änderung des Kindesaufenthaltes zieht auch eine solche des anwendbaren Rechts nach sich[28].

Gegen diese Lösung scheint allerdings eine Entscheidung des Bundesgerichts aus dem Jahre 1969[29] zu sprechen, die speziell die elterliche Gewalt der nichtehelichen Mutter deren Heimatrecht unterwarf. Als entscheidender Gesichtspunkt wurde angeführt, daß anders der wün-

---

[22] BGE 33 I 370, 378.

[23] Vgl. für die neuere Literatur *Schnitzer*, Handbuch, S. 461; *Vischer / v. Planta* S. 124; *Stauffer*, Praxis, S. 59.

[24] *Siehr*, DAVorm 51 (1978) 153, 257; *Tomforde / Diefenbach / Webler*, Schweiz, S. 23.

[25] Im internationalprivatrechtlichen Bereich dem gewöhnlichen Aufenthalt entsprechend, vgl. S. 69.

[26] So auch der Bundesrat in seiner Stellungnahme zur Neueinführung der Artt. 8 d und e NAG, BBl. 126 (1974) II, 106, 109.

[27] Vgl. Art. 81 Abs. 1 IPR-Gesetzentwurf.

[28] *Bucher*, ZZiv. 46 (1978), Grüne Beilage, S. 12.

[29] SchwJbIntR XXVI (1969/70) 297, 299/300; ebenso anscheinend BGE 55 I 147, 149/50.

schenswerte Gleichlauf zwischen Zuordnung und Sorgerecht nicht erreichbar sei. Nach Neueinführung des Art. 8 e NAG, der für die Zuordnung vom Staatsangehörigkeits- zum Wohnsitzprinzip überschwenkte, ist diese Begründung allerdings nicht mehr tragfähig. Der erwünschte Gleichlauf ist jetzt viel eher durch die Anwendung des Kindeswohnsitzrechtes herstellbar. Damit aber fällt der äußere Widerspruch zu der oben herausgearbeiteten Anknüpfung in sich zusammen. Man kann sogar sagen, daß die genannte Rechtsprechung kein Gegenargument, sondern vielmehr in ihrer Begründung eine Stütze für diese Anknüpfung darstellt.

Einschränkungen sind kaum ersichtlich. Renvoi — generell zurückhaltend gehandhabt[30] — und ordre public können angesichts der Wohnsitzanknüpfung vernachlässigt werden.

2. Diskussion anhand der beteiligten Interessen

Von den *Rechtsanwendungsinteressen* findet dasjenige des Kindes volle Berücksichtigung. Da nicht der rechtliche[31], sondern der tatsächliche Wohnsitz, der dem gewöhnlichen Aufenthalt gleichkommt, maßgeblich ist, wird im Ergebnis das dem Kind angemessene Umweltrecht angewandt. Die Interessen der Eltern an Anwendung ihres Heimatrechtes hingegen bleiben unbeachtet.

Bei den *Rechtssicherheitsinteressen* der Allgemeinheit ist der innere Entscheidungseinklang eindrucksvoll berücksichtigt. Die Anknüpfung an den Kindeswohnsitz erweist sich in diesem Zusammenhang als rundherum günstig. Wie schon angedeutet, wird eine weitgehende Übereinstimmung mit dem Zuordnungsstatut, bei dem der Kindesaufenthalt ebenfalls die Hauptrolle spielt, erreicht; gleiches gilt für das Unterhaltsstatut. Weiter ist dafür gesorgt, daß auf die elterliche Gewalt von Vater und Mutter ein und dieselbe Rechtsordnung zur Anwendung gelangt, womit mangelnde Abstimmung zwischen beiden Sorgerechten ausgeschlossen ist. Schließlich kommt es auch zu einem Gleichlauf mit dem Statut, das die öffentlich-rechtlichen Schutzmaßnahmen beherrscht.

Der Vertrauensschutzgesichtspunkt kommt ebenfalls nicht zu kurz. Der Wohnsitz ist, wenn man ihn wie hier als „Daseinsmittelpunkt" auffaßt, im Hinblick auf Klarheit und Kontinuität der Staatsangehörigkeit kaum unterlegen[32]. Da das Aufenthaltsrecht dem Verkehrsrecht ent-

---

[30] Vgl. *Vischer / v. Planta* S. 18 ff.

[31] Vgl. Artt. 23 ff. ZGB.

[32] Vgl. oben S. 72.

spricht, sieht sich auch die Leichtigkeit des Rechtsverkehrs optimal gefördert.

Bezüglich des internationalen Entscheidungseinklangs kann die schweizerische Lösung gleichfalls nicht beanstandet werden. Sie läßt keine Einseitigkeiten erkennen, die gegen ihre Internationalisierungsfähigkeit sprechen könnten. Darüber hinaus stehen die Chancen für ihre weitere Verbreitung eher günstig, denn schon heute beruft eine ganze Reihe von Ländern das Recht am gewöhnlichen Kindesaufenthalt zur Anwendung[33].

III. Das englische Recht

1. Inhalt

Das englische internationale Privatrecht unterteilt die Materie in zwei voneinander getrennte Fragenkreise. Auf der einen Seite steht das originäre, kraft Gesetzes eintretende Sorgerecht der Eltern oder eines Elternteils[34], auf der anderen seine — in praxi häufige — Neuverteilung durch den Richter mittels sogenannter „*custody-orders*". In beiden Bereichen wird zwischen ehelichen und nichtehelichen Kindern nicht unterschieden[35].

a) Originäres Sorgerecht — Kollisionsnormen

Das originäre Sorgerecht zerfällt wiederum in Personensorge und Vermögenssorge. Für beide existieren nicht nur Jurisdiktionsregeln, sondern auch Kollisionsnormen, die denen kontinentaleuropäischer Art zumindest ähnlich sind.

aa) Personensorge

Die Personensorge unterfällt englischem Recht, wenn sich das Kind in England aufhält[36]. Ob diese einseitige Kollisionsvorschrift allseitiger Erweiterung fähig ist, kann nicht mit Sicherheit festgestellt werden[37].

---

[33] So z. B. *Norwegen:* vgl. *Bergmann / Ferid,* Norwegen, S. 12; *Dänemark:* vgl. *Boschan* S. 62; *Israel:* § 77 des Gesetzes über die Rechtsfähigkeit und die Vormundschaft 5722 — 1962; für Teile *Südamerikas* vgl. das Abkommen von Montevideo 1940, Art. 18; für die *angelsächsischen* Länder vgl. die nun folgende Darstellung Englands.

[34] In England steht die elterliche Sorge über das nichteheliche Kind der Mutter zu, vgl. *Bevan* S. 302; *Puxon* S. 26; *Stahlke* S. 27.

[35] Vgl. *Krause,* in: International Encyclopedia, Tz. 129.

[36] *Dicey / Morris,* 9. Aufl. 1973, S. 397 (Rule 55): „while in England", anscheinend aufgegeben in der 10. Aufl. 1980; *Bergmann / Ferid,* Großbritannien, S. 28; *Boschan* S. 204; *Guimezanes-Durand* S. 608; *Graveson* S. 378; wohl auch *Leske / Loewenfeld* S. 452.

[37] Die Ausführungen von *Graveson* S. 378 deuten in diese Richtung.

Jedenfalls wird eine Notwendigkeit dafür offenbar überwiegend nicht gesehen, was damit zusammenhängen mag, daß englische Gerichte im allgemeinen immer nur dann zur Entscheidung der Frage, wem in welchem Ausmaß ein Sorgerecht zusteht, berufen sind, wenn sich das Kind auch innerhalb ihrer Jurisdiktionsgewalt befindet. Unklar bleibt, wie der Aufenthalt beschaffen sein muß. *Graveson*[38] spricht von dem Ort, „where the (parental) power ... is to be exercised"; dies läßt darauf schließen, daß schlichter Aufenthalt genügt[39]. Auch der Grundgedanke der Regel, nämlich für eine optimale Förderung des Kindeswohls aus englischer Sicht zu sorgen[40], spricht hierfür, denn der Anwendungsbereich englischen Rechts muß dazu möglichst weit gezogen werden.

Die zum Teil vertretene Auffassung, die elterliche Gewalt sei an das domicile eines Elternteiles anzuknüpfen[41], scheint dagegen dem derzeit gültigen Rechtszustand nicht zu entsprechen. Möglich ist allerdings, daß sie im Ausgangspunkt zutraf, im Laufe der Zeit aber ordre-public-Erwägungen (Kindeswohl!) — erst ausnahmsweise, später regelmäßig — zu dem heutigen Ergebnis führten[42].

bb) Vermögenssorge

Bei der Vermögenssorge ist erneut zu unterscheiden, und zwar zwischen *„movables"* und *„immovables"*[43].

Hinsichtlich beweglicher Sachen sind die Meinungen geteilt. Einerseits wird von einer Anknüpfung an das domicile des betroffenen Elternteils ausgegangen[44], andererseits wird eine solche an das domicile des Kindes empfohlen[45]. Schließlich scheint auch hier der Gesichtspunkt des Kindeswohls und damit die englische lex fori eine entscheidende Rolle zu spielen[46]. Alles in allem geht die wahrscheinlichste Lösung dahin, zwar grundsätzlich das Domizilrecht der Eltern bzw. eines Elternteiles entscheiden zu lassen, das Ergebnis aber mit Hilfe des

---

[38] S. 378.

[39] Ebenso *Dicey / Morris*, 6. Aufl. 1949, S. 481.

[40] *Dicey / Morris* S. 423 unter Hinweis auf s. 1 Guardianship of Minors Act 1971.

[41] So vor allem *Wolff*, Private International Law, S. 404 für die nichteheliche und S. 390 für die eheliche Kindschaft; vgl. a. IPG 1969 Nr. 21, S. 147, 149.

[42] Vgl. die entsprechenden Andeutungen bei *Graveson* S. 378, *Dicey / Morris*, 6. Aufl. 1949, S. 481 sowie *Wolff*, Private International Law, S. 390, 404 selbst.

[43] Zur Abgrenzung vgl. IPG 1975 Nr. 27, S. 231; *Kegel*, IPR, S. 173 ff.

[44] z. B. Re Brown's Trust (1865) 12 L.T. 488; *Wolff*, Private International Law, S. 390.

[45] *Graveson* S. 379; vgl. für *Kanada* IPG 1975 Nr. 27, S. 229.

[46] z. B. Re Chatard's Settlement (1899) 1 Ch. 712; *Dicey / Morris* S. 423/24 mwN.; *Schmitthoff*, Conflict, S. 303/304.

ordre-public-Vorbehalts flexibel zu korrigieren[47]. Beachtet werden muß, daß der englische Domizilbegriff vom kontinentaleuropäischen, der im allgemeinen den gewöhnlichen Aufenthalt meint, abweicht. Das *domicile* einer Person befindet sich entweder dort, wo der eheliche Vater oder die nichteheliche Mutter zur Zeit der Geburt domiziliert war (*„domicile of origin"*), oder dort, wo sie sich mit animus manendi et animus non revertendi, also mit dem Willen, für unbestimmte Dauer zu bleiben, niederläßt (*„domicile of choice"*). Während der Minderjährigkeit hat ein Kind das jeweilige Domizil der Eltern (*„domicile of dependency"*)[48].

Bei Immobilien ist die Lage übersichtlicher. Zwar sind Gerichtsentscheidungen nicht bekannt, doch ist die Literatur, soweit sie sich dazu äußert[49], der übereinstimmenden Meinung, daß die *lex rei sitae* zur Anwendung kommen müsse.

b) Gerichtliche Sorgerechtsverteilung — Jurisdiktionsregeln

In den häufigen Fällen gerichtlicher Sorgerechtsverteilung[50] geht das englische Recht den schon bekannten, pragmatischen Weg der Zuständigkeitsregelung, der mit einem Verzicht auf spezielle Rechtsanwendungsvorschriften gekoppelt ist. Bei der Bejahung der jurisdiction englischer Gerichte kommt danach automatisch englisches Recht zur Anwendung.

Den Ausgangspunkt der hier einschlägigen Jurisdiktionsregeln[51] bildet der Gedanke, daß der englische Souverän als *„parens patriae"* für all die Minderjährigen Sorge zu tragen hat, die ihm Treue schulden[52]. Die Zuständigkeit englischer Gerichte[53] ist damit im theoretischen Ursprung sehr breit angelegt[54].

---

47 So *Dicey / Morris* S. 423/24; *Bergmann / Ferid*, Großbritannien, S. 28; *Boschan* S. 204.

48 Vgl. zum Ganzen *Morris* S. 14 ff.

49 *Dicey / Morris* S. 424; *Graveson* S. 379; *Wolff*, Private International Law, S. 390; IPG 1975 Nr. 27, S. 229.

50 Beim nichtehelichen Kind ist insbesondere die Übertragung von Teilen der elterlichen Sorge auf den Vater — z. B. nach Tod der Mutter — bedeutsam.

51 Bei eventueller Sorgerechtsverteilung innerhalb eines affiliation-proceeding-Verfahrens kommen die im 3. Kap. IV. 1. b) genannten Regeln zur Anwendung, vgl. *Dicey / Morris* S. 434.

52 „Who owe him allegiance", vgl. Hope v. Hope (1854) 4 De G. M. & G. 328, 345 = 43 E.R. 534, 541; *Dicey / Morris* S. 426; *Cheshire / North* S. 471; *Schmitthoff*, Conflict, S. 300, 302.

53 Es konkurrieren mit s. 15 Guardianship of Minors Act 1971 der High Court, die county und die magistrates' courts, vgl. hierzu *Bromley* S. 321, 331.

54 s. zu den nun folgenden Regeln insgesamt *Dicey / Morris* S. 424 ff.; *Morris* S. 175/76; *Cheshire / North* S. 470 ff.; *Graveson* S. 379; *Scott* S. 197/198;

Jurisdiction für custody-orders liegt zunächst dann vor, wenn das Kind, um das es geht, ein *„british subject"* ist[55], eine Voraussetzung, die jeder erfüllt, der einem Staat des britischen Commonwealth angehört. Die Rechtsprechung[56] hat allerdings deutlich gemacht, daß dieser Anknüpfungspunkt nur in Ausnahmefällen genügt, da sonst die Zuständigkeit englischer Gerichte zu sehr erweitert würde. Im Normalfall soll nur entschieden werden, wenn das Kind auch in England anwesend ist.

Ferner ist jurisdiction gegeben, wenn das Kind seine *„ordinary residence"* im Inland hat[57]. Dieser Begriff wurde dem domicile vorgezogen, um von den Eltern abgeleitete Anknüpfungen — etwa: domicile of dependency — zu vermeiden. Er deckt sich im wesentlichen mit dem gewöhnlichen Aufenthalt, so daß es nicht auf die aktuelle Anwesenheit, sondern auf den Daseinsmittelpunkt ankommt[58]. Auch hier wird allerdings überwiegend die Meinung vertreten, daß, wenn das Kind sich nicht tatsächlich in England aufhält, die Gerichte nur spärlich von ihrer Zuständigkeit Gebrauch machen sollten[59].

Den Hauptanknüpfungspunkt für die Zuständigkeit bildet die *„physical presence"* des Kindes in England[60], welche gleichbedeutend ist mit schlichtem Aufenthalt. Problematisch werden in diesem Zusammenhang die sogenannten *„kidnapping-cases"*, die Fälle also, in denen ein Elternteil das Kind eigenmächtig aus einem fremden Jurisdiktionsbereich nach England verbringt. Die Lösung der Rechtsprechung[61] läuft darauf hinaus, angelehnt an den Gedanken des *forum non conveniens*[62] keine Entscheidung zu treffen, sondern das Kind zurückzuschicken, wenn dies mit dem Kindeswohl vereinbar ist.

Leske / Loewenfeld S. 453; 8 *Halsbury* (4th) 524; *Bergmann / Ferid*, Großbritannien, S. 30; IPG 1970 Nr. 21, S. 237/38.

55 Hope v. Hope (1854) 4 De G.M. & G. 328 = 43 E.R. 534; Re Willoughby (an infant) (1885) Ch.D. 324; Harben v. Harben (1957) 1 All E.R. 379.

56 Vorige Fußnote.

57 Re P (G.E.) (an infant) (1965) Ch. 568; Nielsen v. Nielsen (1970) D.L.R (3d) 33; Re Walker and Walker (1970) 14 D.L.R. 155.

58 *Lord Denning M.R.*, in: Re P (G.E.), wie vorige Fn., S. 585, 586: „An infant of tender years is ordinarily resident where he has his home"; vgl. a. 8 *Halsbury* (4th) 445; IPG 1970 Nr. 21, S. 238.

59 *Scott* S. 197; *Dicey / Morris* S. 428; *Schmitthoff*, Conflict, S. 302; *Clarke Hall* and *Morrison* S. 706.

60 Johnstone v. Beattie (1843 - 60) All E.R. 576; Nugent v. Vetzera (1866) L.R. 2 Eq. 704; Re B's Settlement (1940) Ch. 54; Re D (an infant) (1943) Ch. 305; McKee v. McKee (1951) 1 All E.R. 942 (P.C.).

61 Etwa Re H (infants) (1966) 1 All E.R. 886; Re T. (infants) (1968) 3 All E.R. 411: „The court should set its face against the unilateral removal of children from their home by one parent and should not countenance wardship and custody proceedings by such a parent ..."; Re L (Minors) (1974) 1 All E.R. 913; Re C (Minors) (1978) Fam. 105 (C.A.); Re Firestone and Firestone (1978) 90 D.L.R. (3d) 742.

62 Vgl. hierzu allgemein *Cheshire / North* S. 119 ff.; s. a. Re Kernot (an infant) (1964) 3 W.L.R. 1210.

2. Diskussion anhand der beteiligten Interessen

Da die Staatsangehörigkeiten der Eltern völlig unberücksichtigt bleiben, findet jedenfalls ihr *kollisionsrechtliches Interesse* an Anwendung des Heimatrechtes keine Beachtung. Hinsichtlich des Kindesinteresses an Anwendung seines Umweltrechtes ist dagegen eine differenzierende Betrachtungsweise notwendig:

Zunächst scheint die Anknüpfung des Personensorgerechts ex lege an den Kindesaufenthalt dem Kind entgegenzukommen. Zweifel hieran ergeben sich jedoch daraus, daß einerseits schon ein sehr flüchtiger Aufenthalt genügt, der keinesfalls mit der Umwelt, die das Kind verinnerlicht hat, übereinzustimmen braucht, andererseits sehr unsicher ist, ob ein englisches Gericht bei nichtenglischem Aufenthalt des Kindes aufgrund der herausgearbeiteten Regel tatsächlich auch ausländisches (Umwelt-)Recht anwenden und nicht doch auf die lex fori ausweichen würde[63].

Umgekehrt scheint die Anwendung des Domizilrechts der Eltern bzw. der lex rei sitae im Bereich der Vermögenssorge dem Kind sein Umweltrecht vorzuenthalten. Hier jedoch schafft der ordre public einen gewissen Ausgleich. Auf das damit erreichte Ergebnis treffen allerdings die genannten Bedenken — kürzester Aufenthalt genügt, keine Beachtung ausländischen Aufenthalts — ebenfalls zu.

Bleiben schließlich die Zuständigkeitsregeln im Bereich gerichtlicher Sorgerechtsverteilung. Diese haben die Wirkung einer alternativen Anknüpfung zugunsten englischen Rechts. Denn immer dann, wenn eines der genannten Merkmale vorliegt, sind englische Gerichte zuständig und damit englisches Recht anwendbar. Die Chance des Kindes auf Anwendung seines Umweltrechtes ist folglich nicht allzu hoch: Jenes kommt nur dann sicher zur Anwendung, wenn das Kind seinen gewöhnlichen Aufenthalt in England hat und englische Gerichte ihre Zuständigkeit nicht wegen dessen etwaiger mangelnder Präsenz verneinen. Möglicherweise hat es auch dann eine Chance, wenn bei ausländischem gewöhnlichen Aufenthalt englische Gerichte sich nicht kraft british nationality oder presence des Kindes in England zur Entscheidung berufen fühlen und so durch Nichtentscheidung den Weg zur Anwendung des Aufenthaltsrechtes durch Gerichte des Aufenthaltsstaates bahnen. Letztere Konstellation führt immerhin bei vielen Kidnapping-Fällen zu dem gewünschten Ergebnis.

Von den *Rechtssicherheitsinteressen* erfährt der innere Entscheidungseinklang die günstigste Behandlung. Da englische Gerichte über-

[63] Für letzteres anscheinend *Dicey / Morris*, 10. Aufl. 1980, S. 422/23; unklar 9. Aufl. 1973, S. 397; eher für Anwendung auch ausländischen Rechts noch 6. Aufl. 1949, S. 481.

wiegend — abgesehen von möglichen Ausnahmen beim originären Sorgerecht — nach englischem Recht entscheiden und dies nicht nur im Bereich elterlicher Sorge, sondern auch bei den Fragenkreisen „Zuordnung“ und „Unterhalt“ zutrifft, ist mangelnde Koordination der anwendbaren materiellen Normen weitgehend ausgeschlossen.

Weniger wird den Belangen des internationalen Entscheidungseinklangs Rechnung getragen. Bei der Regelung des originären Sorgerechts fällt die erhebliche Heranziehung des ordre public[64] negativ auf. Bei der gerichtlichen Sorgerechtsverteilung führt die weiträumige Bejahung der Zuständigkeit englischer Gerichte zu einer nicht internationalisierungsfähigen, einseitigen Erweiterung des Anwendungsbereichs englischen Rechts. Die Tendenz der englischen Rechtsprechung, die Zuständigkeit im Normalfall auf die Fälle einzuschränken, in denen das Kind tatsächlich in England anwesend ist, läßt die entsprechenden Regeln allerdings wieder in einem günstigeren Licht erscheinen.

Das Interesse an Vorhersehbarkeit schließlich leidet unter der z. T. recht ungewissen Handhabung der erarbeiteten Kollisions- und Zuständigkeitsvorschriften. Bei der gerichtlichen Sorgerechtsverteilung führt der flüchtige Anknüpfungspunkt „schlichter Aufenthalt“ — abgesehen von den kidnapping-cases — zu zusätzlicher Instabilität. Darüber hinaus besteht hier die Gefahr der Rechtsverweigerung, wenn englische Gerichte sich nicht zur Entscheidung berufen fühlen. Die Leichtigkeit des Rechtsverkehrs wiederum, die durch die englische Methode der lex-fori-Anwendung an sich zu fördern wäre, da das Verkehrsrecht oftmals mit der lex fori übereinstimmt, findet genau da, wo dies von Bedeutung ist, nämlich bei der Vermögenssorge (Vertretungsrecht!), nur wenig Berücksichtigung, denn dort wird grundsätzlich das Domizilrecht der Eltern oder die lex rei sitae angewandt; sofern es um bewegliches Vermögen geht, wird allerdings häufig der ordre public korrigierend wirken.

IV. Das deutsche Recht

1. Inhalt — Art. 20 EGBGB und das Heimatrecht des Vaters

Die Kollisionsnormen des deutschen Rechtes unterscheiden zwischen Vater und Mutter:

Die *mütterliche* Gewalt, zu der Personen- und Vermögenssorge einschließlich Vertretungsrecht in ihrer originären wie auch richterlich abgewandelten Gestalt gehören, unterfällt wiederum dem mehrfach erwähnten Art. 20 des EGBGB[65]. Danach ist grundsätzlich das jeweilige

[64] „Kindeswohl“, vgl. s. 1 Guardianship of Minors Act 1971.

(wandelbar) Heimatrecht der Mutter, subsidiär das deutsche Heimatrecht des Kindes anwendbar. Eine Einschränkung dieser Regel ergibt sich aus der Beachtung eines eventuellen renvoi. Nur sehr beschränkten Einfluß wird dagegen der ordre public haben[66].

Für das *väterliche* Sorgerecht stellt das EGBGB keine kodifizierte Kollisionsnorm zur Verfügung[67]. Die übereinstimmende Lösung von Rechtsprechung und Literatur geht im Augenblick dahin, in Analogie zu den Artt. 18, 19 und 20 EGBGB wandelbar an die Staatsangehörigkeit des Vaters anzuknüpfen[68]. Auch hier ist ein renvoi beachtlich[69]; Einflüsse des ordre public werden dagegen zu vernachlässigen sein.

2. Diskussion anhand der beteiligten Interessen

Im deutschen Recht sehen sich die *Rechtsanwendungsinteressen* der Eltern deutlich bevorzugt, denn sowohl der Vater als auch die Mutter erhalten, sofern ein renvoi nicht zu abweichenden Ergebnissen führt, das Sorgerecht, das ihnen ihr Heimatrecht zugesteht. Anzumerken ist allerdings, daß die beiden elterlichen Sorgerechte nicht unabhängig nebeneinander stehen, sondern u. U. aufeinander abgestimmt werden müssen, weil es nur *ein* volles Sorgerecht zu verteilen gibt. Diese Abstimmung, die mit Hilfe des Instituts der Angleichung vorgenommen wird, kann im Ergebnis dazu führen, daß die beiden Heimatrechte nicht vollständig wirksam werden.

Das Kindesinteresse an Anwendung des Umweltrechtes bleibt dagegen grundsätzlich unbeachtet. Im Hinblick auf die mütterliche Sorge wird es jedoch immerhin dann mitberücksichtigt, wenn die beschriebene Konstellation[70] einer Übereinstimmung der von der Mutter abgeleiteten Staatsangehörigkeit des Kindes mit dessen Aufenthalt vorliegt.

Auf seiten der *Allgemeininteressen* sei zunächst der innere Entscheidungseinklang angesprochen. Er findet nur wenig Berücksichtigung. Einmal entstehen erhebliche Koordinationsprobleme, wenn die beiden anwendbaren Rechtsordnungen an Vater und Mutter insgesamt mehr oder weniger als *eine* volle elterliche Gewalt verteilen. Die hier unver-

---

[65] *Palandt / Heldrich,* Art. 20 Anm. 3; *Soergel / Kegel,* Art. 20 Rdnr. 10, 11; *Erman / Marquordt,* Art. 20 Rdnr. 8; vgl. a. für das Vertretungsrecht KG NJW 1969, 375, 376.

[66] *Soergel / Kegel,* Art. 20 Rdnr. 23; *Ferid,* IPR, S. 263.

[67] Zu den Gründen vgl. oben S. 18/19.

[68] Vgl. die im 1. Kap. Fn. 9 genannten Urteile; weiter BGHZ 60, 247, 253; *Soergel / Kegel,* Art. 21 Rdnr. 17, 39; *Erman / Marquordt,* Art. 21 Rdnr. 13; *Palandt / Heldrich,* Art. 21 Anm. 4; *Kegel,* IPR, S. 420; *Ferid,* IPR, S. 264; *Firsching,* Einführung, S. 180.

[69] Statt aller *Soergel / Kegel,* Art. 21 Rdnr. 52.

[70] Oben S. 89.

zichtbare innere Harmonie wird nur mühsam gewahrt, indem durch die schon erwähnte Angleichung die gröbsten Dissonanzen ausgeschlossen werden[71]. Auf Vaterseite sind weiterhin Kollisionen zwischen elterlicher Sorge einerseits und Unterhalt — je nach Unterhaltsstatut auch Zuordnung — andererseits denkbar. Immerhin ist aber auf Mutterseite durch die alleinige Anwendung des Mutterrechts auf alle regelungsbedürftigen Fragen eine in sich stimmige Rechtslage sichergestellt. Schließlich weicht die auf den öffentlich-rechtlichen Minderjährigenschutz anwendbare lex fori im Normalfall vom Sorgerechtsstatut ab, so daß es auch hier zu Unvereinbarkeiten kommen kann.

Das Interesse an vorhersehbaren Entscheidungen ist im Ansatz durch stabile Anknüpfungspunkte gewahrt. Einschränkungen ergeben sich jedoch aus der hin und wieder erforderlichen Angleichung, die wegen ihrer Einzelfallösungen einen Unsicherheitsfaktor darstellt. Die Leichtigkeit des Rechtsverkehrs wird nicht gefördert, denn die elterlichen Heimatrechte entsprechen nicht unbedingt dem Verkehrsrecht. Unter dem Gesichtspunkt des internationalen Entscheidungseinklangs ist die deutsche Regelung indessen nicht zu beanstanden[72].

V. Das Haager Minderjährigenschutzabkommen

1. Anwendungsbereich

Auf den Anwendungsbereich des MSA wurde oben schon hingewiesen. Er umfaßt sowohl privatrechtliche als auch öffentlich-rechtliche Schutzmaßnahmen von staatlichen Stellen sowie originäre — von Gesetzes wegen bestehende — Schutzverhältnisse und geht damit über den von Art. 20 EGBGB und der ungeschriebenen Kollisionsnorm vorgegebenen Bereich hinaus. Voraussetzung für die Anwendbarkeit des Abkommens ist, daß sich die betroffene Person in einem der Vertragsstaaten gewöhnlich aufhält (Art. 13 MSA) und sowohl nach ihrem Heimatrecht als auch nach dem Recht ihres gewöhnlichen Aufenthaltes noch minderjährig ist (Art. 12 MSA).

2. Kollisionsregeln

Hinsichtlich der in der Konvention enthaltenen Rechtsanwendungsregeln ist zwischen Schutzmaßnahmen und Schutzverhältnissen ex lege zu unterscheiden:

---

[71] Dazu eingehend *Kegel*, IPR, S. 147 ff.

[72] Vgl. im übrigen die übereinstimmende Regelung in den *Benelux*-Entwürfen: Art. 5 Abs. 2 Projet 1951, Art. 9 Abs. 2 Projet 1966 und Art. 5 Abs. 1 u. 2 Projet 1969.

a) Schutzmaßnahmen — Art. 1 MSA

Für die Schutzmaßnahmen, von denen hier insbesondere die gerichtliche Umverteilung und die Entziehung der elterlichen Sorge relevant sind, existieren nach anglo-amerikanischem Vorbild[73] primär lediglich Vorschriften, die die internationale Zuständigkeit regeln. Das anwendbare Recht wird erst in zweiter Linie festgelegt.

Mit Art. 1 MSA sind grundsätzlich die Gerichte des Staates zur Entscheidung berufen, in dem der Minderjährige seinen *gewöhnlichen Aufenthalt* hat. Damit gemeint ist — ebenso wie bei den Haager Unterhaltsabkommen — der Daseinsmittelpunkt[74]. Bei Bejahung der Zuständigkeit kommt gemäß Art. 2 MSA die *lex fori* zur Anwendung (Gleichlaufgrundsatz). Wertungsmäßig entspricht diese Konstruktion einer Anknüpfung der Rechtsanwendungsfrage an den gewöhnlichen Aufenthalt des Kindes.

Ausnahmsweise liegt die Zuständigkeit aber auch bei den Gerichten des Heimatstaates (Art. 4 MSA), nämlich dann, wenn aus deren Sicht das Wohl des Kindes ihre Entscheidung erforderlich macht. Die Heimatgerichte haben damit die Möglichkeit, den Gerichten am Aufenthaltsort die Zuständigkeit aus der Hand zu nehmen. Machen sie davon Gebrauch, kommt mit Art. 4 Abs. 1 MSA wiederum die lex fori zur Anwendung. Die Folge ist, daß man von einer Staatsangehörigkeitsanknüpfung sprechen kann.

b) Schutzverhältnisse ex lege — Art. 3 MSA

Für die Bestimmung von ex-lege-Verhältnissen, zu denen vor allem ein kraft Gesetzes bestehendes Sorgerecht der Eltern gehört[75], enthält die Konvention hingegen eine Kollisionsnorm herkömmlicher Art. Gemäß Art. 3 MSA ist das — jeweilige[76] — Heimatrecht des Minderjährigen entscheidend. Einschränkungen dieser Regel sind nicht ersichtlich, denn ein renvoi wird überwiegend für unbeachtlich gehalten[77] und vom ordre public (Art. 16 MSA) kann, ohne den Zweck des Abkommens, für

---

[73] Vgl. die Rechtslage in *England* bezüglich custody-orders; s. a. *Ferid*, IPR, S. 245.

[74] Vgl. statt aller *Palandt / Heldrich*, Anhang zu Art. 23 EGBGB, Art. 1 MSA Anm. 2; für die Rechtsprechung BGH NJW 1981, 520 und OLG Stuttgart NJW 1978, 1746.

[75] *Staudinger / Kropholler*, Vorbem. zu Art. 18 Rdnr. 492, 493, 495; *Erman / Marquordt*, Anhang 2 zu Art. 23 EGBGB Rdnr. 5.

[76] Vgl. a. BGH NJW 1981, 520, 522.

[77] Unter Hinweis auf das Wörtchen „innerstaatlich" im Text, *Palandt / Heldrich*, Anhang zu Art. 23 EGBGB, Art. 3 MSA Anm. 1; *Erman / Marquordt*, Anhang 2 zu Art. 23 EGBGB Rdnr. 6; *Staudinger / Kropholler*, Vorbem. zu Art. 18 Rdnr. 501 ff.; *Kropholler*, MSA, S. 24 f.; a. A. aber *Ferid*, IPR, S. 249.

einheitliche Entscheidungen zu sorgen, zu gefährden, nur sehr beschränkt Gebrauch gemacht werden.

Umstritten ist, wie eventuelle Vorfragen, etwa die nach der Abstammung des Kindes, zu behandeln sind. Denkbar wäre einerseits eine Beurteilung nach den Kollisionsnormen des Staates, dessen Recht durch Art. 3 MSA zur Anwendung berufen ist (unselbständige Anknüpfung), andererseits eine solche nach den Kollisionsvorschriften des Forumstaates (selbständige Anknüpfung). Die überwiegende Ansicht[78] neigt letzterer Konzeption zu.

3. Diskussion anhand der beteiligten Interessen

Betrachten wir bei den *kollisionsrechtlichen Interessen* zunächst dasjenige des Kindes an Anwendung seines Umweltrechtes. Diesem kommt die Regelung des MSA im Ansatz entgegen, da in bezug auf Schutzmaßnahmen ja grundsätzlich das Recht am gewöhnlichen Aufenthalt des Kindes maßgeblich ist. Jedoch sind einige Störfaktoren zu bedenken:

Von der Störintensität her geringer einzuschätzen ist die Zuständigkeit der Heimatgerichte, die die Anwendung des kindlichen Heimatrechtes nach sich zieht. Einerseits hat sich deren praktische Bedeutung nicht als hoch erwiesen, da das „Recht des ersten Zugriffs" bei den Aufenthaltsgerichten liegt und somit eine Notwendigkeit für weitere Maßnahmen oftmals entfällt[79]. Andererseits kann, wenn sich die Heimatgerichte doch einmal zum Tätigwerden berufen fühlen, davon ausgegangen werden, daß das Kind enge Beziehungen zum Heimatstaat hat, denn anderenfalls würde das „Wohl des Minderjährigen" ein Eingreifen wohl kaum erforderlich machen[80]. Sind aber derartige enge Beziehungen gegeben, so liegt die Hypothese nahe, daß das „Umweltrecht" im konkreten Fall eher durch das Heimatrecht als durch das Aufenthaltsrecht repräsentiert wird. Damit bleibt das Kindesinteresse auch in dieser Konstellation voll beachtet.

Bedeutender ist die Berufung des Heimatrechts des Kindes für die Bestimmung des von Gesetzes wegen bestehenden Sorgerechts der Eltern. Da dessen Inhalt im Aufenthaltsstaat anzuerkennen ist und Eingriffe kraft Aufenthaltsrechts folglich nur in Ausnahmefällen, nämlich bei „ernstlicher Gefährdung" des Minderjährigen (Art. 8 MSA) und

[78] *Kropholler*, MSA, S. 26/27; *Staudinger / Kropholler*, Vorbem. zu Art. 18 Rdnr. 547, 548; *Palandt / Heldrich*, wie vorige Fn., Anm. 4 c); OLG Zweibrükken OLGZ 1974, 171; OLG Hamm NJW 1978, 1747, 1748; a. A. *Wilde* S. 17.

[79] *Staudinger / Kropholler*, Vorbem. zu Art. 18 Rdnr. 557; *Kropholler*, MSA, S. 82.

[80] *Staudinger / Kropholler*, Vorbem. zu Art. 18 Rdnr. 555; vgl. a. OLG Stuttgart NJW 1978, 1746, 1747.

in Eilfällen (Art. 9 MSA) möglich sind[81], muß das Kind hier erhebliche Einbußen an Interessenbefriedigung hinnehmen[82].

Dem Interesse der Eltern an Anwendung ihres Heimatrechtes wird im Ausgangspunkt nicht Rechnung getragen. Lediglich Art. 3 MSA mag zu einer indirekten Berücksichtigung des Elternteils führen, von dem das Kind seine Staatsangehörigkeit ableitet[83].

Bei den *Rechtssicherheitsinteressen* ergibt sich kein einheitliches Bild:

Der innere Entscheidungseinklang sieht sich zunächst schon dadurch belastet, daß die Regelungen von Zuordnung und Unterhalt in den meisten Vertragsstaaten des Abkommens höchstens teilweise mit den Anknüpfungen des MSA übereinstimmen[84]. Hinzu kommt die konventionsimmanente Aufteilung der Materie in Schutzmaßnahmen einerseits und ex-lege-Verhältnisse andererseits, die zu erheblichen Spannungen führen kann, welche nur mit Mühe beherrschbar sind. Als Beispiel mag der Fall dienen, daß nach Heimatrecht kein ex-lege-Verhältnis vorliegt, nach Aufenthaltsrecht aber auch keine Schutzmaßnahmen möglich sind, weil nach dessen Ansicht ein ex-lege-Verhältnis eingreift. Die Auflösung des Normenvakuums ist nur mit Hilfe einer Zusatzregel möglich. Überwiegend wird empfohlen, die Wirkungen des Gewaltverhältnisses gemäß Aufenthaltsrecht eintreten zu lassen[85]. Weiter ist an Kollisionen zwischen ex-lege-Verhältnissen nach Heimatrecht und Schutzmaßnahmen nach Aufenthaltsrecht zu denken. Wie schon oben angedeutet[86], wird hier mehrheitlich den Regeln des Heimatrechtes der Vorrang eingeräumt.

Da es sich vorliegend um eine staatsvertragliche Regelung handelt, wird dem Interesse an internationalem Entscheidungseinklang naturgemäß in besonderem Maße entsprochen. In diesem Zusammenhang abträglich ist allerdings die selbständige Anknüpfung von Vorfragen, denn sie hat möglicherweise zur Konsequenz, daß in jedem Vertragsstaat die Vorfrage — etwa der Abstammung — nach einer anderen Rechtsordnung entschieden wird und damit auch die Hauptfrage unterschiedliche Behandlung findet.

---

[81] So deutlich BGHZ 60, 68, 73/74; *Palandt / Heldrich*, Anhang zu Art. 23 EGBGB, Art. 1 MSA Anm. 1 und Art. 3 MSA Anm. 2; *Erman / Marquordt*, Anhang 2 zu Art. 23 EGBGB Rdnr. 5; *Wilde* S. 14; a. A. *Staudinger / Kropholler*, Vorbem. zu Art. 18 Rdnr. 408 ff.; *Ferid*, IPR, S. 247 ff.: Eingriffe, die das ex-lege-Verhältnis nicht ignorieren, seien trotzdem möglich.

[82] Kritisch daher auch *Staudinger / Kropholler*, Vorbem. zu Art. 18 Rdnr. 475.

[83] Gleiche Konstellation wie im französischen Recht, vgl. oben I. 2.

[84] Größte Übereinstimmung in der *Schweiz*, vgl. Art. 8 e NAG und Art. 1 HUA 1973.

[85] Etwa *Jayme*, JR 1973, 177, 180 f.; *Staudinger / Kropholler*, Vorbem. zu 18 Rdnr. 439; *Kropholler*, MSA, S. 117.

[86] Vgl. Fn. 81.

Dem Vertrauensschutzgesichtspunkt wird mit den im MSA gewählten Anknüpfungspunkten „Staatsangehörigkeit" und „gewöhnlicher Aufenthalt", die beide an Klarheit und Stabilität nichts zu wünschen übrig lassen[87], Rechnung getragen. Auch die im Sorgerechtsbereich nicht ganz seltenen Kidnapping-Fälle, in denen der nicht allein sorgeberechtigte Elternteil das Kind gegen den Willen des anderen Elternteils in eine neue räumliche Umgebung verbringt, sind mit Hilfe des gewöhnlichen Aufenthaltes — so wie er hier verstanden wird — in den Griff zu bekommen. Denn der Daseinsmittelpunkt des Kindes wird allein durch die Entführung im allgemeinen noch nicht verändert, weil es meist an einer entsprechenden Aufenthaltsdauer in der neuen Umgebung oder an entsprechendem Aufenthaltswillen[88] fehlt[89].

Die Vorhersehbarkeit von Entscheidungen leidet allerdings ein wenig an der Trennung zwischen Schutzmaßnahmen einerseits und ex-lege-Verhältnissen andererseits mit ihren Koordinationsproblemen. Berücksichtigung hingegen findet das Interesse an Leichtigkeit des Rechtsverkehrs durch die grundsätzliche Unterwerfung der Schutzmaßnahmen unter das Aufenthaltsrecht, denn dadurch haben alle Beteiligten nur die Regeln am Verkehrsort zu beachten; hiervon ausgenommen bleibt allerdings das wichtige Vertretungsrecht ex lege, das dem Heimatrecht unterliegt (Art. 3 MSA).

---

87 Für den gewöhnlichen Aufenthalt vgl. oben S. 72.

88 Entscheidend ist derjenige des oder der bestimmungsberechtigten Elternteile, vgl. *Kühne*, Gutachten, C 63; nur abgeschwächte Berücksichtigung des Willensmomentes bei BGH NJW 1981, 520, 521.

89 Richtig gesehen von *Baer*, ZBlJugR 1980, 676, 678; so wohl im Ergebnis auch BGH NJW 1981, 520, wo allerdings der Wunsch, zu deutscher Zuständigkeit zu gelangen, die Grenzlinien etwas unsicher werden ließ, vgl. die kritische Anm. zu dieser Entscheidung von *Schlosshauer-Selbach*, FamRZ 1981, 536, 537. Ist der Daseinsmittelpunkt aber einmal — etwa durch Zeitablauf — verändert, so wird man kaum noch von „Entführung" sprechen können; das übersieht m. E. *Wilde* S. 13.

Siebentes Kapitel

Die finanzielle Absicherung der Mutter

Die Fragen vorliegenden Kapitels nehmen im Rahmen des Gesamtkomplexes nichtehelicher Kindschaft ihrer Bedeutung nach einen relativ bescheidenen Platz ein. Dieser Einstufung entsprechend und auch eingedenk der Erfahrung, daß die verschiedenen Rechtsordnungen kaum eigenständige Kollisionsregeln hierzu entwickelt haben, sind die folgenden Ausführungen kurz gehalten. Die dadurch gewonnene Überschaubarkeit macht es möglich, abweichend vom bisherigen Aufbau am Schluß eine Gesamtinteressenprüfung vorzunehmen, die alle untersuchten Rechtsordnungen umfaßt.

I. Bedeutung der Frage

Zu klären ist, was finanzielle Absicherung der Mutter im vorliegenden Zusammenhang bedeutet. Ausgehend vom Regelungsgehalt des Art. 21 EGBGB werden hierzu all die Ansprüche der Kindesmutter gegen den nichtehelichen Vater gerechnet, die ihr gerade wegen ihrer besonderen, sich aus der nichtehelichen Geburt ergebenden Hilfsbedürftigkeit gewährt werden[1], ohne daß es auf ein schuldhaftes Verhalten des Vaters — das jedenfalls im Zeugungsakt noch nicht zu erblicken ist — ankäme[2]. Von der Betrachtung ausgeschlossen bleiben somit darüber hinausgehende Ansprüche aus deliktischen Generalklauseln, deren primärer Leitgesichtspunkt in den meisten Rechtssystemen nicht die Notlage auf seiten des Berechtigten, sondern zurechenbares Unrecht auf seiten des Verpflichteten darstellt.

II. Die einzelnen Rechtsordnungen

1. Das französische Recht

Dem französischen Recht sind Ansprüche der genannten Art bekannt, wenn auch erst seit der Reform des Kindschaftsrechts vom 3. 1. 1972.

---

[1] Vgl. für das *deutsche* Recht §§ 1615 k ff. BGB; *Dölle*, Familienrecht II, S. 437; *Köhler*, in: MüKo Vor §§ 1615 k bis 1615 m Rdnr. 1.

[2] s. hierzu auch *Neuhaus*, Verpflichtungen, S. 17/18.

Die Mutter kann — gewissermaßen als „Anhängsel" zu einer erfolgreichen Vaterschaftsklage (Art. 340-5 C.c.) oder zu der einfachen Unterhaltsklage des Art. 342 C.c. (Art. 342-6 mit Verweis auf Art. 340-5 C.c.) — Entbindungskosten und Unterhalt für je 3 Monate vor und nach der Geburt geltend machen, ohne auf das Vorliegen der Voraussetzungen allgemeiner Deliktshaftung angewiesen zu sein[3]. Trotzdem ist die kollisionsrechtliche Lage ungeklärt: Weder Rechtsprechung noch Literatur haben sich nach 1972 zu dem Problem geäußert.

Hilfreich wirkt aber ein Blick in die Zeit vor 1972. Damals konnte sich die Mutter — vorausgesetzt, auf Vaterseite lagen entsprechende Verfehlungen vor[4] — lediglich auf die deliktische Generalklausel der Artt. 1382 und 1383 C.c. stützen. Kollisionsrechtlich behandelte man ihre eventuellen Ansprüche nicht — wie sonst im Recht der nichtehelichen Kindschaft üblich — nach dem Heimatrecht des Kindes, sondern nach der *lex loci delicti commissi*[5]. Das entscheidende Argument für diese Lösung hieß, daß jene Ansprüche in einem nur sehr lockeren Zusammenhang mit dem Kindschaftsstatut stünden, was sich deutlich daran zeige, daß die Kindesgeburt kein konstitutives Element für deren Entstehung darstelle[6]. Einer abweichenden Behandlung läge daher nichts im Wege.

Heute stellt sich das Verhältnis zwischen Mutter-Ansprüchen und Kindschaftsstatut eher gegenteilig dar. Die Ansprüche der Kindesmutter sind schon vom Wortlaut des Gesetzes her deutlich von einer Vaterschaftsklage oder einer Unterhaltsklage ohne Abstammungsfeststellung abhängig, was insbesondere daraus erhellt, daß sie nur im Rahmen einer solchen — erfolgreichen — Klage geltend gemacht werden können. Von daher liegt für die gegenwärtige Rechtslage der Umkehrschluß zu der vor 1972 geltenden nahe: Notwendig ist eine einheitliche Behandlung der Mutter-Ansprüche mit der Grundfrage „Abstammung" bzw. „Unterhalt ohne Abstammung". Maßgeblich kann also nicht die lex loci delicti commissi, sondern nur das durch Art. 311-14 bzw. 311-17 C.c. berufene Recht sein. Man darf daher annehmen, daß die aktuelle französische Lösung dahingeht, je nach Grundfrage an die Staatsangehörigkeit der Mutter zur Zeit der Kindesgeburt oder alternativ an den gewöhnlichen Aufenthalt von Kind oder Vater (wandelbar) anzuknüpfen[7].

---

[3] Vgl. dazu *Weill / Terré* S. 600, 619.

[4] *Bourel* S. 136.

[5] *Pallard*, Rev.crit. 1953, 61, 81; *Bourel* S. 138, beide mit Rechtsprechungsnachweisen; weiterhin *Chevallier* S. 176.

[6] So insbesondere *Pallard*, wie vorige Fn.; *Chevallier* S. 177.

[7] Für diese Lösung spricht im übrigen auch die parallele Konzeption in *Belgien*, s. unter 2.

2. Das belgische Recht

Das belgische Recht regelt die betreffenden Ansprüche der Mutter in Art. 340 c des Code civil belge. Da diese Norm eine längere Tradition hat als die entsprechenden französischen, sind Stellungnahmen zu ihrer kollisionsrechtlichen Handhabung auch häufiger als in Frankreich. Die überwiegende Meinung in der Literatur[8] hebt den Zusammenhang mit dem Kindschaftsstatut hervor und will dementsprechend das Heimatrecht des Kindes angewandt sehen. Die Rechtsprechung ist nicht ganz eindeutig. Das Tribunal 1ère instance de Bruxelles optierte einmal — mit Einschränkungen — zugunsten der lex loci delicti commissi[9], schwenkte aber später auf die erwähnte Literaturmeinung ein[10]. Die Anknüpfung an die — jeweilige — Staatsangehörigkeit des Kindes scheint daher mit hoher Wahrscheinlichkeit den gegenwärtigen Rechtszustand zu treffen.

3. Das englische Recht

Das englische Recht gesteht der Mutter im Rahmen des affiliation-proceeding-Verfahrens Ersatz der mit der Geburt des Kindes zusammenhängenden Kosten zu[11]. Ein darüber hinausgehender Unterhaltsanspruch ist zwar nicht vorgesehen, jedoch kann angenommen werden, daß bei der Berechnung des zugunsten des Kindes bestehenden Anspruchs auch manche Bedürfnisse der Mutter mitberücksichtigt werden[12]. Kollisionsrechtlich ist der enge Zusammenhang zu den affiliation proceedings von entscheidender Bedeutung: Da die Mutter ihre Ansprüche nur innerhalb dieses Verfahrens geltend machen kann, unterliegen sie automatisch den entsprechenden — oben dargestellten[13] — internationalrechtlichen Regeln. Damit sind englische Gerichte zur Entscheidung berufen, wenn Vater, Mutter und Kind sich zur Zeit der Klage schlicht bzw. gewöhnlich in England aufhalten; das anwendbare Recht ist in diesem Falle die lex fori.

---

[8] *Rigaux*, DIP II, S. 322; *Vander Elst*, Conflit, no. 55; *ders.*, DIP 1976 - 77, S. 71; *ders.*, in: Répertoire, S. 73; a. A. wohl *Graulich* S. 73 und *Bergmann / Ferid*, Belgien, S. 45/46 Fn. 5, hier aber wahrscheinlich auf Informationslükken beruhend.

[9] 4 avril 1965, Pas. 1965, III, 28: Recht des Landes, in dem außereheliche Beziehungen stattfanden.

[10] 24 juin 1966, Ann.not.enr. 1966, 193; im übrigen so auch schon ein frühes Urteil des Cour d'appel Bruxelles, 17 mars 1954, Ann.not.enr. 1955, 121.

[11] s. 4 (2) (b) Affiliation Proceedings Act 1957; vgl. dazu *Cretney* S. 579; *Bromley* S. 597; *Thomson*, in: The Reform of Family Law, S. 43, 72.

[12] *Bromley* S. 597: z. B. erhöhte Miete, Einkommensverluste.

[13] 3. Kap. IV. 1. b).

4. Das schweizerische Recht

Auch nach schweizerischem Recht kann die Mutter Ersatz der Entbindungskosten und Unterhalt verlangen (Art. 295 ZGB). Die kollisionsrechtliche Behandlung ihrer Ansprüche ist allerdings unsicher und war im Laufe der Zeit Schwankungen unterworfen. Früher wurde überwiegend auf das Recht am Wohnsitz des Beklagten zur Zeit der Konzeption abgestellt[14], in späterer Zeit neigte die bundesgerichtliche Rechtsprechung nach Bejahung der eigenen internationalen Zuständigkeit eher zur Anwendung der lex fori[15]. Auffällig ist, daß bei sämtlichen Überlegungen grundsätzlich von einem Gleichlauf zwischen Kindesunterhaltsstatut und dem auf die Mutter-Ansprüche anwendbaren Recht ausgegangen wurde. Da sich ersteres heute fast ausschließlich nach dem Haager Unterhaltsabkommen von 1973 richtet, ist somit nicht ganz unwahrscheinlich, daß die Anknüpfung an den gewöhnlichen Kindesaufenthalt (Art. 1 HUA 1973) auch für die Ansprüche der Mutter die gegenwärtige Regelung darstellt[16]. Unterstützung findet diese Vermutung in Art. 81 Abs. 2 des IPR-Gesetzentwurfes, der am Gleichlauf ausdrücklich festhält[17] und schon auf die heutige Rechtsprechung nicht ohne Einfluß bleiben wird.

5. Das deutsche Recht

Im deutschen Recht ist ebenfalls ein Gleichlauf zum Unterhaltsstatut (auf Vaterseite) erkennbar, jedenfalls soweit sich dies aus nichtstaatsvertraglichem Kollisionsrecht ergibt. Gemäß Art. 21 EGBGB bestimmen sich Voraussetzungen und Umfang mütterlicher Ansprüche gegen den Vater nach ihrem Heimatrecht zur Zeit der Geburt des Kindes[18]. Eine wesentliche Einschränkung dieser Regel ergibt sich allerdings aus dem 2. Halbsatz des Art. 21, der bei deutschen Vätern praktisch eine Kumulation des Mutterrechts mit dem deutschen Recht fordert[19].

---

[14] Vgl. etwa *Schnitzer*, Handbuch, S. 469 mit Nachweisen aus der Rechtsprechung.

[15] Vgl. die Nachweise zum Kindesunterhalt bei *Vischer*, IPR, 1. Aufl. 1973, S. 620.

[16] Die Entscheidung BGE 92 II (1966) 82, 88, die die mütterlichen Ansprüche vom HUA 1956 abtrennt und der lex fori unterwirft, spricht m. E. nicht dagegen, da ihr Hauptzweck nicht in einer Abkehr vom erwähnten Gleichlaufprinzip, sondern in der Fixierung der Grenzen des Haager Abkommens lag. Aktuelle Rechtsprechung ist nicht ersichtlich, vgl. aber die parallele Entwicklung in den *Niederlanden* bei *Staudinger / Kropholler*, Vorbem. zu Art. 18 Rdnr. 27.

[17] Vgl. hierzu *Vischer / Volken*, Schlußbericht, S. 162.

[18] Ebenso, allerdings wandelbar, in *Österreich:* § 25 Abs. 3 IPR-Gesetz und *Polen:* § 21 Satz 1 IPR-Gesetz.

[19] Im einzelnen oben 5. Kap. V. 1.

III. Diskussion anhand der beteiligten Interessen

1. Rechtsanwendungsinteressen

Wie beim Kindesunterhalt ist auch bei der finanziellen Versorgung der Mutter die Milieuabhängigkeit der Leistungen ein Gesichtspunkt erstrangiger Bedeutung. Daher zielen die Interessen der beiden Beteiligten, des Verpflichteten (Vater) wie der Berechtigten (Mutter), auf Anwendung ihres jeweiligen Umweltrechtes[20].

Formal kommt dem die *englische* Regelung am stärksten entgegen, da nur sie im Grundsatz dem den Eltern gemeinsamen Aufenthaltsrecht zum Durchbruch verhilft. Allerdings sieht sich — worauf beim Kindesunterhalt schon hingewiesen wurde — diese Beurteilung dadurch erheblich relativiert, daß in dem häufigen Fall des Fehlens eines gemeinsamen Aufenthaltes nicht zwischen den dann widerstreitenden Interessen abgewogen, sondern mit einer Rechtsverweigerung reagiert wird. Die Konsequenz ist, daß keines der beteiligten Interessen mehr Berücksichtigung findet.

Anders ist es im *schweizerischen* Recht; dort wird bei unterschiedlichem Aufenthalt der Eltern eine Entscheidung zwischen mütterlichem und väterlichem Rechtsanwendungsinteresse getroffen. Die Berufung des kindlichen Aufenthaltsrechtes führt nämlich im Regelfall dazu, daß dem Interesse der Mutter Rechnung getragen wird, weil deren gewöhnlicher Aufenthalt überwiegend mit dem des Kindes übereinstimmt. Grundsätzlich unbeachtet bleibt mit dieser Anknüpfung die Umwelt des Vaters[21], wenn sie nicht zufällig der von Mutter und Kind entspricht.

In *Frankreich* hat das Umweltrecht der Beteiligten nur dann eine Chance, wenn der mütterliche Anspruch innerhalb einer Unterhaltsklage ohne Statuswirkung geltend gemacht wird. Denn der in diesem Falle einschlägige Art. 311-18 C.c. gewährt alternativ dem Vater oder der Mutter — vermittelt durch das Kind — das jeweilige Aufenthaltsrecht. Die alternative Anknüpfung bewirkt aber im Ergebnis eine Bevorzugung des Mutterinteresses, da ihr als gesetzlicher Vertreterin des Kindes das Wahlrecht unter den beiden Rechtsordnungen zusteht. Stellt der Anspruch der Mutter hingegen das Anhängsel zu einer statusmäßigen Vaterschaftsklage dar (Art. 311-14 C.c.), wird grundsätzlich keines

[20] Vgl. oben 2. Kap. II. 2. a) cc); a. A. Deutsches Institut für Vormundschaftswesen, DAVorm 53 (1980) 585, 600: Umweltrecht z. Z. der Geburt des Kindes; Kritik: Warum soll man die Beteiligten an einem Recht festhalten, das die maßgebliche Umwelt möglicherweise nicht mehr repräsentiert?

[21] Ausnahmen sind mit den verschiedenen Vorbehalten der Artt. 5 ff. HUA 1973, die u. U. auf die Mutter-Ansprüche übertragen würden, möglich.

der beteiligten Rechtsanwendungsinteressen mehr befriedigt. Allenfalls mag noch das Interesse der Mutter eine gewisse Berücksichtigung finden, denn deren gewöhnlicher Aufenthalt wird in der Realität nicht selten mit der Staatsangehörigkeit übereinstimmen, die sie zur Zeit der Kindesgeburt hatte[22].

Zum gleichen Ergebnis gelangt man mit der Regelung des *deutschen* Rechtes, denn diese geht von demselben Anknüpfungspunkt wie Art. 311-14 C.c. aus. Auch das *belgische* Recht mit seiner Anknüpfung an das jeweilige Heimatrecht des Kindes bietet keinen Anlaß zu einer abweichenden Beurteilung.

2. Materielle Interessen

Der Mutter geht es materiell um möglichst hohe Leistungen seitens des Vaters. In dieses Interesse eingeschlossen ist das Kind[23], das von einer guten finanziellen Situation seiner Mutter nur profitieren kann. Eine Förderung bietet zunächst das *französische* Recht, allerdings nur im Rahmen der einfachen Unterhaltsklage: Dort nämlich sorgt die alternative Anknüpfung für eine Erhöhung der Chance auf günstige Unterstützungsleistungen. Ähnlich mag es in der *Schweiz* liegen, wenn für den Anspruch der Mutter sämtliche Regeln des HUA 1973 — insbesondere die Artt.5 und 6[24] — übernommen werden. Gänzlich umgekehrt hat das *englische* Recht zur Folge, daß für Mutter (und Kind) die Gefahr entsteht, leer auszugehen, falls nicht alle Beteiligten ihren Aufenthalt in *einem* Land haben (Rechtsverweigerung); ihrem Interesse wird damit geradezu entgegengearbeitet, während das (kaum schützenswerte) Interesse des Vaters an möglichst geringer Belastung gefördert wird. Auch das *deutsche* Recht ist für die Mutter eher ungünstig: Art. 21 2. Halbsatz EGBGB vermindert bei deutschen Vätern durch die geforderte Kumulation die Aussichten auf hohe Leistungen. Indifferent verhalten sich das *belgische* Recht, das *französische* Recht, soweit die mütterlichen Ansprüche anläßlich einer Statusklage erhoben werden, sowie das *deutsche* Recht bei nichtdeutschen Vätern.

3. Rechtssicherheitsinteressen

Betrachtet sei zunächst der internationale Entscheidungseinklang, obwohl dessen Relevanz — wie beim Kindesunterhalt — im vorliegenden Zusammenhang gering ist. Ihm widerspricht explizit die *deutsche*

[22] Vgl. die Argumentation oben auf S. 89.

[23] Die Ansprüche der Mutter werden auch in seinem Interesse gewährt, vgl. 2. Kap. Fn. 106.

[24] Enthalten Alternativlösungen, wenn die Aufenthaltsanknüpfung zu keinen Leistungen führt.

Regelung, indem sie mit Art. 21 2. Halbsatz EGBGB den Anwendungsbereich deutschen Rechts einseitig ausdehnt. Die anderen Rechtsordnungen sind unter diesem Aspekt kaum zu beanstanden[25].

Der innere Entscheidungseinklang hat auch für die Ansprüche der Mutter Bedeutung[26], denn Divergenzen mit der Verpflichtung zum Kindesunterhalt oder der Zuordnung sind hier nicht erträglicher als in anderen Bereichen. Hinsichtlich der Beurteilung der einzelnen Rechtsordnungen unter diesem Aspekt kann auf die Ausführungen zum Kindesunterhalt verwiesen werden, da alle Rechte — mit Ausnahme des französischen — für beide Fragenkreise die gleichen Anknüpfungspunkte gewählt haben, was selbst schon ein positiver Beitrag zum inneren Entscheidungseinklang ist. Das *französische* Recht zerbricht den Gleichlauf mit dem Kindesunterhalt, soweit die Mutter ihre Ansprüche im Rahmen der Statusklage geltend macht[27], gewinnt aber dadurch den Gleichlauf mit der gerichtlichen Vaterschaftsfeststellung und vermeidet so, daß in demselben Prozeß zwei verschiedene Rechtsordnungen zur Anwendung kommen.

Bleibt schließlich noch das Interesse an Vorhersehbarkeit und Vertrauensschutz. Auch in bezug auf dieses sei auf die Feststellungen zur Regelung des Kindesunterhalts verwiesen. Ohne eigenständige Bedeutung ist im vorliegenden Zusammenhang mangels erheblichen Drittbezuges des Vater-Mutter-Verhältnisses die Frage der Leichtigkeit des Rechtsverkehrs, so daß insofern auf Erörterungen verzichtet werden kann.

---

[25] Allenfalls noch die *französische* mit ihrer — im Rückgang befindlichen, vgl. oben 5. Kap. I. 1. b) aa) — ordre-public-Neigung.

[26] Gesehen z. B. in der Entscheidung des Tribunal 1ère instance Bruxelles, 4 avril 1965, Pas. 1965, III, 28 im Zusammenhang mit der Abwägung zwischen Kindschaftsstatut und Deliktsstatut.

[27] Heimatrecht des Kindes einerseits, Heimatrecht der Mutter zur Zeit der Kindesgeburt (Art. 311-14 C.c.) andererseits; allerdings wohl nicht selten übereinstimmend, so daß Gleichlauf im Ergebnis häufig gewahrt ist.

Schlußbetrachtung

Achtes Kapitel

Analyse der Ergebnisse und Vorschlag für die Reform des deutschen Nichtehelichenkollisionsrechts

Die bisherigen Ausführungen haben die Gestalt einer Bestandsaufnahme. Dargelegt wurde zunächst, welche Problemlagen im IPR-Sektor „nichteheliche Kindschaft" auftreten und welche Interessen für diese typischerweise konstituierend sind. Dabei wurde versucht, sämtliche der teilweise parallel laufenden und teilweise widerstreitenden Interessen, soweit sie internationalprivatrechtlich relevant und schutzwürdig erschienen, zu katalogisieren und zu einem Gefüge zusammenzusetzen. Sodann wurden die entsprechenden Regelungen der einzelnen Rechtsordnungen erarbeitet und diese daraufhin untersucht, welchen jener Interessen sie Beachtung schenken und wie sie dabei die Prioritäten setzen. Hier brachen die Überlegungen ab; eine weiterführende Betrachtung der Ergebnisse fand — abgesehen von Randbemerkungen — nicht statt.

Zwar könnte sich rechtsvergleichende Arbeit grundsätzlich mit den so gewonnenen Erkenntnissen, die sie über das fremde und eigene Recht vermittelt, begnügen. Wenn möglich, sollte sie aber darüber hinausgehend versuchen, praktische Wirksamkeit zu entfalten, indem sie etwa dem Gesetzgeber aus ihren Erkenntnissen Leitlinien für Reformen an die Hand gibt[1]. Gerade im Bereich des deutschen internationalen Nichtehelichenrechts erscheint dies als reizvolle und wichtige Aufgabe, denn hier ist — wie bereits angedeutet[2] — eine Neukodifikation der entsprechenden Vorschriften unmittelbar ins Auge gefaßt.

Aus diesem Grunde werden im folgenden die Resultate vorangegangener Untersuchung noch einmal einer kurzen Analyse unterzogen. Hierbei wird der Frage besondere Aufmerksamkeit geschenkt, welche Schlußfolgerungen sich daraus im Hinblick auf die Entwicklung einer

---

[1] So auch *Zweigert / Kötz*, Rechtsvergleichung Bd. 1, S. 15; *Rheinstein* S. 27.

[2] Oben S. 20; vgl. *Neuhaus / Kropholler*, JZ 1981, 58, 59; *Henrich*, IPRax 1981, 2.

neuen Kollisionsnorm, die die Artt. 20 und 21 EGBGB ersetzen könnte, ergeben.

I. Die Hypothese von der funktionalen Äquivalenz

Als das wünschenswerte Ziel rechtsvergleichender Arbeit wird im Anschluß an *Esser*[3] gern die Bestätigung der Hypothese von der *funktionalen Äquivalenz* der verschiedenen nationalen Regelungen begriffen. Letztere geht davon aus, daß bei soziologisch vergleichbaren Gesellschaftsordnungen die dogmatisch unterschiedlich konstruierten Normen im Ergebnis der an sie gestellten Ordnungsaufgabe in übereinstimmender Weise gerecht werden und denselben Ordnungsprinzipien zum Durchbruch verhelfen. Ließe sich dies auch im vorliegenden Zusammenhang verifizieren, so läge die Annahme nahe, daß die aufgefundenen Ordnungsprinzipien allgemeine Gültigkeit besitzen. Für die Reformdiskussion ergäbe sich daraus, daß eine Änderung der deutschen Kollisionsvorschriften lediglich an Praktikabilitätsgesichtspunkten zu orientieren wäre[4] und im übrigen die wertungsmäßige Tendenz des überkommenen Rechts unangetastet zu lassen hätte.

Dazu müßte es aber in jeder der fünf regelungsbedürftigen Problemlagen zu einer im wesentlichen parallelen Bevorzugung bestimmter Interessengruppen durch alle untersuchten Rechtsordnungen gekommen sein. Die bisherigen Betrachtungen führten indes überwiegend zu einem anderen Ergebnis. Es zeigte sich, daß die Heterogenität der Rechtsanwendungsregeln nicht auf ihre dogmatische Struktur beschränkt blieb, sondern daß vielmehr auch innerhalb des Interessengefüges recht unterschiedliche Prioritäten gesetzt wurden.

Von den Gründen, die hierfür maßgeblich sein könnten, hat den wohl wichtigsten *Esser* selbst[5] schon angedeutet: Das Gesetz von der funktionalen Äquivalenz kann immer nur dort Gültigkeit haben, wo die miteinander verglichenen Regeln vorrangig an Kriterien der Sachlogik orientiert sind. Wo hingegen Traditionen[6] sowie kulturell bedingte Gerechtigkeitsvorstellungen und Vorurteile die Oberhand haben, sind unterschiedliche Bewertungen unausweichlich. Genau dies ist im Fa-

[3] S. 349; *Rothoeft* S. 3, 306, vgl. a. S. VII (Vorwort).

[4] Etwa: Vermeidung von Umwegen, Bereinigung von Unschärfen.

[5] S. 347.

[6] Vgl. *Wengler*, in: Das internationale Familienrecht Deutschlands und Frankreichs, S. 339: Wahl eines Anknüpfungspunktes sei oftmals mit Entscheidung für Rechts- oder Linksfahrprinzip vergleichbar; *Wengler* meinte damit allerdings wohl, daß die Entscheidung letztlich gleichgültig sei, was wegen der in ihr enthaltenen — traditionell bedingten — Wertungen jedoch gerade nicht der Fall ist.

milienrecht, sei es national, sei es international, in weitem Ausmaß der Fall[7].

Die mangelnde Bestätigung der Hypothese von der funktionalen Äquivalenz hat zur Folge, daß die Reform des deutschen Nichtehelichenkollisionsrechts nicht auf feststehenden Ordnungsprinzipien aufbauen kann, sondern selbst grundlegende Wertentscheidungen treffen muß. Die rechtsvergleichenden Überlegungen, die voranstehend angestellt wurden, können dabei insofern hilfreich sein, als sie die Bezugspunkte deutlich machen, im Hinblick auf die Wertungen vorzunehmen sind.

II. Die maßgeblichen Wertentscheidungen

1. „Schaltstellen" für Wertentscheidungen

Wegen ihrer Bedeutung für die Reformdiskussion sollen an dieser Stelle im Wege einer Zusammenfassung zunächst noch einmal die Punkte besonders hervorgehoben werden, an denen — nach den Ergebnissen der rechtsvergleichenden Untersuchung — die wesentlichen Wertentscheidungen getroffen werden müssen.

Innerhalb der Beteiligteninteressen ist damit das in fast allen Problembereichen bestehende *Spannungsfeld zwischen Eltern* (oder einem Elternteil) *und Kind*, häufig auch dasjenige zwischen Vater und Mutter[8], angesprochen. Dieser Interessengegensatz kann durch keine Anknüpfung aufgelöst werden. Hier ist daher eine Weichenstellung notwendig, die einem der Beteiligten unter wertenden Gesichtspunkten den Vorrang einräumt.

Ähnliche Spannungsfelder zeigen sich dort, wo Interessen der Allgemeinheit auf solche der Beteiligten stoßen oder miteinander konkurrieren. Herausragende Bedeutung kommt hierbei dem *Gegensatz zwischen dem Rechtssicherheitsinteresse an innerem Entscheidungseinklang und den unterschiedlichen Individualinteressen* in den einzelnen Problembereichen zu. Andere Konflikte, wie etwa der — insbesondere im Namensbereich auftretende — zwischen Kontinuitätsinteresse und Interesse an möglichst flexibler Anpassung an die jeweilige Umwelt, treten hinter diesem zurück[9]. Hier ist somit eine weitere „Schaltstelle"

---

[7] *Zweigert*, Festschrift Schmitthoff, S. 403, 415; *v. Overbeck*, Liber amicorum Schnitzer, S. 361, 380; s. hierzu auch *Wilde* S. 53 ff.

[8] Insbesondere im Bereich der finanziellen Absicherung der Mutter; aber auch sonst sind die Eltern überwiegend mit gegensätzlichen Interessen beteiligt, was jedoch vom Eltern-Kind-Konflikt überlagert wird, vgl. im einzelnen oben 2. Kap. II. 2.

[9] Vgl. wegen weiterer, weniger bedeutender Interessengegensätze oben 2. Kap. II.

zu lokalisieren, an der der Gesetzgeber eine grundlegende Abwägung vornehmen muß.

2. Wertungen

Es stellt sich nun die Frage, welche Wertentscheidungen an den genannten Konfliktpunkten vernünftigerweise zu treffen sind.

Bei der Abwägung zwischen Eltern- und Kindesinteressen ist in Betracht zu ziehen, daß das Kind der primär schutzbedürftige Teil ist. Sind Kindesinteressen nicht im Spiel, so gilt dies für die nichteheliche Mutter. Die einzig richtige Bewertung führt danach zu einer Bevorzugung der Interessen des *Kindes* — und gegebenenfalls derjenigen der Mutter — vor den Interessen der Eltern bzw. des anderen Elternteiles[10].

Die Abwägung zwischen dem Interesse an innerem Entscheidungseinklang und den verschiedenen Individualinteressen in den Einzelbereichen hat im Blick zu halten, daß die Berücksichtigung einzelner Rechtsanwendungsinteressen oder auch materieller Interessen im Ergebnis ohne Wert bleibt, wenn gleichzeitig auf eine *Abstimmung* der anwendbaren Normen verzichtet wird. Von daher hat die Entscheidung zugunsten der *materiellen Harmonie* auszufallen — eine Ansicht, die auch in der Literatur starken Rückhalt findet[11]. Ihre Konsequenz liegt darin, daß ungeachtet unterschiedlicher Einzelinteressen für das gesamte Rechtsverhältnis der nichtehelichen Kindschaft eine einheitliche Kollisionsnorm zu entwerfen ist.

III. Der Reformvorschlag

1. Darstellung des Vorschlags

Nach den eben getroffenen Grundentscheidungen ergibt sich für die Reform der Artt. 20 und 21 EGBGB ein deutliches Bild:

Das zu favorisierende Kindesinteresse zielt im Namens-, Unterhalts- und Sorgebereich auf die Anwendung des jeweiligen kindlichen Umweltrechtes, im Zuordnungsbereich auf eine alternative Anknüpfung. Was das Verhältnis der Eltern zueinander angeht, verlangt das dann maßgebliche Mutterinteresse die Heranziehung ihres Umweltrechtes.

---

[10] Vgl. zum Ganzen *v. Overbeck*, Liber amicorum Schnitzer, S. 361 ff.; gegen eine Bevorzugung des Kindes offensichtlich *Lorenz*, ZRP 1982, 148, 155.

[11] z. B. *Deters* S. 36, 50; *Neuhaus*, FamRZ 1967, 22, 25; *ders.*, Verpflichtungen, S. 12 f., 34, 39 f.; *Wengler*, in: Das internationale Familienrecht Deutschlands und Frankreichs, S. 335; *Müller-Gindullis*, Bespr. von Lauterbach, Vorschläge und Gutachten zur Reform des deutschen internationalen Kindschafts-, Vormundschafts- und Pflegschaftsrechts, Tübingen 1966, RabelsZ 33 (1969) 784, 786; *Sturm*, Anm. zu BGHZ 63, 219, NJW 1975, 493, 494.

Diese Einzeltendenzen sind unter dem Gesichtspunkt des inneren Entscheidungseinklangs zu harmonisieren. Eine einheitliche Regelung, die die genannten Individualinteressen möglichst weitgehend beachtet, kann nur in der Berufung des jeweiligen *Umweltrechts des Kindes* liegen. Denn damit wird allein das materielle Zuordnungsinteresse des Kindes übergangen[12]. Das Interesse der Mutter — soweit ihre finanzielle Versorgung in Frage steht — wird hingegen nicht vernachlässigt, denn ihre Umwelt entspricht im typischen Falle derjenigen des Kindes.

Daraus ergibt sich, daß der neue Anknüpfungspunkt für das Gesamtrechtsverhältnis der nichtehelichen Kindschaft der *gewöhnliche Aufenthalt des Kindes* zu sein hat[13]. Eine reformierte Kollisionsnorm könnte demnach folgenden Wortlaut haben:

(1) Entstehung und Wirkung des Rechtsverhältnisses zwischen dem nichtehelichen Kinde und seinen Eltern richten sich nach dem Recht des Staates, in dem sich das Kind gewöhnlich aufhält.

(2) Zu den Wirkungen zählen nicht nur der Unterhaltsanspruch und die elterliche Sorge, sondern auch der Name des Kindes sowie die Unterhalts- und Ersatzansprüche der Mutter.

Eine Reihe von Vorschlägen aus der Literatur zielen in die gleiche oder zumindest eine ähnliche Richtung[14]; aus neuester Zeit sind daraus besonders hervorzuheben die §§ 11 und 21 eines IPR-Gesetzentwurfes von *Kühne*[15] sowie die Artt. 6, 18, 21 und 29 eines Entwurfs von *Neuhaus / Kropholler*[16]. Allerdings darf nicht übersehen werden, daß auch eine bedeutsame Gegenströmung existiert, die eine generelle Anwendung des Heimatrechts des Kindes anstrebt[17]. Sie wurzelt zwar nicht in

[12] Dies ist die allgemeine Tendenz in den untersuchten Rechtsordnungen; vgl. aber auch die gegensätzliche Beobachtung *v. Overbecks*, Liber amicorum Schnitzer, S. 361, 368/69, daß sich alternative Anknüpfungen mehr und mehr durchsetzen.

[13] Vgl. die Beobachtung *v. Overbecks*, Liber amicorum Schnitzer, S. 361, 365 ff., 379, daß sich das internationale Kindschaftsrecht allgemein zum Aufenthaltsprinzip hin entwickelt.

[14] z. B. *Bogdanowsky de Maekelt*, RabelsZ 28 (1964) 401, 424; *Müller-Freienfels*, Festschrift Pound, S. 595, 630 ff.; *Siehr*, Auswirkungen des NEG, S. 151, 152/53; *Kühne*, Gutachten, C 66; *Baer*, ZBlJugR 1980, 676, 678; *Dopffel / Siehr u. a.*, RabelsZ 44 (1980) 344, 351/52; generell auch *Neuhaus / Kropholler*, FamRZ 1980, 753, klargestellt in StAZ 1981, 80; Deutsches Institut für Vormundschaftswesen, DAVorm 53 (1980) 585, 593; *Klinkhardt* S. 92, 99 ff. (Zuordnung), 137 (Unterhalt), 138 (elterliche Gewalt) und 142/43 (Name).

[15] IPR-Gesetz-Entwurf, S. 73, 127.

[16] RabelsZ 44 (1980) 326, 327, 331 f., 335.

[17] z. B. *Neuhaus*, Verpflichtungen, S. 12 f., 34, 39 f.; *ders.*, FamRZ 1967, 22, 25; *Makarov*, ZAIP 17 (1952) 382, 392; *Neumayer*, AcP 152 (1952/53) 335, 349/50; *Siegrist*, ZAIP 24 (1959) 54, 96; *Deters* S. 36, 50; *Scheuring* S. 38; s. a. den Entwurf eines Familienrechtsgesetzes, BT-Drucksache I 3802, S. 85; differenzierter *Müller-Freienfels*, in: Vorschläge und Gutachten zum internationalen Kindschaftsrecht, S. 92, 110, 111.

der jüngsten Vergangenheit, sondern eher in jener Zeit, zu der eine Abkehr vom Staatsangehörigkeitsprinzip als undenkbar galt; trotzdem wird sie auch heute noch mit bedenkenswerten Argumenten vertreten[18].

2. Überprüfung des Vorschlags

Zum Abschluß der Untersuchung soll die eben gebildete Kollisionsnorm an dem Interessenkatalog des 2. Kapitels gemessen werden, um ihre Vorzüge, aber auch ihre Schwächen noch einmal im einzelnen deutlich zu machen.

a) Beteiligteninteressen in den einzelnen Problembereichen

Innerhalb der *Zuordnungsfrage* hat die Anknüpfung an den gewöhnlichen Kindesaufenthalt zunächst die Konsequenz, daß die Interessen von Vater und Mutter an der Anwendung ihres jeweiligen Heimatrechts grundsätzlich vernachlässigt werden; eine Koinzidenz zwischen Kindesaufenthalt und Staatsangehörigkeit der Eltern wird selten sein und hilft daher bei der generellen Beurteilung nicht. Desweiteren findet auch das Interesse des Kindes an Herstellung der Zuordnung keine besondere Förderung; denn es kommt lediglich *eine* Rechtsordnung zur Anwendung, womit eine kollisionsrechtliche Erhöhung der Zuordnungschancen nicht eintritt. Auf der anderen Seite beinhaltet die Anknüpfung aber auch keine Gefahr für die Zuordnung. Die Wandelbarkeit des Statuts ist mit der Lehre vom Schutz wohlerworbener Rechte in den Griff zu bekommen; denn einmal wirksam hergestellte Eltern-Kind-Beziehungen werden auf diese Weise nach Statutenwechsel nicht mehr in Frage gestellt[19].

Im Bereich des *Kindesnamens* ist festzustellen, daß das Interesse des Kindes an Anwendung seines jeweiligen Umweltrechtes volle Berücksichtigung findet; gleiches gilt für das Interesse des sorgeberechtigten Elternteiles, weil dessen Aufenthalt im allgemeinen dem des Kindes entspricht. Vernachlässigt wird lediglich das Interesse des anderen Elternteiles an Anwendung seines Heimatrechtes.

Bei der *Unterhaltsfrage* ergibt sich folgendes Bild: Befriedigt sieht sich das Interesse des Kindes an Anwendung des Rechts, das sein Konsumverhalten prägend bestimmt; unberücksichtigt bleibt indessen — jedenfalls in der Regel — das Interesse des Unterhaltsschuldners an Anwendung der Rechtsordnung, die für seine Verdienstmöglichkeiten

---

[18] z. B. *Wilde* S. 170; *Beitzke*, RabelsZ 43 (1979) 245; vgl. a. die Diskussion im Hamburger Max-Planck-Institut, berichtet bei *Dopffel / Drobnig / Siehr* S. 60; für Staatsangehörigkeitsprinzip generell a. *Lorenz*, ZRP 1982, 148, 153.

[19] In diesem Sinne auch *Klinkhardt* S. 90/91.

maßgeblich ist. Das materielle Kindesinteresse an optimaler finanzieller Versorgung wird kollisionsrechtlich nicht gefördert, aber auch nicht behindert. Dagegen wird dem weiteren materiellen Anliegen der finanziellen Gleichberechtigung mit allen in derselben Umgebung lebenden Kindern durch die Aufenthaltsanknüpfung soweit als möglich gedient; der Erfolg hängt aber letztendlich davon ab, ob auch im Bereich ehelicher Kindschaft für den Unterhalt der gleiche Anknüpfungspunkt gewählt wird[20]. Gewahrt sieht sich auch das materielle Interesse der öffentlichen Fürsorge an möglichst geringer Belastung, denn Unterhaltsstatut und Fürsorgestatut laufen gleich und sind somit in entlastender Weise aufeinander abgestimmt[21].

Was die *elterliche Sorge* angeht, so bleibt zwar das Interesse der Eltern an der Maßgeblichkeit ihres Heimatrechtes unbeachtet, dem Kindesinteresse an Anwendung des Rechts der Umwelt, innerhalb derer es aufwächst, wird aber vollständig Rechnung getragen. Auch die erwünschte Gleichbehandlung aller in einem Haushalt lebenden Kinder erhält mit der Aufenthaltsanknüpfung kollisionsrechtlich eine Chance.

Innerhalb der Rechtsbeziehung zwischen *Vater und Mutter* findet im Durchschnittsfall das Mutterinteresse an Anwendung des für ihren Bedarf maßgeblichen Umweltrechtes Berücksichtigung, denn ihr gewöhnlicher Aufenthalt entspricht im allgemeinen dem des Kindes. Das Vaterinteresse hingegen wird — wegen typischerweise abweichenden Aufenthalts — grundsätzlich vernachlässigt. Auch das materielle Anliegen der Mutter an günstiger finanzieller Versorgung bleibt ohne Förderung.

b) Allgemeininteressen in sämtlichen Problembereichen

Zu den Rechtssicherheitsinteressen der Allgemeinheit in sämtlichen Bereichen ist folgendes zu bemerken:

Die Aufenthaltsanknüpfung entspricht den Erfordernissen des *internationalen Entscheidungseinklangs.* Sie sorgt für eine gleichmäßige Berücksichtigung der verschiedenen Rechtsordnungen und ist daher internationalisierungsfähig. Teilweise wird mit ihr schon heute tatsächlich eine Übereinstimmung der Entscheidungen erreicht, da eine ganze Reihe von Rechtsordnungen den Kindesaufenthalt bezüglich einzelner oder sämtlicher Fragen des Nichtehelichenrechts für maßgeblich erachtet[22]. Insbesondere wird auch mit staatsvertraglichem IPR[23] so ein weitgehender Gleichlauf erreicht[24].

---

[20] Bisher nicht der Fall, vgl. Art. 19 EGBGB, Tendenz aber erkennbar (Ersatzanknüpfung an den „gewöhnlichen Familienaufenthalt").

[21] Vgl. *Kühne*, IPR-Gesetz-Entwurf, S. 130.

Durch die vorgeschlagene Kollisionsnorm besonders stark gefördert wird der *innere Entscheidungseinklang.* Die übereinstimmende Anknüpfung sämtlicher Problemlagen stellt sicher, daß Koordinationsschwierigkeiten zwischen den einzelnen Bereichen aufgrund paralleler Anwendung unterschiedlicher Rechtsordnungen nicht auftreten[25].

Auch der *Vertrauensschutzgesichtspunkt* findet Berücksichtigung. Der gewöhnliche Aufenthalt des Kindes läßt als Anknüpfungsbegriff an Klarheit und Sicherheit kaum zu wünschen übrig; Stabilität wird durch eine entsprechende Definition des Begriffes garantiert[26]. Speziell im Namensbereich kommt es allerdings durch die Wandelbarkeit der Anknüpfung zu einer Vernachlässigung eines Ausschnittes der allgemeinen Rechtssicherheit, nämlich der kontinuierlichen Namensführung. Im Zuordnungsbereich hingegen wird das Problem der Kontinuität — wie bereits angedeutet — mit Hilfe der Lehre vom Schutz wohlerworbener Rechte gelöst. Günstig wirkt sich die Aufenthaltsanknüpfung auf Leichtigkeit und Sicherheit des Rechtsverkehrs aus, denn das Recht am Kindesaufenthalt wird nicht selten mit dem Verkehrsrecht (lex fori) übereinstimmen.

Nach alldem erweist sich die Anknüpfung an den gewöhnlichen Kindesaufenthalt als überzeugende Lösung, die im übrigen auch dem in letzter Zeit häufiger geäußerten[27] Wunsch, ein neues IPR-Gesetz solle sich auf kurze, elastische Hauptregeln beschränken und auf weitläufige Kasuistik verzichten, entgegenkommt. Es steht daher zu hoffen, daß sich der Gesetzgeber den für sie streitenden Argumenten nicht verschließt.

---

22 Vgl. die Hinweise innerhalb der Darstellung der einzelnen Problemlagen.

23 Insb. HUA 1956 und 1973 sowie — jedenfalls z. T. — MSA.

24 Worauf *Kühne,* IPR-Gesetz-Entwurf, S. 130 zu Recht besonders hinweist.

25 Ebd., S. 129.

26 Vgl. zu diesem Problem oben S. 72.

27 Vgl. z. B. *Neuhaus,* RabelsZ 43 (1979) 277, 288 als Kritik zum schweizer IPR-Gesetzentwurf; *Neuhaus / Kropholler,* JZ 1981, 58, 60.

Anhang

Gesetzestexte

Im folgenden sind solche Vorschriften zusammengestellt, die für das Verständnis der Regelungen in den untersuchten Rechtsordnungen besonders bedeutsam erscheinen und im Text zitiert sind.

Frankreich

Code de la nationalité française

Art. 17

Est français l'enfant, légitime ou naturel, dont l'un des parents au moins est français.

Code civil

Art. 3

(1) ...

(2) ...

(3) Les lois concernant l'état et la capacité des personnes régissent les Français, même résidant en pays étrangers.

Art. 311-1

(1) La possession d'état s'établit par une réunion suffisante de faits qui indiquent le rapport de filiation et de parenté entre un individu et la famille à laquelle il est dit appartenir.

(2) La possession d'état doit être continue.

Art. 311-2

Les principaux de ces faits sont :

Que l'individu a toujours porté le nom de ceux dont on le dit issu ;

Que ceux-ci l'ont traité comme leur enfant, et qu'il les a traités comme ses père et mère;

Qu'ils ont, en cette qualité, pourvu à son éducation, à son entretien et à son établissement;

Qu'il est reconnu pour tel, dans la société et par la famille ;

Que l'autorité publique le considère comme tel.

Art. 311-14

La filiation est régie par la loi personnelle de la mère au jour de la naissance de l'enfant ; si la mère n'est pas connue, par la loi personnelle de l'enfant.

Art. 311-15

Toutefois, si l'enfant légitime et ses père et mère, l'enfant naturel et l'un de ses père et mère ont en France leur résidence habituelle, commune ou séparée, la possession d'état produit toutes les conséquences qui en découlent selon la loi française, lors même que les autres éléments de la filiation auraient pu dépendre d'une loi étrangère.

Art. 311-17

La reconnaissance volontaire de paternité ou de maternité est valable si elle a été faite en conformité, soit de la loi personnelle de son auteur, soit de la loi personnelle de l'enfant.

Art. 311-18

L'action à fins de subsides est régie, au choix de l'enfant, soit par la loi de sa résidence habituelle, soit par la loi de la résidence habituelle du débiteur.

Art. 334-8

(1) La filiation naturelle est légalement établie, soit par reconnaissance volontaire, soit par déclaration judiciaire, à la suite d'une action en recherche de paternité ou de maternité.

(2) ...

Art. 337

L'acte de naissance portant l'indication de la mère vaut reconnaissance, lorsqu'il est corroboré par la possession d'état.

Art. 342

(1) Tout enfant naturel dont la filiation paternelle n'est pas légalement établie, peut réclamer des subsides à celui qui a eu des relations avec sa mère pendant la période légale de la conception.

(2) ...

Belgien

Lois coordonnés sur la nationalité (de 14 déc. 1932)

Art. 1er

Sont Belges :

1. ...
2. L'enfant né en Belgique de parents légalement inconnus. L'enfant trouvé en Belgique est présumé, jusqu'à preuve contraire, être né sur le sol belge.

Code civil belge

Art. 337

(1) ...

(2) Toutefois, l'enfant aura toujours le droit d'être nourri et élevé aux frais de son auteur.

Art. 340 a

La recherche de la paternité n'est admise que dans les cas suivants :

1. S'il y a possession d'état d'enfant naturel dans les conditions prévues par l'article 321 ;
2. Si, pendant la période légale de la conception, il y a eu enlèvement par violence, ruse ou menace, détention, séquestration arbitraires ou viol.

Art. 340 b

(1) L'enfant naturel peut réclamer de celui qui a eu des relations avec sa mère, pendant la période légale de la conception, une pension annuelle pour son entretien et son éducation, jusqu'à l'âge de 18 ans accomplis.

(2) La preuve de ces relations ne peut résulter que de l'une des circonstances suivantes :

1. De leur aveu dans des actes ou des écrits émanés du défendeur ;
2. De leur caractère habituel et notoire ;
3. De l'attentat à la pudeur consommé sans violence sur la personne d'une fille de moins de 16 ans accomplis ;
4. De la séduction de la mère par promesse de mariage, manœuvres frauduleuses ou abus d'autorité.

Art. 340 c

Dans les cas prévus par l'article précédent, la mère a droit aux frais d'accouchement, ainsi qu'à son entretien pendant les quatre semaines qui suivent la délivrance, sans préjudice aux dommages-intérêts qui peuvent lui être dus par application de l'article 1382.

Schweiz

Bundesgesetz betreffend die zivilrechtlichen Verhältnisse der Niedergelassenen und Aufenthalter (NAG)

Art. 8 d

(1) Eine Klage auf Feststellung oder Anfechtung des Kindesverhältnisses kann beim Richter des schweizerischen Wohnsitzes des Kindes oder eines der Eltern angebracht werden.

(2) Fehlt ein schweizerischer Wohnsitz und ist auch an einem ausländischen Wohnsitz nach den dort geltenden Bestimmungen ein Gerichtsstand nicht gegeben, so kann die Klage beim Richter des schweizerischen Heimatortes des Kindes oder eines der Eltern angebracht werden.

(3) Die schweizerische Zuständigkeit entfällt, wenn der Zusammenhang mit einem andern Land überwiegt und dieses den schweizerischen Gerichtsstand nicht anerkennt.

Art. 8 e

(1) Feststellung und Anfechtung des Kindesverhältnisses bestimmen sich:
1. nach dem Recht des Landes, in dem beide Eltern und das Kind ihren Wohnsitz haben;
2. mangels eines Wohnsitzes im gleichen Land nach dem gemeinsamen Heimatrecht des Kindes und der Eltern;
3. mangels eines Wohnsitzes im gleichen Land oder gemeinsamen Heimatrechts nach schweizerischem Recht.

(2) Ist der schweizerische Richter gemäß Artikel 8 d Absatz 2 zuständig, so wendet er das schweizerische Recht an.

(3) Überwiegt jedoch der Zusammenhang mit einem andern Land, so ist das Recht dieses Landes anwendbar.

Art. 9

(1) Die elterliche Gewalt bestimmt sich nach dem Rechte des Wohnsitzes.

(2) ...

Entwurf eines Bundesgesetzes über das internationale Privatrecht (IPR-Gesetzentwurf)

Art. 19

(1) Im Sinne dieses Gesetzes hat eine Person ihren Wohnsitz in dem Staat, in dem der Mittelpunkt ihrer Lebensverhältnisse liegt.

(2) Im Sinne dieses Gesetzes hat eine Person ihren gewöhnlichen Aufenthalt in dem Staat, in dem sie während längerer Zeit lebt, selbst wenn diese Zeit von vorneherein befristet ist.

(3) Die Bestimmungen des Zivilgesetzbuches über Wohnsitz und Aufenthalt sind nicht anwendbar; die Bestimmungen internationaler Übereinkommen bleiben vorbehalten.

Art. 35

(1) Hat eine Person im Zeitpunkt der Entstehung oder der Auflösung eines familienrechtlichen Verhältnisses ihren Wohnsitz in der Schweiz, so bestimmt sich ihr Name nach schweizerischem Recht.

(2) Hat eine Person im Zeitpunkt der Entstehung oder der Auflösung eines familienrechtlichen Verhältnisses ihren Wohnsitz in einem ausländischen Staat, so bestimmt sich ihr Name nach dessen Recht, einschließlich des Kollisionsrechts dieses Staates.

(3) Schweizer Bürger ohne Wohnsitz in der Schweiz können verlangen, daß ihr Name nach schweizerischem Recht bestimmt wird.

Art. 68

(1) Die Entstehung des Kindesverhältnisses sowie dessen Feststellung oder Anfechtung unterstehen dem Recht am Wohnsitz der Eltern oder des Elternteils, bei dem das Kind lebt; lebt das Kind weder bei der Mutter noch beim Vater, so ist das Recht am gewöhnlichen Aufenthalt des Kindes anwendbar.

(2) Steht der Sachverhalt mit dem Heimatstaat des Kindes oder eines der Eltern in offensichtlich engerem Zusammenhang, so ist das Recht dieses Staates anwendbar.

(3) Begründet nach dem anwendbaren Recht nicht schon die Geburt ein Kindesverhältnis zur schweizerischen Mutter, so ist schweizerisches Recht anzuwenden.

Art. 69

(1) Für die Bestimmung des auf die Entstehung, Feststellung oder Anfechtung des Kindesverhältnisses anwendbaren Rechts ist der Zeitpunkt der Geburt maßgebend.

(2) Bei gerichtlicher Feststellung oder Anfechtung des Kindesverhältnisses ist jedoch der Zeitpunkt der Klage maßgebend, wenn der Sachverhalt mit dem Wohnsitz, dem gewöhnlichen Aufenthalt oder dem Heimatstaat im Zeitpunkt der Klage in offensichtlich engerem Zusammenhang steht oder wenn die Anwendung eines dieser Rechte im Interesse des Kindes liegt.

Art. 71

(1) ... (Zuständigkeit schweizerischer Behörden)

(2) Die Anerkennung eines Kindes in der Schweiz kann nach dem Recht am Wohnsitz oder am gewöhnlichen Aufenthalt oder nach dem Heimatrecht des Kindes, der Mutter oder des Vaters erfolgen. Maßgebend ist der Zeitpunkt der Anerkennung.

(3) Für die Form der Anerkennung genügt die Beachtung des schweizerischen Rechts.

England

Affiliation Proceedings Act 1957

Section 1. Commencement of affiliation proceedings

A single woman who is with child, or who has been delivered of an illegitimate child, may apply by complaint to a justice of the peace for a summons to be served on the man alleged by her to be the father of the child.

Section 4. Powers of court on hearing of complaint

(1) On the hearing of a complaint under section one of this Act the court may adjudge the defendant to be the putative father of the child, but shall not do so, in a case where evidence is given by the mother, unless her evidence is corroborated in some material particular by other evidence to the court's satisfaction.

(2) Where the court has adjudged the defendant to be the putative father of the child it may also, if it thinks fit in all the circumstances of the case, proceed to make against him an order (referred to in this Act as "an affiliation order") containing one or both of the following provisions —

a) provision for the making of him of such periodical payments for the maintenance and education of the child, and for such term, as may be specified in the order;

b) provision for the payment by him of such lump sum as may be specified.

(3) ...

(4) ...

(5) ...

Section 5. Persons entitled to payments under affiliation order

(1) Subject to the provisions of this section and of the enactments mentioned in the following subsection, the person entitled to any payments to be made under an affiliation order shall be the child's mother for the benefit of the child or the child himself and the order shall make provision accordingly.

(2) The enactments referred to above are—

a) section 49 of the Child Care Act 1980 (which provides that, where an illegitimate child is in the care of a local authority the authority entitled to receive contributions in respect of the child under section 45 (2) of that Act may be given the benefit of payments under an affiliation order in respect of the child);

b) section 44 of the National Assistance Act 1948 (under which ... a local authority giving assistance in respect of an illegitimate child may obtain an affiliation order providing for payments thereunder being made to the ... authority, or may apply for an existing order to be varied so as to provide as aforesaid);

c) section 50 of the Child Care Act 1980 (which makes provision corresponding to the said section 44 for the benefit of a local authority having an illegitimate child in its care).

(3) An affiliation order may, on the application of a person other than the child's mother who for the time being has the custody of the child, either legally or by any arrangement approved by the court, be made or varied by a magistrates' court so as to provide that the person entitled to payments under the order shall be that person for the benefit of the child or the child himself.

Civil Evidence Act 1968

Section 12. Findings of adultery and paternity as evidence in civil proceedings

(1) In any civil proceedings —

a) ...

b) the fact that a person has been adjudged to be the father of a child in affiliation proceedings before any court in the United Kingdom,

shall (subject to subsection (3) below) be admissible in evidence for the purpose of proving, where to do so is relevant to any issue in those civil proceedings, that he ... is (or was) the father of that child, whether or not he offered any defence to the allegation of ... paternity and whether or not he is a party to the civil proceedings; but no finding or adjudication other than a subsisting one shall be admissible in evidence by virtue of this section.

(2) In any civil proceedings in which by virtue of this section a person is proved to have been ... adjudged to be the father of a child as mentioned in subsection (1) b) above —

a) he shall be taken ... to be (or have been) the father of that child, unless the contrary is proved; and

b) without prejudice to the reception of any other admissible evidence for the purpose of identifying the facts on which the finding or adjudication was based, the contents of any document which was before the court, or which contains any pronouncement of the court, in the ... affiliation proceedings in question shall be admissible in evidence for that purpose.

(3) ...

(4) ...

(5) ...

Maintenance Orders Act 1950

Section 3. Jurisdiction of English courts to make affiliation orders

(1) A court in England shall have jurisdiction in proceedings under ... (Rechtsgrundlagen) ... for an affiliation order against a man residing in Scotland or Northern Ireland, if the act of intercourse resulting in the birth of the child or any act of intercourse between the parties which may have resulted therein took place in England.

(2) Where the mother of a child resides in Scotland or Northern Ireland, and the person alleged to be the father in England, a court of summary jurisdiction having jurisdiction in the place in which the person alleged to be the father resides shall have jurisdiction in proceedings by the mother for an affiliation order against him under ... (Rechtsgrundlage).

(3) ...

Guardianship of Minors Act 1971

Section 1. Principle on which questions relating to legal custody, upbringing etc., of minors are to be decided

Where in any proceedings before any court (whether or not a court as defined in section 15 of this Act) —

a) the legal custody or upbringing of a minor; or

b) the administration of any property belonging to or held on trust for a minor, or the application of the income thereof,

is in question, the court, in deciding that question, shall regard the welfare of the minor as the first and paramount consideration, and shall not take into consideration whether from any other point of view the claim of the father, in respect of such legal custody, upbringing, administration or application is superior to that of the mother, or the claim of the mother is superior to that of the father.

Section 15. Courts having jurisdiction under this Act

(1) Subject to the provisions of this section, "the court" for the purposes of this Act means —

a) the High Court;
b) the county court of the district in which the respondent (or any of the respondents) or the applicant or the minor to whom the application relates resides; or
c) a magistrates' court having jurisdiction in the place in which any of the said persons resides.

(2) . . .

Bundesrepublik Deutschland

Bürgerliches Gesetzbuch (BGB)

§ 1600 a

Bei nichtehelichen Kindern wird die Vaterschaft durch Anerkennung oder gerichtliche Entscheidung mit Wirkung für und gegen alle festgestellt. Die Rechtswirkungen der Vaterschaft können, soweit sich nicht aus dem Gesetz ein anderes ergibt, erst vom Zeitpunkt dieser Feststellung an geltend gemacht werden.

§ 1600 c

(1) Zur Anerkennung ist die Zustimmung des Kindes erforderlich.

(2) Die Zustimmung ist dem Anerkennenden oder dem Standesbeamten gegenüber zu erklären.

Einführungsgesetz zum Bürgerlichen Gesetzbuch (EGBGB)

Art. 20

Das Rechtsverhältnis zwischen einem nichtehelichen Kinde und dessen Mutter wird nach den deutschen Gesetzen beurteilt, wenn die Mutter eine Deutsche ist. Das gleiche gilt, wenn die *Reichsangehörigkeit* der Mutter erloschen, die *Reichsangehörigkeit* des Kindes aber bestehengeblieben ist.

Art. 21

Die Unterhaltspflicht des Vaters gegenüber dem nichtehelichen Kinde und seine Verpflichtung, der Mutter die Kosten der Schwangerschaft, der Entbindung und des Unterhalts zu ersetzen, wird nach den Gesetzen des Staates beurteilt, dem die Mutter zur Zeit der Geburt des Kindes angehört; es können jedoch nicht weitergehende Ansprüche geltend gemacht werden, als nach den deutschen Gesetzen begründet sind.

Art. 22

(1) . . . (Legitimation, Adoption)

(2) Gehört der Vater oder der Annehmende einem fremden Staate an, während das Kind die *Reichsangehörigkeit* besitzt, so ist die Legitimation

oder Annahme unwirksam, wenn die nach den deutschen Gesetzen erforderliche Einwilligung des Kindes oder eines Dritten, zu dem das Kind in einem familienrechtlichen Verhältnisse steht, nicht erfolgt ist. Die Einwilligung des Kindes zur Annahme bedarf der Genehmigung des Vormundschaftsgerichts.

Internationale Abkommen

Haager Übereinkommen über das auf Unterhaltsverpflichtungen gegenüber Kindern anzuwendende Recht v. 24. 10. 1956 (Auszug)

Art. 1

(1) Ob, in welchem Ausmaß und von wem ein Kind Unterhalt verlangen kann, bestimmt sich nach dem Recht des Staates, in dem das Kind seinen gewöhnlichen Aufenthalt hat.

(2) Wechselt das Kind seinen gewöhnlichen Aufenthalt, so wird von dem Zeitpunkt des Aufenthaltswechsels an das Recht des Staates angewendet, in dem das Kind seinen neuen gewöhnlichen Aufenthalt hat.

(3) Das in den Absätzen 1 und 2 bezeichnete Recht gilt auch für die Frage, wer die Unterhaltsklage erheben kann und welche Fristen für die Klageerhebung gelten.

(4) „Kind" im Sinne dieses Übereinkommens ist jedes eheliche, uneheliche oder an Kindes Statt angenommene Kind, das unverheiratet ist und das 21. Lebensjahr noch nicht vollendet hat.

Art. 2

Abweichend von den Bestimmungen des Artikels 1 kann jeder Vertragsstaat sein eigenes Recht für anwendbar erklären,

a) wenn der Unterhaltsanspruch vor einer Behörde dieses Staates erhoben wird,

b) wenn die Person, gegen die der Anspruch erhoben wird, und das Kind die Staatsangehörigkeit dieses Staates besitzen und

c) wenn die Person, gegen die der Anspruch erhoben wird, ihren gewöhnlichen Aufenthalt in diesem Staate hat.

Art. 3

Versagt das Recht des Staates, in dem das Kind seinen gewöhnlichen Aufenthalt hat, ihm jeden Anspruch auf Unterhalt, so findet entgegen den vorstehenden Bestimmungen das Recht Anwendung, das nach den innerstaatlichen Kollisionsnormen der angerufenen Behörde maßgebend ist.

Art. 4

Von der Anwendung des in diesem Übereinkommen für anwendbar erklärten Rechts kann nur abgesehen werden, wenn seine Anwendung mit der öffentlichen Ordnung des Staates, dem die angerufene Behörde angehört, offensichtlich unvereinbar ist.

Art. 5

(1) . . .

(2) Das Übereinkommen regelt das Kollisionsrecht nur auf dem Gebiet der Unterhaltspflicht. Der Frage der sonstigen familienrechtlichen Beziehungen zwischen Schuldner und Gläubiger und der Frage der Abstammung kann durch Entscheidungen, die aufgrund dieses Übereinkommens ergehen, nicht vorgegriffen werden.

Haager Übereinkommen über die Zuständigkeit und das anzuwendende Recht auf dem Gebiet des Schutzes von Minderjährigen v. 5. 10. 1961 (Auszug)

Art. 1

Die Behörden, seien es Gerichte oder Verwaltungsbehörden, des Staates, in dem ein Minderjähriger seinen gewöhnlichen Aufenthalt hat, sind, vorbehaltlich der Bestimmungen der Artikel 3, 4 und 5 Absatz 3, dafür zuständig, Maßnahmen zum Schutz der Person und des Vermögens des Minderjährigen zu treffen.

Art. 2

(1) Die nach Artikel 1 zuständigen Behörden haben die nach ihrem innerstaatlichen Recht vorgesehenen Maßnahmen zu treffen.

(2) Dieses Recht bestimmt die Voraussetzungen für die Anordnung, die Änderung und die Beendigung dieser Maßnahmen. Es regelt auch deren Wirkungen sowohl im Verhältnis zwischen dem Minderjährigen und den Personen oder den Einrichtungen, denen er anvertraut ist, als auch im Verhältnis zu Dritten.

Art. 3

Ein Gewaltverhältnis, das nach dem innerstaatlichen Recht des Staates, dem der Minderjährige angehört, kraft Gesetzes besteht, ist in allen Vertragsstaaten anzuerkennen.

Art. 4

(1) Sind die Behörden des Staates, dem der Minderjährige angehört, der Auffassung, daß das Wohl des Minderjährigen es erfordert, so können sie nach ihrem innerstaatlichen Recht zum Schutz der Person oder des Vermögens des Minderjährigen Maßnahmen treffen, nachdem sie die Behörden des Staates verständigt haben, in dem der Minderjährige seinen gewöhnlichen Aufenthalt hat.

(2) Dieses Recht bestimmt die Voraussetzungen für die Anordnung, die Änderung und die Beendigung dieser Maßnahmen. Es regelt auch deren Wirkungen sowohl im Verhältnis zwischen dem Minderjährigen und den Personen oder den Einrichtungen, denen er anvertraut ist, als auch im Verhältnis zu Dritten.

(3) Für die Durchführung der getroffenen Maßnahmen haben die Behörden des Staates zu sorgen, dem der Minderjährige angehört.

(4) Die nach den Absätzen 1 bis 3 getroffenen Maßnahmen treten an die Stelle von Maßnahmen, welche die Behörden des Staates getroffen haben, in dem der Minderjährige seinen gewöhnlichen Aufenthalt hat.

Literaturverzeichnis*

Zitierweise: Bei Zeit- und Festschriftenbeiträgen nach der Fundstelle (jeweils mit der Anfangsseite des betreffenden Artikels), sonst lediglich nach dem Autor und — bei Verwechslungsgefahr — schlagwortartig nach dem Titel.

Ago: Die Funktion des internationalen Privatrechts. Regelung auslandsverknüpfter Situationen durch den Forumstaat gemäß der lex fori oder unter Verwendung von Sätzen des ausländischen Rechts als Spezialrecht, in: Picone / Wengler, Internationales Privatrecht, Darmstadt 1974, S. 35

Alexandre: Les conflits de lois en matière d'effets de la filiation, in: Travaux de l'institut de droit comparé de Strasbourg, Paris 1973, S. 65

Ansay / Martiny: Die Gastarbeiterfamilie im Recht, in: Ansay / Gessner, Gastarbeiter in Gesellschaft und Recht, München 1974, S. 171

Bänziger: Der Schutz des Dritten im internationalen Personen-, Familien- und Erbrecht der Schweiz, Zürich 1977

Baer: Entwurf zur Neuregelung des internationalen Privat- und Verfahrensrechts — seine Bedeutung für die Praxis der Jugendämter und Vormundschaftsgerichte, ZBlJugR 1980, 676

Batiffol: Aspects philosophiques du droit international privé, Paris 1956

Batiffol / Lagarde: Droit international privé, 6ème éd., Paris, tome 1 1974, tome 2 1976

— L'improvisation de nouvelles règles de conflit de lois en matière de filiation, Rev. crit 1972, 1

Beitzke: Betrachtungen zur Methodik im Internationalprivatrecht, in: Festschrift für Rudolf Smend, Göttingen 1952, S. 1

— Vaterschaftsfeststellung bei Ausländerkindern, ZBlJugR 1973, 369

— Der Kindesname im internationalen Privatrecht, StAZ 1976, 321

— Alternative Anknüpfungen, in: Festschrift für Murad Ferid, München 1978, S. 39

— Neues österreichisches Kollisionsrecht, RabelsZ 43 (1979) 245

Bergmann / Ferid: Internationales Ehe- und Kindschaftsrecht, 5. Aufl. Frankfurt/M. 1976 ff.

Bevan: The Law Relating to Children, London 1973

Böhmer: Der Name der verheirateten Frau im internationalen Privatrecht, in: Festschrift für Murad Ferid, München 1978, S. 103

Boehmer: Welche Anforderungen sind an eine Reform des Rechts des unehelichen Kindes zu stellen? Gutachten für den 44. Deutschen Juristentag, Bd. 1 (Gutachten), 1. Teil, Heft A, Tübingen 1962

* Nicht gesondert aufgeführt sind Urteilsanmerkungen und Buchbesprechungen.

Bogdanowsky de Maekelt: Die Herrschaft des Kindesrechts im internationalen Unehelichenrecht, RabelsZ 28 (1964) 401

Boschan: Europäisches Familienrecht, 5. Aufl. München 1972

Bourel: Les conflits de lois en matière d'obligations extracontractuelles, Paris 1961

Braga: Staatsangehörigkeitsprinzip oder Wohnsitzprinzip?, ZAIP 18 (1953) 227

— Kodifikationsgrundsätze des IPR, ZAIP 23 (1958) 421

— Internationalprivatrecht, Kollisionsrecht, Normengrenzrecht, in: Festschrift für Ludwig Schnorr von Carolsfeld, Köln (usw.) 1972, S. 89

Bromley: Family Law, 5th ed. London 1976

Bucher: Grundfragen der Anknüpfungsgerechtigkeit im internationalen Privatrecht, Basel und Stuttgart 1975

— Auswirkungen der Streichung von Art. 8 NAG, ZZiv. 46 (1978), Grüne Beilage, S. 2

— Sur les règles de rattachement à caractère substantiel, in: Liber amicorum Adolf F. Schnitzer, Genf 1979, S. 37

Bundesrat (schweiz.): Botschaft an die Bundesversammlung über die Änderung des schweizer Zivilgesetzbuches (Kindesverhältnis) vom 5. Juni 1974, BBl. 126 (1974) II, 1

Bundesregierung: Denkschrift zum Entwurf eines Gesetzes zu dem Übereinkommen vom 24. Oktober 1956 über das auf Unterhaltsverpflichtungen gegenüber Kindern anzuwendende Recht, Bundestags-Drucksache III 2585

— Entwurf eines Gesetzes über die Gleichberechtigung von Mann und Frau auf dem Gebiete des Bürgerlichen Rechts und über die Wiederherstellung der Rechtseinheit auf dem Gebiete des Familienrechts (Familienrechtsgesetz), Bundestags-Drucksache I 3802

Bussmann: Name, in: Rechtsvergleichendes Handwörterbuch für das Zivil- und Handelsrecht des In- und Auslands, Bd. 5, Berlin 1938, S. 409

Cheshire / North: Private International Law, 10th ed. London 1979

Chevallier: Filiation naturelle simple et filiation alimentaire en droit international privé français, Paris 1967

Chislett: Affiliation Proceedings, London 1958

Clarke Hall and *Morrison:* Law Relating to Children and Young Persons, 9th ed. London 1977

Cretney: Principles of Family Law, 3rd ed. London 1979

Currie: Die governmental interests des Forumstaates und fremder Staaten an der Anwendung ihres eigenen Rechts, in: Picone / Wengler, Internationales Privatrecht, Darmstadt 1974, S. 309

Czapski: Niederländische Rechtsprechung zum internationalen Privat- und Prozeßrecht 1965 - 1968, RabelsZ 34 (1970) 86

Dayant: Le nom en droit international privé, J.Cl.dr.int., fasc. 542, Paris 1970

Derruppé: Droit International Privé, 5ème éd. Paris 1978

Deters: Das Rechtsverhältnis zwischen dem unehelichen Kinde und seinem Vater im deutschen internationalen Privatrecht, Diss. Berlin 1938

Deutsches Institut für Vormundschaftswesen: Neuregelung des deutschen Internationalen Privatrechts (IPR), DAVorm 53 (1980) 585

Dicey / Morris: The Conflict of Laws, Vol. 1, 10th ed. London 1980

Dölle: Familienrecht, 2. Band, Karlsruhe 1965

— Die Gleichberechtigung von Mann und Frau im Familienrecht, in: Festschrift für Erich Kaufmann, Stuttgart und Köln 1950, S. 19

Dopffel / Drobnig / Siehr: Reform des deutschen internationalen Privatrechts, Tübingen 1980

Dopffel / Siehr u. a.: Thesen zur Reform des internationalen Privat- und Verfahrensrechts, RabelsZ 44 (1980) 344

Duchek / Schwind: Internationales Privatrecht — Das IPR-Gesetz vom 15. 6. 1978 samt einschlägigen sonstigen Rechtsvorschriften und zwischenstaatlichen Abkommen mit ausführlichen Erläuterungen, Wien 1979

Eekelaar: Family Law and Social Policy, London 1978

Erman / (Bearbeiter): Handkommentar zum Bürgerlichen Gesetzbuch, 6. Aufl. Münster 1975

Esser: Grundsatz und Norm in der richterlichen Fortbildung des Privatrechts, 2. Aufl. Tübingen 1964

Fadlallah: La famille légitime en Droit International Privé, Paris 1977

Ferid: Internationales Privatrecht, Berlin 1975

Firsching: Einführung in das internationale Privatrecht, München 1974

— De la filiation en droit français, autrichien et allemand, Rev.int.dr.comp. 1973, 17

Foyer: Filiation illégitime et changement de la loi applicable, Paris 1964

Freiburger Kolloquium: Über den schweizerischen Entwurf zu einem Bundesgesetz über das internationale Privatrecht, Zürich 1979

Gernhuber: Lehrbuch des Familienrechts, 3. Aufl. München 1980

Goldschmidt: Die philosophischen Grundlagen des internationalen Privatrechts, in: Festschrift für Martin Wolff, Tübingen 1952, S. 203

Grant: Family Law, 3rd ed. London 1977

Graulich: Principes de droit international privé, conflit de lois, conflit de juridictions, Paris 1961

Graveson: Conflict of Laws — Private International Law, London 1974

Guimezanes-Durand: La filiation en droit international privé anglais et français comparé, thèse multigr. Paris 1973

Gutachten zum internationalen und ausländischen Privatrecht 1969, 1970 und 1974, veröffentlicht im Auftrag des Deutschen Rates für Internationales Privatrecht von M. Ferid, G. Kegel und K. Zweigert, Red.: H. Krüger, Berlin und Tübingen 1971, Tübingen 1971 und 1975

Gutteridge: The International Enforcement of Maintenance Orders, I.L.Q. 2 (1948 - 49) 155

Gutzwiller: Von Ziel und Methode des IPR, SchwJbIntR XXV (1968) 161

Halsbury's Laws of England, 4th ed. (3rd ed.) London 1973 ff.

Hanisch: Die „versteckte" Rückverweisung im internationalen Familienrecht, NJW 1966, 2085

Hartwieg / Korkisch: Die geheimen Materialien zur Kodifikation des deutschen Internationalen Privatrechts 1881 - 1896, Tübingen 1973

Heck: Begriffsbildung und Interessenjurisprudenz, Tübingen 1932

— Gesetzesauslegung und Interessenjurisprudenz, AcP 112 (1914) 1

Heini: Der Entwurf eines Bundesgesetzes über das internationale Privat- und Zivilprozeßrecht (IPR-Gesetz), SJZ 1978, 249

Henrich: Kollisionsrechtliche Probleme bei der Anerkennung nichtehelicher Kinder, StAZ 1974, 142

— Auswirkungen des Eherechtsreformgesetzes auf das internationale Familienrecht, in: Festschrift für F. W. Bosch, Bielefeld 1976, S. 411

— Reformtendenzen im internationalen Ehe- und Kindschaftsrecht, StAZ 1979, 282

— Zum Stand der deutschen IPR-Reform, IPRax 1981, 2

— Der Ehe- und Familienname im internationalen Privatrecht, in: Festschrift für Konrad Zweigert, Tübingen 1981, S. 127

v. Hoffmann / Ortiz-Arce: Das neue spanische internationale Privatrecht, RabelsZ 39 (1975) 647

v. Hülsen: Rechtsvergleichung als Gesetzgebungshilfe im Kindschaftsrecht, FamRZ 1967, 26

Huet: Les conflits de lois en matière d'établissement de la filiation depuis la loi du 3 janvier 1972, in: Travaux de l'institut de droit comparé de Strasbourg, Paris 1973, S. 19

Institut für internationales Recht: Resolution zum IPR (auf der Tagung vom 17. - 26. 4. 1952 in Siena), ZAIP 17 (1952) 519

Jansen / Knöpfel: Das neue Unehelichengesetz, Frankfurt/M. und Berlin 1967

Jayme: Zur „versteckten" Rück- und Weiterverweisung im internationalen Privatrecht, ZfRV 11 (1970) 253

— Die Familie im Recht der unerlaubten Handlungen, Frankfurt/M. 1971

— Neuere Entwicklungen im internationalen Kindschaftsrecht, StAZ 1971, 65

— Zu Qualifikation und Inhalt der „Schutzmaßnahme" nach dem Haager Minderjährigenschutzabkommen, JR 1973, 177

— Zur Entscheidungsharmonie im internationalen Kindschaftsrecht, in: Festschrift für F. W. Bosch, Bielefeld 1976, S. 459

— Zur Krise des „Governmental-Interest-Approach", in: Festschrift für Gerhard Kegel, Frankfurt/M. 1977, S. 359

— Rechtsvergleichung im internationalen Privatrecht, in: Festschrift für Fritz Schwind, Wien 1978, S. 103

— Wandlungen des ordre public im internationalen Kindschaftsrecht, StAZ 1980, 301

Joerges: Zum Funktionswandel des Kollisionsrechts, Berlin und Tübingen 1971

Josling: Affiliation Law and Practice, 4th ed. London 1977

— Change of Name, 12th ed. London 1980

Juenger: Möglichkeiten einer Neuorientierung des internationalen Privatrechts, NJW 1973, 1521

— Zum Wandel des internationalen Privatrechts, Karlsruhe 1974

Kahn: Abhandlungen zum internationalen Privatrecht, Bd. 1, München und Leipzig 1928, herausgegeben von Otto Lenel und Hans Lewald

Kegel: Begriffs- und Interessenjurisprudenz im internationalen Privatrecht, in: Festschrift für Hans Lewald, Basel 1953, S. 259

— The Crisis of Conflict of Laws, Recueil de cours 112 (1964) II, 90

— Wandel auf dünnem Eis, in: Juenger, Zum Wandel des internationalen Privatrechts, Karlsruhe 1974, S. 35

— Internationales Privatrecht, Ein Studienbuch, 4. Aufl. München 1977

— Vaterhaus und Traumhaus — Herkömmliches internationales Privatrecht und Hauptthesen der amerikanischen Reformer, in: Festschrift für Günther Beitzke, Berlin 1979, S. 551

Keller: Verhältnis zwischen materiellem Privatrecht und internationalem Privatrecht, SJZ 1972, 65

Keller / Siehr: Einführung in die Eigenart des Internationalen Privatrechts, 2. Aufl. Zürich 1979

Klinkhardt: Die Feststellung der nichtehelichen Vaterschaft von Ausländern und ihre Wirkungen, Frankfurt/M. 1982

Knoepfler: L'intérêt de l'enfant et le droit international privé, in: Festgabe der schweizerischen Rechtsfakultäten zur Hundertjahrfeier des Bundesgerichts, Basel 1975, S. 467

— Commentaire à la loi du 25 juin 1976 portant modification du Code civil suisse (filiation), Rev.crit. 1978, 187

— Der Name und einige andere Fragen des Zivilstandswesens im schweizerischen internationalen Privatrecht, heute und morgen, StAZ 1979, 213

Krause: Creation of Relationships of Kinship, in: International Encyclopedia of Comparative Law, Volume IV, Chapter 6, Tübingen 1976

Kropholler: Die Vaterschaftsfeststellung im IPR, FamRZ 1971, 403

— Zur funktionalen Methode im Kollisionsrecht, in: Festschrift für F. W. Bosch, Bielefeld 1976, S. 525

— Das Haager Abkommen über den Schutz Minderjähriger, 2. Aufl. Bielefeld 1977

Kühne: Internationales Privatrecht im Ausgang des 20. Jahrhunderts, RabelsZ 43 (1979) 290

— Welche rechtlichen Vorkehrungen empfehlen sich, um die Rechtsstellung von Ausländern in der Bundesrepublik Deutschland angemessen zu gestalten? (Teilgutachten „Internationales Ehe- und Kindschaftsrecht"), Gutachten für den 53. Deutschen Juristentag, Bd. 1 (Gutachten), Teil C, München 1980

— IPR-Gesetz-Entwurf, Entwurf eines Gesetzes zur Reform des internationalen Privat- und Verfahrensrechts, Heidelberg und Karlsruhe 1980

v. Landauer: International Affiliation Orders, I.C.L.Q. 17 (1968) 1015

Lasok: Legitimation, Recognition and Affiliation Proceedings, I.C.L.Q. 10 (1961) 123

— The Legal Status of the Putative Father, I.C.L.Q. 17 (1968) 634

Lequette: Protection familiale et protection étatique des incapables, Paris 1976

Leske / Loewenfeld: Rechtsverfolgung im internationalen Verkehr, Bd. 1: Das Eherecht der europäischen und der außereuropäischen Staaten, 1. Teil: Die europäischen Staaten, 3. Lfg. Köln (usw.) 1965

Lorenz: Zur Struktur des internationalen Privatrechts — Ein Beitrag zur Reformdiskussion, Berlin 1977

— Die Reform des deutschen IPR — Bemerkungen zu ihren Grundlagen, ZRP 1982, 148

Loussouarn / Bourel: Filiation. Legitimation. Droit international privé français, J.Cl.dr.int., fasc. 548-A, Paris 1974

— Droit international privé, 2ème éd. Paris 1980

Lüderitz: Anknüpfung im Parteiinteresse, in: Festschrift für Gerhard Kegel, Frankfurt/M. 1977, S. 31

Lüthke: Unterhaltsansprüche unehelicher Kinder im anglo-amerikanischen internationalen Privatrecht, Diss. Göttingen 1952

Lutter: Namensänderungen nach englischem Recht und ihre Beachtung im deutschen Personenstandsrecht, StAZ 1980, 61

Majoros: Le Droit International Privé, Paris 1975

Makarov: Die Gleichberechtigung der Frau und das internationale Privatrecht, ZAIP 17 (1952) 382

Massip: Das neue französische Kindschaftsrecht — Gesetz vom 3. 1. 72, StAZ 1973, 105

Massip / Morin / Aubert: La réforme de la filiation, 3ème éd. Paris o. J. (um 1979)

Mayer: Droit international privé, Paris 1977

v. Metzler: Englisches Familienrecht, FamRZ 1967, 662

— Zur Zuständigkeit englischer Gerichte für Unterhaltsklagen unehelicher deutscher Kinder, AnwBl 1968, 254

Mezger: Das Kind mit den zwei Vätern, eine Erfindung des französischen Kindschaftsrechts von 1972, in: Festschrift für Murad Ferid, München 1978, S. 621

— Anerkennung deutscher Vaterschafts- und Unterhaltsurteile in Frankreich, IPRax 1981, 103

Morris: The Conflict of Laws, 2nd ed. London 1980

Müller-Freienfels: Scheidungsstatut und Gleichberechtigung, JZ 1957, 141

— Zur kollisionsrechtlichen Behandlung der Abstammungsklage, FamRZ 1957, 147

— Legal Equality of Husband and Wife and the Child's Welfare in Private International Law, in: Essays in Jurisprudence in Honor of Roscoe Pound, Indianapolis 1962, S. 595

— Zur Reform des deutschen internationalen Unehelichenrechts, in: Lauterbach, Vorschläge und Gutachten zur Reform des deutschen internationalen Kindschafts-, Vormundschafts- und Pflegschaftsrechts, Berlin (usw.) 1966, S. 92

— Zum räumlich-persönlichen Geltungsbereich Haager IPR-Übereinkommen, insbesondere des Übereinkommens über das auf Unterhaltsverpflichtungen gegenüber Kindern anzuwendende Recht vom 24. 10. 56, in: Festschrift für Hans G. Ficker, Frankfurt/M. und Berlin 1967, S. 289

Münchener Kommentar: Bürgerliches Gesetzbuch, Bd. 5, Familienrecht, München 1978

Neuhaus: Die Verpflichtungen des unehelichen Vaters im deutschen internationalen Privatrecht, Stuttgart und Köln 1953

— Um die Reform des deutschen Internationalen Kindschaftsrechts, FamRZ 1967, 22

— Neue Wege im europäischen internationalen Privatrecht, RabelsZ 35 (1971) 401

— Prinzipien oder Interessen als Basis des internationalen Privatrechts, in: Akrothinia Petros G. Vallindas, Athen 1971, S. 547

— Die Grundbegriffe des internationalen Privatrechts, 2. Aufl. Tübingen 1976

— Der schweizer IPR-Entwurf — ein internationales Modell? RabelsZ 43 (1979) 277

Neuhaus / Kropholler: Entwurf eines Gesetzes über internationales Privat- und Verfahrensrecht (IPR-Gesetz), RabelsZ 44 (1980) 326

— Das Elend mit dem internationalen Privatrecht — Gedanken zur anstehenden Gesetzesreform, FamRZ 1980, 753

— Resignation oder Provokation im deutschen IPR? StAZ 1981, 80

— Kürze oder Kasuistik im Gesetz über Internationales Privatrecht? JZ 1981, 58

Neumayer: Ist das deutsche internationale Kindschaftsrecht reformbedürftig? AcP 152 (1952/53) 335

— Fremdes Recht aus Büchern, fremde Rechtswirklichkeit und die funktionelle Dimension in den Methoden der Rechtsvergleichung, RabelsZ 34 (1970) 411

Niederer: Die Frage der Qualifikation als Grundproblem des internationalen Privatrechts, Zürich 1940

Niemeyer: Zur Vorgeschichte des internationalen Privatrechts im deutschen Bürgerlichen Gesetzbuch, München und Leipzig 1915

v. Overbeck: Internationalprivatrechtliches zum neuen schweizerischen Kindesrecht, ZfRV 19 (1978) 87

— L'intérêt de l'enfant et l'évolution du droit international privé de la filiation, in: Liber amicorum Adolf F. Schnitzer, Genf 1979, S. 361

Palandt / (Bearbeiter): Bürgerliches Gesetzbuch, 39. Aufl. München 1980

Pallard: La filiation illégitime en droit international privé français, Rev.crit. 1953, 61

Piret: Les principales réformes modifiant les droits patrimoniaux des enfants illégitimes en droit anglais, Rev.int.dr.comp. 25 (1973) 277

Ponsard: La loi française du 3 janvier 1972 et les conflits de lois en matière de filiation, Clunet 1972, 765

Puxon: Legitimacy and Legitimation, London 1965

Raape: Internationales Privatrecht, 5. Aufl. Berlin (usw.) 1961

Rabel: Das Problem der Qualifikation, ZAIP 5 (1931) 241

— The Conflict of Laws — A Comparative Study, Vol. 1, 2nd ed. Ann Arbor 1958

Rayden's Law and Practice in Divorce and Family Matters in All Courts, 13th ed. London 1979

Rehbinder: Zur Politisierung des internationalen Privatrechts, JZ 1973, 151

Rexroth: Uneheliche Kinder, in: Rechtsvergleichendes Handwörterbuch für das Zivil- und Handelsrecht des In- und Auslands, Bd. 6, Berlin 1938, S. 633

Rheinstein: Einführung in die Rechtsvergleichung, München 1974

Rigaux: Droit international privé, Bruxelles, tome I 1977, tome II 1979

Rothoeft: System der Irrtumslehre als Methodenfrage der Rechtsvergleichung, Tübingen 1968

v. Savigny: System des heutigen römischen Rechts, Bd. VIII, Berlin 1849

Scheuring: Die Frage der Anknüpfung bei Unterhaltsforderungen unehelicher Kinder im internationalen Privatrecht Deutschlands, Frankreichs und der Schweiz, Diss. Basel 1961

Schmitthoff: The English Conflict of Laws, 3rd ed. London 1954

Schnitzer: Handbuch des internationalen Privatrechts, Bd. 1, 4. Aufl. Basel 1957

— Betrachtungen zur Gegenwart und Zukunft des internationalen Privatrechts, RabelsZ 38 (1974) 317

— Die Einordnung der internationalen Sachverhalte in das Rechtssystem, in: Festschrift für F. A. Mann, München 1977, S. 289

— Gegenentwurf für ein schweizerisches IPR-Gesetz, SJZ 1980, 309

Schurig: Kollisionsnorm und Sachrecht — Zu Struktur, Standort und Methode des internationalen Privatrechts, Berlin 1981

Schwimann: Englisches Recht in Vaterschafts- und Unterhaltsprozessen unehelicher Kinder in Österreich, ÖJZ 1975, 645

Scott: Private International Law — Conflict of Laws, 2nd ed. Plymouth 1979

Serick / Harries: Belgisches internationales Privatrecht nach der neueren Rechtsprechung, ZAIP 25 (1960) 544

Siegrist: Gleichberechtigung von Mann und Frau und internationales Privatrecht, ZAIP 24 (1959) 54

Siehr: Auswirkungen des Nichtehelichengesetzes auf das Internationale Privat- und Verfahrensrecht, Bielefeld 1972

— Wechselwirkung zwischen Kollisionsrecht und Sachrecht, RabelsZ 37 (1973) 466

— Die Reform des deutschen internationalen Privat- und Zivilverfahrensrechts, SchwJbIntR XXIX (1973) 171

— Die gerichtliche Vaterschaftsfeststellung und ihre rechtlichen Hindernisse im Nichtehelichenrecht der EWG-Staaten, FamRZ 1974, 401

— Das neue schweizerische Kindschaftsrecht und sein Einfluß auf den deutsch-schweizerischen Rechtsverkehr, DAVorm 51 (1978) 153

Simon-Depitre: Les aliments en droit international privé, in: Travaux du comité français de droit international privé 1973 - 1975, Séance du 18 janvier 1974, Paris 1977, S. 39

Simon-Depitre / Foyer: Le nouveau droit international privé de la filiation (Loi du 3 janvier 1972), Paris 1973

Soergel / (Bearbeiter): Bürgerliches Gesetzbuch mit Einführungsgesetz und Nebengesetzen, 10. Aufl. Stuttgart (usw.) 1970

Sonnenberger: Vaterschaftsfeststellung und Unterhaltsanspruch im internationalen Privatrecht, FamRZ 1973, 553

— Zur Entwicklung des Nichtehelichenrechts im IPR, StAZ 1976, 261

Stahlke: Elterliche Gewalt und ihre Einschränkung durch die Anordnung und Durchführung der öffentlichen Erziehung im englischen Recht, Diss. Hamburg 1962

Staudinger / (Bearbeiter): Kommentar zum BGB, 12. Aufl. Berlin 1979

Stauffer: Praxis zum NAG, bereinigter Nachdruck der 1. Aufl., Zürich 1975

v. Steiger: Der Schutz des Kindes im internationalen Privatrecht der Neuzeit, in: Probleme und Ziele der vormundschaftlichen Fürsorge, Zürich 1963, S. 121

Stone: Family Law, London 1977

Sturm: Das neue Schweizer Kindesrecht und seine Spiegelung im deutschen IPR, StAZ 1979, 185

Suhr: Das Recht des Personalstatuts im Zeichen der europäischen Integration — Die besondere Situation in der EWG, Diss. Hamburg 1967

Thomson: The Reform of Family Law in England, in: Chloros, The Reform of Family Law in Europe, Deventer (usw.) 1978, S. 43

Tomforde / Diefenbach / Webler: Das Recht des nichtehelichen Kindes und seiner Mutter im In- und Ausland, 5. Aufl. Köln und Berlin 1953 ff.

Vander Elst: Conflit de lois, Répertoire pratique de droit belge, complément II, Bruxelles 1966

— Droit international privé, 14ème éd. Bruxelles 1976 - 77

— Règles générales des conflits de lois dans les différentes matières de droit privé, in: Répertoire Notarial, Tome XV, Livre XIV, Bruxelles 1977

Vischer: Der Richter als Gesetzgeber im internationalen Privatrecht, SchwJbIntR XII (1955) 75

Vischer / v. Planta: Internationales Privatrecht, 2. Aufl. Basel und Stuttgart 1982 (z. T. Vischer, 1. Aufl. 1973)

Vischer / Volken: Bundesgesetz über das internationale Privatrecht (IPR-Gesetz), Gesetzentwurf der Expertenkommission und Begleitbericht, Zürich 1978

— Bundesgesetz über das internationale Privatrecht (IPR-Gesetz), Schlußbericht der Expertenkommission zum Gesetzesentwurf, Zürich 1979

Vitta: Corso di diritto internazionale privato e processuale, Torino 1976

Weil: Zur Zuständigkeit englischer Gerichte für Unterhaltsklagen unehelicher deutscher Kinder, Antwort auf die Stellungnahme von v. Metzler, AnwBl 1968, 254

Weill / Terré: Droit civil — Les personnes. La famille. Les incapacités, 4ème éd. Paris 1978

Wengler: Die Vorfrage im Kollisionsrecht, ZAIP 8 (1934) 148

— Die allgemeinen Rechtsgrundsätze des IPR und ihre Kollisionen, ZöffR 23 (1944) 473 (= Rev.crit. 1952, 595)

— Rechtsvergleichende Betrachtungen zum internationalen Unehelichenrecht in Deutschland und Frankreich, in: Das internationale Familienrecht Deutschlands und Frankreichs in vergleichender Darstellung, Hrsg.: Gesellschaft für Rechtsvergleichung, Tübingen 1955, S. 334

— Das Gleichheitsprinzip im Kollisionsrecht, in: Eranion Maridakis III, Athen 1964, S. 323

— Der Name der natürlichen Person im internationalen Privatrecht, StAZ 1973, 205

— Internationales Privatrecht, in: BGB-RGRK, Bd. VI, Berlin 1981

Wiethölter: Internationales Nachlaßverfahrensrecht, in: Lauterbach, Vorschläge und Gutachten zur Reform des deutschen internationalen Erbrechts, Berlin 1969, S. 141

Wilde: Die Beziehung des nichtehelichen Kindes zu seinem Vater in kollisionsrechtlicher Sicht, Diss. Tübingen 1977

de Winter: Développements récents dans le droit international en matière d'obligations alimentaires, NedTIR 4 (1957) 133

Wolff: Private International Law, 2nd ed. Oxford 1950

— Das internationale Privatrecht Deutschlands, 3. Aufl. Berlin 1954

Zweigert: Die dritte Schule im internationalen Privatrecht, in: Festschrift für Leo Raape, Hamburg 1948, S. 35

— Zur Methode der Rechtsvergleichung, Studium Generale 13 (1960) 193

— Zur Armut des internationalen Privatrechts an sozialen Werten, RabelsZ 37 (1973) 435

— Die kritische Wertung in der Rechtsvergleichung, in: Festschrift für C. M. Schmitthoff, Frankfurt/M. 1973, S. 403

— Die soziologische Dimension der Rechtsvergleichung, RabelsZ 38 (1974) 299

Zweigert / Kötz: Einführung in die Rechtsvergleichung auf dem Gebiete des Privatrechts, Bd. 1, Tübingen 1971

FSC
www.fsc.org
MIX
Papier | Fördert
gute Waldnutzung
FSC® C083411

Kolibri 360 GmbH
Ferdinand-Jühlke-Straße 7
99095 Erfurt, Deutschland
produktsicherheit@kolibri360.de

Druck:
CPI Druckdienstleistungen GmbH
im Auftrag der
Kolibri 360 GmbH
Ferdinand-Jühlke-Str. 7
99095 Erfurt